Passwort Deutsch

Ausgabe in drei Bänden

Lehrerhandbuch

1

Ernst Klett Sprachen
Stuttgart

Impressum

Autorinnen: Nicole Zeisig; Anneliese Ghahraman-Beck (Tests und Diktate)

Zeichnungen: Dorothee Wolters

Cover-Foto: Frau: Zefa/Grace; Leuchtturm: Zefa/G. Rossenbach

Projektteam Klett Edition Deutsch

Konzeption: Jürgen Keicher

Layout/Herstellung: Andreas Kunz

Satz: media office GmbH, Kornwestheim
Markus Dollenbacher, Stuttgart

1. Auflage A1 5 4 3 2 1 | 2009 2008 2007 2006 2005

Alle Drucke dieser Auflage können nebeneinander benutzt werden, sie sind untereinander unverändert.

Druck: Medien Druck Unterland, Flein
Printed in Germany

Internetadressen: www.passwort-deutsch.de
www.klett-edition-deutsch.de

E-Mail: info@passwort-deutsch.de
edition-deutsch@klett.de

ISBN 3-12-675912-2

ISBN 3-12-**675912**-2

Arbeiten mit Passwort Deutsch

Abkürzungen:

KL:	Kursleiter/in	EA:	Einzelarbeit	HA:	Hausaufgabe
KT:	Kursteilnehmer/innen	PA:	Partnerarbeit	OHP:	Overheadprojektor
		GA:	Gruppenarbeit		

Beschreibung der Aufgabe 1 auf Seite 10 im Kursbuch

Verweis auf die Seiten bzw. Übungen im Übungsbuch, die zu den Kursbuchaufgaben passen

S. 10 **1**

Lernziel Angaben, was in der Aufgabe wie erarbeitet wird: Wortschatz, Grammatik, Redemittel bzw. Fertigkeiten

Ablauf Vorschläge, wie Sie diese Aufgabe im Unterricht durchführen können: Erläuterung der Einzelschritte, Angabe der Sozialform

Tipp Vorschläge, wie Sie die Aufgabe verändern können bzw. was Sie zusätzlich machen können: Ideen für Alternativen, Erweiterung, Transfer und Spiele (vgl. **Alles drin**, Kapitel *Spiele*)

Übungsbuch: S. 4–7, Übung 1–12

Verweis auf das Praxishandbuch Grundstufe Deutsch (s. S. 9)

Inhaltsverzeichnis

Was ist Passwort Deutsch?

Passwort Deutsch in 3 Bänden ist ein Lehrwerk im Medienverbund – mit separatem Kurs- und Übungsbuch, Hörmaterialien, Lehrerhandbuch, Wörterheft und Online-Komponente. **Passwort Deutsch** ist ein Lehrwerk für Jugendliche und Erwachsene in allen Institutionen im In- und Ausland und macht für jede Lehr- und Lernerfahrung das passende Angebot.

Komponenten des Lehrwerks

Passwort Deutsch hält als Lehrwerk im Medienverbund eine Fülle von Differenzierungsmöglichkeiten bereit, aus denen Sie das für Ihre Lernergruppe maßgeschneiderte Programm zusammenstellen:

- **Das Kursbuch:** Es enthält alles, was Sie brauchen, um den Lernstoff im Kurs zu vermitteln. Dank des transparenten und kleinschrittigen Aufbaus können Ihre Lernenden, wenn sie einmal eine Stunde versäumt haben, die Seiten auch allein nacharbeiten bzw. sicher zu Hause wiederholen. Mehr Spaß macht natürlich die Arbeit in der Gruppe, mit Ihrer Unterstützung.
- **Das Übungsbuch:** Zu 12 Kursbuchseiten finden Sie 16 Seiten Übungen in unterschiedlichen Schwierigkeitsgraden – zur Ergänzung Ihres Unterrichts, zur Wiederholung und Vertiefung des Lernstoffes, für Hausaufgaben. Alle Übungen sind eindeutig lösbar und mit dem Lösungsschlüssel überprüfbar, sodass sie von Ihren Lernenden allein bewältigt werden können. Im Übungsbuch wird kein neues Sprachmaterial eingeführt.
- **Die Hörmaterialien** (auf CD) sind für die Hand der Lehrenden gedacht. Sie enthalten die Hörtexte zum Kursbuch sowie die Hör-, Sprech- und Ausspracheübungen.
- **Das Lehrerhandbuch:** Es macht zu jeder Kursbuchaufgabe einen Vorschlag für deren Durchführung. Darüber hinaus werden Ihnen Tipps für alternative Vorgehensweisen, zusätzliche Aufgaben und Spiele sowie die jeweils passenden Übungen im Übungsbuch genannt. Im Anhang schließlich gibt es zu jeder Lektion Kopiervorlagen für KT-Aktivitäten und Tests zur Lernerfolgskontrolle.
- **Das Wörterheft:** Es enthält – nach Lektionen geordnet – das Vokabular der Lektionen mit passenden Kontexten und einer Leerzeile zum Eintragen der muttersprachlichen Entsprechung. Die Einsprachigkeit des Wörterhefts ermöglicht seinen Einsatz auch in multilingualen Lernergruppen.
- **Die Online-Komponente:** Auf www.passwort-deutsch.de finden Lehrende und Lernende ein innovatives, mediengerecht didaktisiertes Zusatzangebot zum Kurs- und Übungsbuch, aktuelle, weiterführende Informationen sowie vielfältige Anregungen für interaktive Projektarbeit und kursübergreifende Kommunikation. Medienkompetenz kann so von Anfang an erworben werden. Für Sie als Lehrende bietet die Online-Komponente außerdem ein Forum, in dem Sie Ihre Erfahrungen mit dem Lehrwerk austauschen oder Kontakte zu anderen Kursleiterinnen und Kursleitern bzw. Deutschkursen knüpfen können.

Methode

Passwort Deutsch integriert kommunikative, interkulturelle und handlungsorientierte Sprachvermittlungsmethoden. Die gleichmäßige, kleinschrittige und zyklisch aufgebaute Progression passt sich dem individuellen Lernrhythmus jeder Lernergruppe an. Die Inhalte sind nicht an Themen orientiert, sondern werden vor allem im Hinblick auf den realen Sprachverwendungszusammenhang ausgewählt: Welches Sprachmaterial kommt in welcher authentischen Situation mit welchen grammatischen Strukturen vor?

Kurrikulum

Passwort Deutsch – Ausgabe in drei Bänden: Die Bände 1 bis 3 vermitteln den gesamten sprachlichen Stoff der Grundstufe; Band 3 bereitet darüber hinaus auf die international anerkannte Prüfung *Zertifikat Deutsch* vor und schlägt die Brücke zur Mittelstufe. Jede Kursstufe bietet Materialien für mindestens 100 bis 200 Unterrichtseinheiten – je nach Kursintensität und Lerntempo.

Lektionsaufbau

Alle Lektionen sind regelmäßig und übersichtlich gegliedert. Sie bestehen aus jeweils 12 Seiten und sind doppelseitig aufgebaut. In der Regel sieht man alles, was zu einem Lernabschnitt gehört, auf einen Blick, sodass die Lernenden nicht zurückblättern müssen, während sie eine Aufgabe lösen:

- 1 Doppelseite Einstieg, optisch gestützte Einführung in Schauplatz und Situation der Lektion;
- 4 Doppelseiten Mittelteil, mit Fotos, Illustrationen, Dialogen, Hör- und Lesetexten und sinnvoll daraus abgeleiteten Aufgabensequenzen;
- Abschluss der Lektion mit der „Grammatikseite" auf der letzten Doppelseite.

Fertigkeiten

Selbstverständlich trainiert **Passwort Deutsch** in umfassender Weise die vier Fertigkeiten Hören, Sprechen, Lesen, Schreiben, und zwar auf besonders lernerfreundliche Weise: Komplexe Sprachhandlungen werden zunächst in kleine Lernschritte zu einzelnen Fertigkeiten unterteilt; durch die schrittweise Schulung einzelner Fertigkeiten und deren Kombination zu sinnvollen Aufgaben- und Übungssequenzen können sich alle Lernertypen solche Sprachhandlungen sicher und korrekt aneignen. So werden die Lernenden nicht durch die unvermittelte Konfrontation mit einer kommunikativen Aufgabe überfordert, sondern werden langsam auf derartige Aufgaben (mit Blickrichtung auf die Szenarien des *Zertifikat Deutsch*) vorbereitet.

Ebenso sorgfältig werden die Lernenden mit den Aufgabentypen für das *Zertifikat Deutsch* (siehe unter *Literaturhinweise*) vertraut gemacht, mit denen die Fertigkeiten geprüft werden:

- detailliertes Lesen bzw. Hören: jede Information des Hör- oder Lesetextes ist wichtig;
- selektives Lesen bzw. Hören: nur bestimmte Informationen müssen aufgenommen werden;
- globales Lesen bzw. Hören: z. B. die Hauptaussage bzw. die Situation des Textes muss herausgefunden werden;
- mündlicher Ausdruck/mündliche Interaktion;
- schriftlicher Ausdruck.

Authentische Materialien

Wirklich authentische Hör- und Lesetexte enthalten für Lernende eine Fülle von unbekannten Vokabeln und Strukturen. Wer nicht über gut ausgebildete Lesestrategien verfügt, wer nicht selbstverständlich über Unbekanntes hinwegliest und sich auf Verständliches konzentriert, ist mit authentischen Hör- und Lesetexten von der ersten Unterrichtsstunde an leicht überfordert.

Deshalb enthält **Passwort Deutsch** im ersten Band neben authentischen Materialien auch Materialien, deren Authentizität nachempfunden ist. Diese Texte sind jedoch nicht auf die Vermittlung von Lexik und Grammatik reduziert, sondern enthalten z. B. auch Sprachelemente wie Partikeln, die im ersten Band noch nicht systematisch behandelt werden. Wichtig sind für Lernende auf dieser Stufe v. a. reale Textsorten und reale Sprachverwendungszusammenhänge, aber weitgehend befreit vom Ballast nicht erschließbarer Elemente.

Wortschatz

Das Wortschatzangebot in **Passwort Deutsch** konzentriert sich stark auf das Vokabular, das für das *Zertifikat Deutsch* relevant ist. Damit werden die quantitativen Anforderungen an die Lernenden deutlich reduziert, das wirklich wichtige Vokabular wird konzentrierter gelernt und im Kurs- und Übungsbuch häufiger umgewälzt. Lerntipps werden im Kurs- und Übungsbuch über konkrete Übungsformen angeboten, weitere Hinweise für Ihre Lernenden zur Erarbeitung und Erweiterung von Vokabular finden Sie an den geeigneten Stellen im Lehrerhandbuch (Aufbau von Wortfeldern, Wortschatzkartei usw.).

Grammatik

In **Passwort Deutsch** werden unterschiedliche Methoden der Grammatikvermittlung sinnvoll miteinander verknüpft; die Grammatik wird hier in dreifacher Form behandelt:

- Neue grammatische Formen und Strukturen werden immer zunächst in einem kommunikativen Kontext angeboten, über den die Lernenden deren Bedeutung verstehen. Erst dann gehen die Lernenden – in den Aufgaben „Schreiben und verstehen" – durch die *induktive* Aufgabenstellung dazu über, die grammatischen Formen und Regeln selbst zu entdecken.
- Am Ende jeder Kursbuchlektion gibt es eine Seite mit der Grammatik der Lektion im Überblick. Die Lernenden haben hier die Sicherheit, die richtigen Formen nachlesen zu können; Sie als Lehrende können diese Seite zur *(deduktiven)* Erläuterung der Lektionsgrammatik im Kurs verwenden. Zu jedem Grammatikaspekt wird auf die passende Seite der systematischen Grammatik im Anhang verwiesen.
- In der *systematischen* Grammatik sind alle im Kursbuch behandelten grammatischen Phänomene in Kapiteln zusammengestellt. Dort findet sich eine umfassende Darstellung der im Kursbuch behandelten Aspekte auf dem Sprachniveau des ersten Bandes. Bei jedem Grammatikkapitel ist vermerkt, in welchen Kursbuchlektionen es behandelt wird.

Aussprache

Gezielte phonetische Hinweise und Korrekturen sind besonders in den ersten sechs Monaten des Deutschlernens sehr wichtig, denn die in dieser Zeit erworbenen phonetischen Gewohnheiten fossilieren und lassen sich später nur sehr schwer oder gar nicht verändern. Deshalb konzentriert sich **Passwort Deutsch** darauf, von Anfang an die für alle Lernenden relevanten Aspekte von Aussprache und Intonation des Deutschen zu schulen. Nicht die Vollständigkeit des phonetischen Inventars im theoretischen Sinne ist für die Lernenden entscheidend, sondern die Beherrschung der für Verstehen und Verständigung wesentlichen Aspekte der Aussprache des Deutschen. Alle Ausspracheübungen sind in den normalen Lektionsablauf integriert; d. h., an der Stelle, wo ein Aussprachephänomen auftaucht, wird es auch mit dem dort vorhandenen Sprachmaterial geübt.

Im Deutschkurs

In den Lektionen 1 bis 4 steht die jeweils letzte Seite vor der Grammatikübersicht unter dem Titel „Im Deutschkurs". Diese Rubrik ist integraler Bestandteil der Lektion, d. h., die vermittelten Vokabeln, Redemittel und Strukturen werden in den folgenden Lektionen als bekannt vorausgesetzt. Unabhängig von den jeweiligen Lektionsthemen bietet diese Seite Inhalte an, die den Unterricht in der Zielsprache Deutsch ermöglichen und erleichtern sollen: Die Lernenden erwerben durch diese Aufgaben kommunikative Mittel, mit denen sie im Kurs auf Deutsch über das Lernen sprechen können.

Unterrichten mit Passwort Deutsch

Passwort Deutsch setzt bei Ihren Lernenden keine bestimmte Lernbiografie voraus. Die Lernenden werden nicht von der ersten Stunde an mit allen Anforderungen des kommunikativen Fremdsprachenunterrichts konfrontiert, sondern entwickeln progressiv und kontinuierlich ihre Kompetenz im Sinne der aktuellen Didaktik und Methodik.
Passwort Deutsch versteht sich als umfassendes, flexibles Angebot und lässt im Hinblick auf die individuelle Unterrichtsgestaltung viel Spielraum.

Unterrichtsverlauf

Für jede Aufgabe schlägt Ihnen das Lehrerhandbuch eine mögliche Durchführung vor. Wenn Sie also noch nicht so routiniert im Unterrichten sind oder wenig Zeit haben sich vorzubereiten, können Sie auf dieses Angebot zurückgreifen.
Jede einzelne Aufgabe ist nach dem folgenden Muster dargestellt:

- Benennung der Lernziele;
- detaillierte Beschreibung des Unterrichtsablaufs zu jeder einzelnen Aufgabe mit Angabe der passenden Sozialform;
- Vorschläge für Tafelbilder;
- in der Rubrik „Tipp“: Alternativen, Ideen für Vorentlastung, Erweiterung und Binnendifferenzierung, Transfer, Hinweise zu Lerntechniken, Spielvorschläge;
- Verweise auf im Anhang beschriebene Spiele;
- Verweise auf die jeweils passenden Übungen im Übungsbuch;
- Hinweise auf die systematische Grammatik im Anhang des Kursbuchs.

Sozial- und Arbeitsformen

Im Kurs- und Übungsbuch ist die Sozialform (Einzel-, Partner-, Gruppenarbeit, Plenum) nicht gekennzeichnet. Die meisten Aufgaben und Übungen lassen sich in verschiedenen Sozial- und Arbeitsformen durchführen, und als erfahrener Kursleiter möchten Sie sicher gern selbst entscheiden, in welcher Form Ihre Lernenden die Aufgabe lösen sollen. Wenn Sie sich jedoch einen schnellen Überblick verschaffen wollen, schlagen Sie einfach im Lehrerhandbuch nach: Es macht Ihnen für jede Aufgabe und für die einzelnen Arbeitsschritte einen Vorschlag zur Sozialform.

Bildung von Arbeitsgruppen

Um die Gruppendynamik zu fördern, sollte im Kurs die Zusammensetzung der Arbeitsgruppen variieren. Es ist wichtig, bei der Bildung von Arbeitsgruppen persönliche oder kulturelle Aspekte zu berücksichtigen und die Zusammenarbeit nicht in jedem Fall zu erzwingen. Mit den nachfolgenden Vorschlägen können Sie bei Ihren Lernenden Hemmschwellen bei der Partnerarbeit abbauen:

- KT ziehen Zettel mit Zahlen, Buchstaben oder Symbolen. Wer gleiche Zahlen, Buchstaben oder Symbole hat, gehört in eine Gruppe.
- Auf den Zetteln stehen jeweils Teile zusammengesetzter Wörter, Silben eines Wortes, Satzteile oder Dialogfragmente. KT suchen sich diejenigen Partner, die die jeweils zu ihnen passenden Teile haben.
- Bilder werden in zwei Teile geschnitten und ausgegeben; die Personen mit den passenden Bildhälften setzen sich zur Partnerarbeit zusammen.
- KT werden nach der Farbe ihrer Kleidung in Gruppen eingeteilt.

Höraufgaben

Erfahrungsgemäß finden viele Lernende Höraufgaben von der Kassette oder CD schwierig. Ihre Lernenden verlieren die Angst davor, wenn Sie ihnen den Kontext der Aufgabe vermitteln und bei der Erläuterung der Aufgabenstellung klar machen, was sie konkret bei der jeweiligen Aufgabe zu tun haben.
Grundsätzlich sollten Hörtexte immer mehrmals vorgespielt werden. Ein erstes Mal vollständig, um den ganzen Hörtext kennen zu lernen; dann in Abschnitten. Danach werden die Aufgaben gelöst. Der Text muss dann mindestens ein weiteres Mal zur Kontrolle der Antworten gehört werden. Im Allgemeinen gibt es aber keine Faustregel, was die Häufigkeit des Hörens angeht. Sie können selbst am besten einschätzen, welche Schwierigkeiten Ihre Lernenden beim Hörverstehen haben.

Aussprache üben

Zum Üben der Aussprache von Wörtern bzw. der Intonation von Sätzen bietet **Passwort Deutsch** eine Reihe von Lese-, Hör- und Sprechaufgaben. Darüber hinaus sollte die Aussprache immer wieder auf verschiedene Weise geübt werden. Das Lehrerhandbuch liefert Ihnen dafür geeignete Zusatzübungen und Spiele.
Für Lernende, die sich beim Sprechen gehemmt zeigen, bietet es sich an, schwierige Wörter oder Sätze auch einmal im Chor zu sprechen, um die phonetische Besonderheit im Schutze des Plenums zu üben. Danach kann erneut eine individuelle Lernerfolgskontrolle sinnvoll sein.

Hinweise zur Fehlerkorrektur

Was die Motivation der KT und ihre Lernfortschritte entscheidend beeinflusst, ist das Korrekturverhalten des Kursleiters bzw. der Kursleiterin. Daher ist sehr wichtig, bei der Fehlerkorrektur in Kursaufgaben, Hausaufgaben oder Tests behutsam vorzugehen. Manche Lernende möchten gern korrigiert werden, andere hingegen empfinden Korrekturen als höchst unangenehm.
Als Lehrende können Sie Schwerpunkte beim Korrigieren setzen, um die Lernziele bei der entsprechenden Aufgabenstellung zu berücksichtigen.
Bei Übungen in Partner- oder Gruppenarbeit, die die Kommunikationsfähigkeit trainieren, ist es sinnvoll, die Gesprächssituation nicht zu unterbrechen, sondern die wichtigsten Fehler zu sammeln und später im Plenum zu besprechen. Außerdem können Sie bei Ihren Lernenden die Fähigkeit zur Selbstkorrektur fördern, indem Sie ihnen die Möglichkeit geben, sich gegenseitig zu korrigieren. So erfahren die Kursteilnehmer und Kursteilnehmerinnen, dass sie voneinander lernen können. Die Fehlerkorrektur löst dann keine Frustration aus, sondern kann sogar motivierend wirken.
Für das Korrigieren von Fehlern bieten sich folgende Verfahren an:

- KL schreibt die Antworten auf Zuruf aus dem Kurs an die Tafel oder auf OHP-Folie.
- KL schreibt, während KT die Aufgabe lösen, die Antworten auf die Rückseite der Tafel. Wenn alle die Aufgabe beendet haben, wird die Tafel umgeklappt.
- KT, die schon mit der Aufgabe fertig sind, schreiben ihre Lösungen an die Tafel oder auf OHP-Folie.
- KT vergleichen ihre Lösungen untereinander und diskutieren abweichende Antworten, anschließend kontrollieren sie ihre Ergebnisse mit einem Lösungsblatt oder im Plenum.
- KL bereitet Lösungsblätter für den OHP vor oder KT schreiben Lösungen auf OHP-Folien und vergleichen selbst bzw. im Plenum.
- Ein vorbereitetes Lösungsblatt wandert zu den einzelnen Arbeitsgruppen, die die Aufgabe bereits gelöst haben.

Wörterbuchgebrauch

Um KT in den Umgang mit dem Wörterbuch einzuführen, können Sie die Arbeit mit dem Wörterbuch im Plenum diskutieren. Dabei sollte das Pro und Kontra zum Gebrauch des Wörterbuchs angesprochen werden. Einige Beispiele für negative Auswirkungen des Wörterbuchgebrauchs sind:

- Die Erschließung der Bedeutung aus dem Kontext (Lese- bzw. Hörstrategie) wird nicht geübt.
- Die Bedeutung der nachgeschlagenen Wörter wird leichter vergessen als die von aktiv erarbeiteten Wörtern.
- KT konzentrieren sich nicht auf das Aktivieren und Anwenden bekannter Wörter, sodass die Sprachkompetenz in geringerem Maße ausgebildet wird.

Sie können die Einführung von einsprachigen Wörterbüchern für die Arbeit im Unterricht auf verschiedene Weise didaktisch aufbereiten. Dazu gehören. z. B. a) Alphabetisierungsübungen und b) Nachschlageübungen:

a) Alphabetische Anordnung der Einträge im Wörterbuch: KT suchen Wörter wie *öffnen, offiziell, offen* oder auch *Österreich, Ostern, östlich* und schreiben sie in der Reihenfolge auf, in der sie im Wörterbuch stehen. KT vergleichen die Wörter und formulieren die Regel für die Anordnung im Wörterbuch.

b) Korrektur falsch geschriebener Wörter: KL verteilt eine Liste mit falsch geschriebenen Wörtern, die KT mit Hilfe des Wörterbuchs korrigieren sollen. Diese Übung lässt sich variieren, indem KT Artikel oder Pluralformen mit Hilfe des Wörterbuchs finden müssen.
Zuordnung von Nomen und Verben (für starke Lernergruppen): KL verteilt Kärtchen mit Nomen (z. B. *Arbeit, Kaffee* usw.). KT schlagen diese Nomen nach und finden die passenden Verben. Dann bilden sie Sätze mit den Verben und präsentieren sie im Plenum.

Übungen zum Verstehen der Abkürzungen und Symbole sowie Übungen zu den Metazeichen der Aussprache bieten sich erst bei fortgeschrittenen Lernenden an.

Alles drin. Praxishandbuch Grundstufe Deutsch

Das Praxishandbuch ist ein Kompendium, das dem KL (Zusatz-) Materialien für den Unterricht bietet und – unabhängig vom Kursbuch – die ganze Grundstufe einsetzbar ist. Hier finden KL Anregungen und Ideen, wie sie ihren Unterricht individuell und ohne großen Aufwand ergänzen und gestalten können.
Es enthält fünf Schwerpunktkapitel mit jeweils 12 Seiten zu den Bereichen: Spiele, Phonetik, Lerntipps, Schreibaufgaben zum Gemeinsamen europäischen Referenzrahmen und Projektarbeit. Zusätzlich gibt es fertige Arbeitsblätter und Kursleiterinfos für Internetrecherchen.
Alles drin. Praxishandbuch Grundstufe Deutsch. 128 S. (3-12-675890-8)

Literaturhinweise

- *Zertifikat Deutsch.* Lernziele und Testformat, herausgegeben von Weiterbildungs-Testsysteme GmbH, Goethe-Institut, Österreichisches Sprachdiplom Deutsch, Schweizerische Konferenz der kantonalen Erziehungsdirektoren, Frankfurt am Main [1]1999.
- *Fernstudienangebot Germanistik und Deutsch als Fremdsprache: Fernstudienprojekt des DIFF, der GhK und des GI zur Fort- und Weiterbildung im Bereich Germanistik und Deutsch als Fremdsprache.* Teilbereich Deutsch als Fremdsprache, herausgegeben von Gerhard Neuner. München 1991 ff.
- *Fremdsprache Deutsch.* Zeitschrift für die Praxis des Deutschunterrichts, herausgegeben vom Vorstand des Goethe-Instituts, Hans-Jürgen Krumm, Gerhard Neuner und Hans-Eberhard Piepho, München o. J.

Guten Tag

S. 10 1

Lernziel Globales Hörverstehen

Ablauf KL spielt die Dialoge 1–6 zunächst ganz vor, dann noch einmal mit Pausen zwischen den einzelnen Dialogen. Anschließend markieren KT in EA/PA, in welchen Dialogen sie Deutsch hören. KL spielt die Hörtexte wiederum vor, damit KT ihre Lösungen überprüfen können. — EA/PA

S. 10 2

Lernziel Wortschatz: Grußformeln

Ablauf KT betrachten die Gesprächssituationen auf dem Foto. KL liest die Grußformeln auf den Kärtchen laut vor und erklärt, wo möglich mit Hilfe des Fotos, die Bedeutung der einzelnen Grußformeln und macht dabei den Bezug zu den Tageszeiten deutlich. — Plenum

Tipp KL kann den Bezug zwischen den Grußformeln und den Tageszeiten durch Symbole wie Sonne, Mond usw. visualisieren.
Erweiterung: KL begrüßt einen KT mit der entsprechenden Grußformel und gibt ihm die Hand. Dieser KT begrüßt seinen Nachbarn mit Handschlag usw. — Plenum

S. 11 3

Lernziel Wortschatz: Grußformeln, Namen, Wohnort und Herkunft erfragen und darauf antworten, *du* vs. *Sie*

Ablauf
a) KL spielt die Dialoge vor. KT hören bei geschlossenen Büchern zu. Dann spielt KL die Dialoge noch einmal vor und KT lesen im Buch mit. — Plenum
b) KT befragen sich nacheinander in einer Kettenübung mit den Redemitteln aus Aufgabe 3. Dabei gebrauchen sie zunächst die *Sie*-Form (*Wie heißen Sie? – Ich heiße …; Woher kommen Sie? – Ich komme aus …* usw.) und anschließend die *du*-Form (*Wie heißt du? – Ich heiße …; Woher kommst du? Ich komme aus …* usw.) — Plenum

Tipp An dieser Stelle ist es notwendig, dass KL den Unterschied zwischen *Sie* für die formelle Anrede und *du* für die informelle Anrede erklärt. Die beiden Anredeformen kann KL mit Hilfe der Bilder 1 und 2 auf S. 4 im Übungsbuch illustrieren. — Plenum
Erweiterung: KL stellt die Gesprächssituationen auf dem Foto (S. 10/11) im Klassenraum nach. KT und KL stehen auf, begrüßen sich und machen sich miteinander mit Hilfe der Redemittel bekannt. — Plenum

Zum Üben der ersten Kontaktaufnahme gibt es verschiedene Möglichkeiten:

- KT setzen sich in einen Kreis. Einer beginnt und wirft einen Ball zu einem anderen KT, den er dann nach Namen, Herkunft und Wohnort fragt. Dieser antwortet, wirft den Ball weiter und befragt den nächsten KT. — Plenum
- Szenario Cocktailparty: Alle stehen auf, begrüßen sich gegenseitig und stellen sich einander vor bzw. befragen sich gegenseitig. — Plenum
- KL schreibt verschiedene Fragen und Antworten auf Zettel und verteilt pro KT einen Zettel. KT befragen sich gegenseitig so lange, bis sie einen KT mit einer passenden Antwort gefunden haben. — Plenum
- Kettenübung: Ein KT stellt sich seinem Nachbarn vor und fragt ihn nach dessen Namen, Herkunft und Wohnort. Der befragte KT antwortet und richtet seine Fragen an den nächsten KT. Die Übung wird fortgesetzt, bis alle KT an der Reihe waren. — Plenum
- Rollenspiel: Alle KT erhalten eine Karte mit Angaben zu einer fiktiven Person. Jeder KT wird von einem anderen KT befragt und antwortet mit den Angaben der Person, deren Rolle er angenommen hat. — Plenum

Um allen KT die Gelegenheit zu geben, die verschiedenen Fragen und Antworten mehrmals zu formulieren, ist es wichtig, diese Dialoge auf unterschiedliche Weise zu üben.

S. 11 4

Lernziel Detailliertes Hörverstehen; Wortschatz: Grußformeln, Namen, Wohnort und Herkunft erfragen und darauf antworten

Ablauf KL spielt die Dialoge zunächst einmal ganz vor, danach noch einmal mit Pausen zwischen den Dialogen. KT ordnen in EA/PA die Sätze in chronologischer Reihenfolge. Anschließend hören KT die Dialoge noch einmal zur Kontrolle. Nach der Besprechung im Plenum lesen KT die Dialoge mit verteilten Rollen. — EA/PA, Plenum

Tipp **Erweiterung:** KL schreibt die Sätze der Aufgabe ungeordnet an die Tafel oder kopiert und zerschneidet sie. Bei geschlossenen Büchern ordnen KT in PA die Sätze zu Dialogen und tragen diese anschließend im Plenum vor. Bei dieser Übung sind mehrere Lösungen möglich. — PA, Plenum

Übungsbuch: S. 4–7, Übung 1–12

Die Welt

S. 12 1

Lernziel Detailliertes Leseverstehen; Wortschatz: Länder und Kontinente

Ablauf KT sehen sich zunächst die Weltkarte an und KL liest den Text laut vor. Danach lesen KT den Text in EA. KL klärt, wo möglich mit Hilfe der Weltkarte, neuen Wortschatz. Die farbige Kennzeichnung zeigt KT, wo Deutschland, Österreich und die Schweiz liegen. Anschließend lesen einige KT einzelne Sätze laut vor. — Plenum, EA, Plenum

Tipp Zur Veranschaulichung kann zusätzlich eine Weltkarte in Form eines Posters oder einer OHP-Folie dienen.

S. 12 2

Lernziel Selektives Leseverstehen; Wortschatz: Länder und Kontinente

Ablauf KT suchen in EA/PA die fünf Kontinente im Text der Aufgabe 1 und notieren sie. Die Besprechung im Plenum wird durch die Weltkarte im Buch unterstützt, in die KT die Namen der Kontinente eintragen können. — EA/PA, Plenum

S. 12 3

Lernziel Wortschatz: Länder; Aussprache: Alphabet

Ablauf

a) KL spielt die Ländernamen einmal ganz vor und KT lesen leise mit. Anschließend werden die Ländernamen noch einmal einzeln vorgespielt und KT sprechen diese in den Sprechpausen laut nach. — Plenum

b) Mit Hilfe der alphabetischen Länderliste wird das Alphabet eingeführt. KL spielt das Alphabet einmal ganz vor und KT lesen mit. KT hören das Alphabet noch einmal und sprechen die einzelnen Buchstaben in den Sprechpausen laut nach. Anschließend kann KL das Alphabet noch einmal vorspielen und dabei nach Buchstabengruppen Pausen einlegen, in denen KT laut nachsprechen. KL macht besonders auf den Buchstaben *ß* (wird in Deutschland und Österreich, jedoch nicht in der Schweiz – dort stattdessen *ss* – verwendet) aufmerksam, der wie der Buchstabe *s* ausgesprochen und als *scharfes S* oder *Eszett* bezeichnet wird. — Plenum

Tipp KT sammeln mit Hilfe einer Weltkarte weitere Ländernamen aus den verschiedenen Kontinenten, falls die Herkunftsländer der KT noch nicht genannt wurden. KL weist darauf hin, dass einige Ländernamen mit Artikeln gebraucht werden (z. B. *die Türkei, die USA* usw.). Anhand der gesammelten Länder erstellen KT mit Hilfe des KL eine alphabetisch geordnete Länderliste an der Tafel. Anschließend befragen sich KT in einer Kettenübung: *Wo wohnen Sie/wohnst du? – Ich wohne in …; Woher kommen Sie/kommst du? – Ich komme aus …; Wo liegt das?* — Plenum

S. 12 4

Lernziel Aussprache: Alphabet

Ablauf KT buchstabieren in PA das Alphabet. Ein KT beginnt mit der ersten Buchstabengruppe: *a, b, c.* Sein Partner setzt das Alphabet mit der nächsten Buchstabengruppe fort, danach ist wieder der erste KT an der Reihe, bis das Ende des Alphabets erreicht ist. Diese Aufgabe kann alternativ auch in Kleingruppen gemacht werden. — PA, GA

Tipp Da es sehr wichtig ist, KT so oft wie möglich die Gelegenheit zu geben, das Alphabet zu üben, bieten sich folgende Spiele an:

- *Buchstabendiktat:* KT buchstabieren sich gegenseitig Wörter, die der Partner aufschreibt. — PA
- *Galgenmännchen:* Siehe unter **Alles drin** Spiele — Plenum
- Kleiner Partnerdialog mit Ländernamen oder anderen, bereits bekannten Wörtern nach folgendem Muster: Ein KT: *Ich komme aus …* (= unverständliches Gemurmel) – Sein Partner: *Wie bitte? Woher kommst du?* – Erster KT buchstabiert: Aus *F-R-A-N-K-R-E-I-C-H.* — PA
- *Buchstabenbingo:* Siehe unter **Alles drin** Spiele — Plenum

Zur Bildung der Umlaute, die den meisten Lernenden besondere Schwierigkeiten machen, lassen sich folgende Hilfestellungen geben:

- *ä:* KT sprechen ein *e* und machen dann den Mund weit auf = *ä*.
- *ö:* KT sprechen ein *e* und formen dann den Mund langsam zu einem Kussmund = *ö*.
- *ü:* KT sprechen ein *i* und formen dann den Mund langsam zu einem Kussmund = *ü*.

S. 12 **5**

Lernziel Grammatik: W-Frage mit *wo;* Präposition *in* + Ländername

Ablauf KL stellt einem KT die erste Frage: *Wo liegt Argentinien?* KT antwortet: *In Amerika.* Anschließend befragen sich KT gegenseitig mit Hilfe der Weltkarte im Plenum oder in PA nach der Zugehörigkeit einzelner Länder zu den Kontinenten. — Plenum; Plenum/PA

Tipp **Erweiterung:** Die Aufgabe kann erweitert werden, indem man KT nach Städten fragen lässt. — Plenum
Die Fragen können auch zum Quiz ausgebaut werden (hilfreich sind hier Kopien von einer Weltkarte, in der die einzelnen Länder auf Deutsch benannt sind). Der Kurs wird in zwei oder mehrere Gruppen aufgeteilt. Abwechselnd befragen sich KT nach verschiedenen Ländern und deren Zugehörigkeit zu den Kontinenten (oder nach Städten und deren Länderzugehörigkeit). Für jede richtige Antwort gibt es einen Punkt; die Gruppe mit den meisten Punkten gewinnt. — GA

Übungsbuch: S. 8/9, Übung 1–6

S. 13 **6**

Lernziel Wortschatz: Produkte; Grammatik: W-Frage mit *woher;* Präposition *aus* + Ländername

Ablauf KT notieren in EA/PA mögliche Herkunftsländer der Produkte. Da KT bei dieser Aufgabe zu verschiedenen Lösungen kommen können, präsentieren sie diese anschließend im Plenum (z. B. *In Deutschland finden Sie Tee aus China und Indien.*). KL sammelt die Ergebnisse an der Tafel. — EA/PA; Plenum

Tipp **Erweiterung:** Die Übung kann beliebig erweitert werden, z. B. durch Werbefotos von international bekannten Produkten aus Zeitschriften oder durch international bekannte Markennamen. Zusätzlich kann KL fragen: *Finden Sie diese Produkte in Ihrem Land? Finden Sie in Ihrem Land Produkte aus Deutschland/aus Österreich/aus der Schweiz?* — Plenum

S. 13 **7**

Lernziel	Aussprache: Intonation von Aussage- und Fragesätzen	
Ablauf	**a)** KL spielt zunächst die Dialoge ganz vor, danach hören KT die Sätze einzeln und mit Pausen, sodass sie die Aussage- bzw. Fragesätze nachsprechen können.	Plenum
	b) Anschließend üben KT in PA die gleiche Satzfolge mit den Beispielen 1–6. KL geht von Gruppe zu Gruppe und achtet auf die Intonation sowie auf die Verwendung des korrekten Fragewortes *(woher)* und der korrekten Präposition *(aus)*. Einzelne Paare tragen anschließend die Sätze im Plenum vor. Siehe unter Grammatik, S. 151.	PA Plenum
Tipp	**Erweiterung:** KT üben die Satzfolge der Aufgabe 7 a) mit den Produkten aus Aufgabe 6 *(Tee. – Tee? Woher? – Aus China. Tee aus China.)* in Form einer Kettenübung.	Plenum

Übungsbuch: S. 9, Übung 1–2

Mitten in Europa

S. 14 **1**

Lernziel	Detailliertes Leseverstehen; Grammatik: W-Frage mit *wo, woher, wohin;* die Präpositionen *aus, in, nach* bei Länder- und Städtenamen	
Ablauf	KT betrachten die Karte und KL liest den Text laut vor. Anschließend lesen einige KT den Text in Abschnitten laut vor. KL zeigt anhand der Karte in Aufgabe 1: *Wo ist der Zug? – In Deutschland. Woher kommt der Zug? – Aus Kopenhagen. / Aus Moskau. Wohin fährt der Zug? – Nach Wien. / Nach Paris.* Neuer Wortschatz wird mit Hilfe der Karte geklärt, in die KT die Fahrtrichtungen des Zuges und die Himmelsrichtungen eintragen. KT unterstreichen dann in EA alle Ortsangaben mit Präpositionen im Text.	Plenum EA

S. 14 **2**

Lernziel	Mündlicher Ausdruck; Grammatik: die Präpositionen *aus, in, nach*	
Ablauf	**a)** KT ergänzen mit Hilfe des Textes in EA/PA die Lücken mit den passenden Präpositionen. Bei der Besprechung im Plenum macht KL auf den Zusammenhang zwischen *wo* und *in, woher* und *aus* sowie *wohin* und *nach* aufmerksam und weist darauf hin, dass diese Präpositionen nur bei Städte- bzw. Ländernamen (ohne Artikel) in dieser Weise verwendet werden.	EA/PA Plenum
	b) KT berichten zunächst in PA und anschließend im Plenum, woher die Züge kommen bzw. wohin sie fahren, indem sie die Städtenamen aus den beiden Schüttelkästen kombinieren (z. B. *Der Zug kommt aus Kopenhagen und fährt nach Genf.*). Siehe unter Grammatik, S. 151.	PA, Plenum
Tipp	**Erweiterung:** KT erstellen mit Hilfe des KL und einer Europa- oder Deutschlandkarte in PA/GA eine Liste weiterer Städte. Dann bilden sie mit den gesammelten Städtenamen Sätze nach dem Muster von Aufgabe 2 und schreiben diese auf. Anschließend tragen sie ihre Ergebnisse im Plenum vor.	PA/GA Plenum

S. 14 **3**

Lernziel Aussprache: Intonation bei Frage- und Aussagesätzen

Ablauf

a) Vorentlastung: KL schreibt die Beispielsätze an die Tafel oder auf OHP-Folie und markiert die Satzzeichen. KL wiederholt gemeinsam mit KT, dass nach W-Fragen sowie Ja-/Nein-Fragen ein Fragezeichen und nach Aussagesätzen ein Punkt steht. Er weist auf die unterschiedliche Intonation bei Frage- und Antwortsätzen hin. — Plenum

Während KL die Sätze einmal vorspielt, sollen KT beim Zuhören besonders auf die unterschiedliche Intonation achten. KL spielt den Hörtext noch einmal langsam vor, indem er nach jedem Satz eine kurze Pause einlegt.

b) KL kann die Intonation bei Frage- und Aussagesätzen entweder durch Pfeile (W-Frage = ↗↘ ; Ja-/Nein-Frage = ↗ ; Aussagesatz = ↘) oder mittels der entsprechenden Handbewegungen visualisieren. KL spielt die Sätze 1–6 nacheinander vor. KT ergänzen schriftlich in EA die Satzzeichen (Fragezeichen bzw. Punkt). KT hören die Sätze noch einmal, damit sie ihre Lösungen überprüfen können. — EA

Tipp **Erweiterung:** KL bereitet für jeden KT Aussagesätze und Fragen auf Zetteln vor und teilt sie aus. Ein KT liest einen Satz mit der entsprechenden Intonation vor, ein anderer bestimmt, ob es sich um eine Frage oder Aussage handelt. Die Übung wird als Kettenübung fortgesetzt. — Plenum

Übungsbuch: S. 10/11, Übung 1–5

Ein Zug in Deutschland

S. 15 **1**

Lernziel Detailliertes Leseverstehen

Ablauf Vorentlastung: KT betrachten zunächst die einzelnen Bilder. KL fragt: *Wo sind die Leute? Wie viele Personen sind da?* — Plenum

KT lesen leise die Texte in EA/PA. KL klärt neuen Wortschatz. — EA/PA

Dann markieren KT, welche Sätze richtig bzw. falsch sind. Bei der Besprechung im Plenum sammeln KT die Wörter bzw. Sätze, die ihnen bei der Lösung geholfen haben. Danach liest KL die einzelnen Texte laut vor. KT lesen anschließend die Texte ebenfalls laut vor. — Plenum

Tipp Wenn eine Deutschlandkarte zur Verfügung steht, bietet es sich an, die in den Texten genannten Orte auf der Karte zu suchen und gemeinsam zu überlegen, wohin die Leute reisen. — Plenum

Erweiterung: KL teilt den Kurs in mehrere Gruppen und kopiert für jede Gruppe die Bilder und Texte aus Aufgabe 1. KT lesen zunächst in GA die Texte und ordnen sie den Bildern zu. Danach übertragen KT eine Tabelle mit fünf Spalten (Name – Wohnort – Herkunft – Reiseziel – Beruf) in ihr Heft. KT suchen nun in den Texten für jede Person die entsprechenden Informationen und füllen die Tabelle aus; manche Felder bleiben leer. — GA

S. 15 2

Lernziel Grammatik: Pronomen in der 3. Person Singular und Plural

Ablauf KL schreibt den ersten Satz an die Tafel bzw. auf OHP-Folie und unterstreicht *Frau Schmidt* und das Pronomen *sie*. KT lesen in EA/PA noch einmal die Texte in Aufgabe 1 und markieren die Personen und Pronomen. Dann ergänzen KT in EA die Lücken und vergleichen ihre Ergebnisse im Plenum. KL illustriert noch einmal mit Hilfe der Bilder den Unterschied zwischen den Pronomen in der 3. Person Singular und Plural.
Siehe unter Grammatik, S. 149.

Plenum
EA/PA
EA
Plenum

Übungsbuch: S. 11/12, Übung 1–5

S. 16 3

Lernziel Mündlicher Ausdruck; Grammatik: W-Frage mit *wer*

Ablauf KT lesen die Dialoge und beantworten in PA/GA die Fragen aus dem Schüttelkasten. Falls es KT schwer fällt, aus dem Gedächtnis zu antworten, schlägt ein KT den Text auf und sucht die entsprechenden Antworten. Dann schreibt KL die vorgegebenen Dialoge an die Tafel bzw. auf OHP-Folie und markiert das Fragewort *wer* in den Fragesätzen und die Person in den Antwortsätzen *(Frau Mohr/Frau Schmidt, Lisa und Tobias)*. KL macht deutlich, dass sich die Frage *Wer?* auf eine und auf mehrere Personen beziehen kann.

PA/GA
Plenum

Tipp Zur Einübung der Pronomen und der W-Fragen bietet sich folgendes Spiel an: Ein KT beschreibt eine Person aus dem Text der Aufgabe 1 und lässt die anderen KT raten, um wen es sich dabei handelt, z. B. *Wer ist das? Er ist aus Australien. Er arbeitet viel.* usw. Das Spiel lässt sich auch auf die Beschreibung von Personen aus dem Kurs erweitern.

Plenum

S. 16 4

Lernziel Grammatik: Verbkonjugation in der 3. Person Singular und Plural; Pronomen der 3. Person Singular und Plural

Ablauf KT lesen noch einmal die Beispiele im Text und ergänzen in EA die Verb-Endungen in der Tabelle. Beim Vergleich im Plenum macht KL auf die Verb-Endungen in der 3. Person Singular und Plural sowie auf den Vokalwechsel bei einigen Verben *(fahren, schlafen)* aufmerksam.
Siehe unter Grammatik, S. 138/139.

EA
Plenum

Tipp **Erweiterung:** KL nennt den Infinitiv eines Verbs und ein Pronomen (3. Person Singular oder Plural). Ein KT formt das Verb entsprechend um und bildet einen Satz, z. B. *fahren, er: Er fährt.* Die Übung wird in Form einer Kettenübung fortgesetzt.

Plenum

S. 16 **5**

Lernziel Wortschatz: Verben; Grammatik: Verbkonjugation in der 3. Person Singular und Plural

Ablauf KT ergänzen in EA/PA die Sätze mit den Verben aus dem Schüttelkasten in der korrekten Form. — EA/PA

Tipp In dieser Aufgabe wird zum ersten Mal *nicht* verwendet; die Verneinung soll aber noch nicht eingeführt werden. Wichtig ist, dass KT das Wort *nicht* als eine Möglichkeit identifizieren, mit der ein Satz verneint werden kann und dass sie die Position von *nicht* im Satz kennen. Dazu dient die Übung 5, S. 13 im Übungsbuch.

S. 16 **6**

Lernziel Aussprache: lange und kurze Vokale

Ablauf

a) KL spielt die Wörter vor, KT hören zu und lesen mit. Danach spielt KL die Wörter noch einmal einzeln vor und legt nach jedem Wort eine Pause ein, damit KT einzeln nachsprechen können. — Plenum

b) KT markieren in EA/PA die Vokale als kurz oder lang. Bei der anschließenden Besprechung im Plenum gibt KL Hinweise für die Aussprache. Er macht darauf aufmerksam, dass Vokale bei Doppelvokalen *(Tee)*, bei *ie (hier)* und bei Vokalen, denen ein *h* folgt *(fahren)*, lang gesprochen werden, dagegen Vokale u. a. vor Doppelkonsonanten *(hallo)* kurz gesprochen werden. — EA/PA, Plenum

Übungsbuch: S. 12/13, Übung 1–5

S. 17 **7**

Lernziel Selektives Hörverstehen

Ablauf KL führt in die Situation ein: KT betrachten das Bild und KL fragt: *Wer ist da? Wie heißen sie?* KL spielt den Dialog einmal ganz vor und dann mehrmals mit Pausen. Anschließend ergänzen KT in EA die Lücken. KT vergleichen ihre Lösungen. — Plenum, EA, Plenum

Tipp Der Dialog kann auch als Leseübung eingesetzt werden. KT lesen den Dialog zunächst in Dreiergruppen, dann im Plenum laut vor. KL korrigiert besonders Aussprache und Satzintonation. — GA, Plenum

S. 17 **8**

Lernziel	Grammatik: Verbkonjugation in der 1. und 2. Person Singular und Plural	
Ablauf	KT lesen den Dialog noch einmal und unterstreichen die Verben. Dann ergänzen sie in EA die fehlenden Verbformen in der Tabelle. KT vergleichen ihre Ergebnisse im Plenum und markieren im Anschluss die Endungen der Verben *kommen* und *fahren.* KT vervollständigen in EA die Tabelle im Buch mit den beiden Pronomen *er, sie* (Singular) und *sie* (Plural) und notieren die entsprechenden Formen von *kommen* und *fahren.* KL hält gemeinsam mit KT an der Tafel oder auf OHP-Folie folgendes Ergebnis fest: • *ich* (Singular): -e; *wir* (Plural): -en • *du* (Singular): -st; *ihr* (Plural): -t • *er, sie* (Singular): -t; *sie* (Plural): -en Siehe unter Grammatik, S. 138/139.	EA Plenum EA Plenum
Tipp	**Erweiterung:** KT lesen die Verben aus dem Schüttelkasten von Aufgabe 5 und erweitern in EA/PA die Tabelle im Heft. Die Verbformen können auch mit einem Würfel (1: 1. Person Singular, 2: 2. Person Singular, 3: 3. Person Singular usw.) in PA geübt werden; dazu werden so viele Würfel benötigt, wie es Paare im Kurs gibt. Ein KT nennt ein Verb in der Infinitivform, der andere würfelt und bildet dann mit dem gewürfelten Pronomen die entsprechende Verbform.	EA/PA PA

S. 17 **9**

Lernziel	Mündliche Interaktion; Grammatik: Frage- und Aussagesätze, Verbkonjugation	
Ablauf	Vorentlastung: KT bereiten schriftlich mit Hilfe der Aufgaben 4 und 8 Sätze in GA vor. Dann tragen die Gruppen im Plenum die vorbereiteten Frage- und Antwortsätze vor. Anschließend soll die Aufgabe mündlich in Form einer Kettenübung fortgesetzt werden.	GA Plenum
Tipp	**Alternative:** Aus der Übung lässt sich auch ein Wettkampfspiel machen. Die Gruppe, die in vorgegebener Zeit die meisten korrekten Sätze aus den Wörtern gebildet und aufgeschrieben hat, hat gewonnen.	GA

Übungsbuch: S. 14/15, Übung 1–8

Auf Wiedersehen

S. 18 **A**

Lernziel	Wortschatz: Zahlen von 0 bis 100	
Ablauf	Vor dem Dialog in Aufgabe 1 werden die Zahlen von 0 bis 100 eingeführt. KL spielt die Zahlen einmal vor und KT lesen mit. Danach hören KT die Zahlen noch einmal und sprechen sie in den Sprechpausen laut nach. KL lenkt die Aufmerksamkeit zuerst auf Unregelmäßigkeiten bei den Zahlen (elf, zwölf, sechzehn, siebzehn, dreißig, sechzig, siebzig). KT markieren diese Zahlen im Textfeld.	Plenum

Dann erläutert KL das Verfahren der Zahlenbildung bei den Zahlen 21 bis 99, indem er an der Tafel bzw. auf OHP-Folie notiert:

2 5 — fünfundzwanzig   3 7 — siebenunddreißig

KT sollen erkennen, dass die Zahlen in Zehnerschritten von rechts nach links gelesen werden. KT setzen die Zahlenreihe bis 100 fort. KL weist auf die besondere Bildung der Zahlen 21, 31, 41 usw. (*ei**n**undzwanzig* statt *ei**ns**undzwanzig*) sowie auf Verwechslungsprobleme wie 27 und 72 oder 17 und 70 hin.

Tipp KT zählen im Anschluss an Aufgabe A die Zahlen von 0 bis 100 der Reihe nach als Kettenübung durch. Weitere Spiele zum Einüben der Zahlen sind unter Aufgabe B zu finden. — Plenum

S. 19 B

Lernziel Detailliertes Hörverstehen; Wortschatz: Zahlen von 0 bis 100

Ablauf KL spielt die Zahlen mehrmals vor. KT markieren in EA/PA in den Zahlenreihen 1–4, welche Zahl sie jeweils hören. (EA/PA) Anschließend hören KT die Zahlenreihen noch einmal, damit sie ihre Lösungen überprüfen können. Bei der Besprechung im Plenum schreibt KL alle genannten Zahlen an die Tafel und lässt sie von KT laut vorlesen. (Plenum)

Tipp Zum Einüben der Zahlen sollen KT möglichst viele schriftliche HA machen, z. B. Zahlen ausschreiben oder umgekehrt ausgeschriebene Zahlen in Ziffern übertragen.
Spiele, mit denen man die Zahlen einüben kann:
- Das Spiel *1-2-3-Plumps:* siehe unter **Alles drin** Spiele — Plenum
- Jeder KT zieht 3–5 vom KL vorbereitete Zettel, auf denen Zahlen stehen. Derjenige, der glaubt, die niedrigste Zahl gezogen zu haben, beginnt und liest seine Zahl vor. Danach liest der, der meint, die nächsthöhere Zahl gezogen zu haben, seine Zahl vor usw. — Plenum
- *Zahlendiktat:* Jeder KT zieht verdeckt ein paar Zahlen, die KL auf Zetteln vorbereitet hat, und diktiert sie seinem Partner. Dann werden die Rollen vertauscht. Zum Schluss vergleichen KT ihre Ergebnisse. — PA

Wichtig ist, dass die Zahlen auch in den folgenden Unterrichtsstunden immer wieder geübt werden, z. B. mit Würfel- und Rechenspielen oder dem Spiel *Bingo* (siehe unter **Alles drin** Spiele). — Plenum

S. 19 C

Lernziel Wortschatz: Telefonnummern

Ablauf KL liest das Beispiel laut vor und macht auf die beiden Varianten, die man bei Telefonnummern verwendet, aufmerksam. KT lesen die Telefonnummern in EA und beachten die beiden Varianten. (EA) Danach lesen sie sich gegenseitig die jeweilige Telefonnummer zuerst in Variante 1, dann in Variante 2 vor. (PA) Anschließend tragen einzelne KT die Telefonnummern im Plenum vor. (Plenum)

Tipp KT diktieren sich in PA Telefonnummern und vergleichen anschließend ihre Ergebnisse. — PA

Übungsbuch: S. 16, Übung 1–3

S. 18	**1**		
	Lernziel	Selektives Hörverstehen; Wortschatz: Adresse und Telefonnummern	
	Ablauf	Vorentlastung: KT betrachten das Bild und KL fragt: *Wer ist da? Wie heißen sie? Wo sind sie?* KL spielt das Gespräch bei geschlossenen Büchern zunächst ganz vor, dann mit Pausen. KL fragt: *Wie viele Personen sprechen? Wie heißen sie?*	Plenum
		KT hören den Text noch einmal, lesen den Dialog im Kursbuch mit und ergänzen in EA/PA die fehlenden Zahlenangaben. Beim erneuten Hören können KT ihre Lösungen überprüfen.	EA/PA
	Tipp	Diese Aufgabe kann auch als Leseübung eingesetzt werden. KT lesen den Dialog mit verteilten Rollen zunächst in Dreiergruppen, dann im Plenum laut vor.	GA, Plenum

S. 19	**2**		
	Lernziel	Wortschatz: Adresse und Telefonnummern, *du* vs. *Sie*	
	Ablauf	**a)** KT lesen die Visitenkarte von Marlene Steinmann und vervollständigen in EA/PA die Fragen. KT markieren *du* bzw. *deine* in den Fragen.	EA/PA
		b) KT lesen die Frage- und Aussagesätze aus dem Schüttelkasten und ordnen sie in EA/PA in die Tabelle ein. Die Aufgabe wird leichter, wenn KT zuerst die *du*-Sätze notieren. Bei der Besprechung im Plenum wiederholt KL gemeinsam mit KT die Unterschiede zwischen informellen Fragen *(du)* und formellen Fragen *(Sie)* und weist nochmals auf die unterschiedlichen Verb-Endungen hin.	EA/PA Plenum
	Tipp	Die Possessivartikel *mein, dein, Ihr* werden hier in festen Ausdrücken verwendet, sollen aber noch nicht als Einzelphänomen thematisiert werden. Die Possessivartikel werden in Lektion 3 eingeführt.	
		Transfer: KT schreiben im Anschluss an Aufgabe 2 in EA ihre eigenen Visitenkarten, die sie dann austauschen und für Aufgabe 3 verwenden können. Diese Visitenkarten können mit Angabe der E-Mail-Adresse und der Handy-Nummer ergänzt werden.	EA

S. 19	**3**		
	Lernziel	Mündliche Interaktion; Wortschatz: Adresse und Telefonnummern	
	Ablauf	KT erfragen mit den Redemitteln aus Aufgabe 2 in PA/GA ihre Adressen und Telefonnummern in der *Sie*- und *du*-Form.	PA/GA
	Tipp	Anhand dieser Aufgabe können KT gemeinsam eine Liste erstellen, die die Adressen und Telefonnummern aller KT enthält.	Plenum
		Erweiterung: Um die Aufgabe zu variieren, verteilt KL verschiedene, vorher gesammelte oder von KT selbst erstellte Visitenkarten. KT müssen im Plenum mit den Angaben auf den Visitenkarten antworten.	Plenum

Übungsbuch: S. 16/17, Übung 1–4

Im Deutschkurs

S. 20 **1**

Lernziel Wortschatz: Verben im Deutschkurs

Ablauf KT lesen die Verben im Schüttelkasten und klären gemeinsam mit KL den Wortschatz. KT überlegen dann in EA/PA, welche Verben zu der Situation *Im Deutschkurs* passen und welche nicht. Bei der Besprechung im Plenum wiederholt KL noch einmal die Bedeutung der einzelnen Verben.

Plenum
EA/PA
Plenum

S. 20 **2**

Lernziel Wortschatz: Arbeitsanweisungen; Grammatik: Imperativ-Satz

Ablauf KL verdeutlicht anhand der Bilder den Zusammenhang zwischen den Verben in der Menüleiste, den Arbeitsanweisungen des KL und den entsprechenden Tätigkeiten der KT. Zunächst lesen KT die Verben in der Menüleiste, dann die Imperativ-Sätze und betrachten danach die Bilder. Anschließend schreiben KT in EA die richtigen Verbformen in die Lücken.

Plenum
EA

S. 20 **3**

Lernziel Grammatik: Imperativ-Satz

Ablauf KT ergänzen in EA die Imperativ-Sätze und markieren die Verben in den Sätzen. KL schreibt alle Sätze an die Tafel bzw. auf OHP-Folie. Dabei listet er unter dem Stichwort „Imperativ-Sätze" alle Arbeitsanweisungen und unter dem Stichwort „Aussagesätze" alle Antworten auf und markiert die Verben in den Sätzen. Über die Verben in den Imperativ-Sätzen schreibt er „Position 1" und über den Verben in den Aussagesätzen notiert er „Position 2". KT übertragen die Notizen des KL in EA in ihre Tabelle im Buch und wiederholen gemeinsam anhand der Beispiele den Unterschied zwischen einem Imperativ-Satz und einem Aussagesatz.
Siehe unter Grammatik, S. 134/135.

EA
Plenum
EA
Plenum

S. 20 **4**

Lernziel Mündlicher Ausdruck; Wortschatz: Arbeitsanweisungen; Grammatik: Imperativ-Satz

Ablauf KL ruft einen KT auf, der einen Imperativ-Satz mit einem Verb aus Aufgabe 1 bildet und den nächsten KT bestimmt, der wieder einen Imperativ-Satz bilden muss. Diese Kettenübung kann erweitert werden, indem nach jedem Imperativ-Satz ein Aussagesatz mit demselben Verb gebildet wird: *Ordnen Sie bitte. – Ich ordne.*

Plenum

Tipp **Erweiterung:** KL bereitet Kärtchen mit weiteren Verben vor, mit denen KT wie in Aufgabe 4 Imperativ- und Aussagesätze bilden.

Plenum

Übungsbuch: S. 18, Übung 1–3

Zur Grammatikseite der Lektion: Übungsbuch: S. 19, Übung 1–4

Lektion 2

Bilder aus Deutschland

S. 22 **1**

Lernziel Detailliertes Leseverstehen; Wortschatz: Ortsbezeichnungen, Gebäude, Fahrzeuge

Ablauf

a) KT lesen leise den ersten Text und versuchen mit Hilfe des dazugehörigen Fotos, das das unbekannte Schlüsselwort des Textes illustriert, so viel wie möglich zu verstehen. Dann liest KL den Text vor und sichert gemeinsam mit KT das Verständnis. Ebenso wird mit den Texten 2–5 verfahren. — EA / Plenum

b) In EA/PA lesen KT noch einmal die Texte. Dort finden sich Hinweise zur geografischen Lage der genannten Orte (z. B. *Hafen, Norddeutschland*), sodass KT die fehlenden Ortsnamen der stilisierten Landkarte ergänzen können. — EA/PA

Tipp

Vorentlastung: KT unterstreichen in PA/GA alle internationalen Wörter, die sie im Text erkennen. KL listet die Wörter auf Zuruf an der Tafel auf und fragt KT nach der Bedeutung bzw. der Entsprechung in anderen Sprachen (z. B. *Schiff* – engl. *ship;* Norden – engl. *north,* span. *norte* usw). Diese Aufgabenstellung ist nur für Lernergruppen mit Kenntnissen in europäischen Fremdsprachen geeignet. — PA/GA / Plenum

Alternative: KL kopiert alle Bilder sowie Texte und schneidet sie aus. KT kombinieren in PA/GA je ein Bild und einen Text. Die Kombinationen werden im Plenum besprochen. Erst danach öffnen KT die Bücher und bearbeiten Aufgabe 1 b). Dieser Alternativvorschlag lässt sich nur mit sehr starken Lernergruppen durchführen. — PA/GA / Plenum

Erweiterung:

- KT nennen ihnen bekannte Orte in Deutschland und suchen bzw. zeigen diese auf einer Karte. — Plenum
- KL bringt, wenn möglich, weitere Bilder von Orten in Deutschland mit und hängt sie im Kursraum auf.

Landeskunde: Die Hinterlegung der Doppelseite – oben das Meer im Norden, unten die Berge im Süden – symbolisiert die geografischen Gegebenheiten Deutschlands von Norden nach Süden. Dies sollte KL nach Möglichkeit auch auf einer Deutschlandkarte veranschaulichen. In dieser Kursbuchlektion werden gemäß dem Lektionsthema ausschließlich Orte in Deutschland vorgestellt. Die Übung 3, S. 21 im Übungsbuch bietet erste landeskundliche Informationen über die Schweiz.

Übungsbuch: S. 20, Übung 1–4

S. 23 **2**

Lernziel Selektives Leseverstehen; Grammatik: Zusammenhang zwischen dem unbestimmten und bestimmten Artikel

Ablauf KT lesen noch einmal die Texte und suchen die Artikel zu den in der Tabelle genannten Wörtern. In EA kreuzen sie in der Tabelle die gefundenen Formen an und erkennen so die Entsprechungen *ein / der* bzw. *das* und *eine / die.* — EA

Tipp KL kann bei der Kontrolle im Plenum folgende Hinweise geben: — Plenum

- Bei den Wörtern in der Tabelle handelt es sich um Nomen.
- Nomen werden im Deutschen immer großgeschrieben.

Übungsbuch: S. 21/22, Übung 1–4

S. 24 **3**

Lernziel Wortschatz: Ortsbezeichnungen, Gebäude, Fahrzeuge; Grammatik: unbestimmter/bestimmter Artikel

Ablauf KT und KL lesen und betrachten gemeinsam das Beispiel. Der in Aufgabe 2 rein formale Zusammenhang *ein/der* bzw. *das* und *eine/die* wird hier in seiner Bedeutung sichtbar gemacht: — Plenum

- *Das ist eine Straße* = undefiniert/unbestimmt (erste Erwähnung)
- *Die Straße liegt in Köln* = definiert/bestimmt (zweite Erwähnung)

KL kann zur weiteren Illustration des Zusammenhangs unbestimmt/bestimmt die Texte aus Aufgabe 1 hinzuziehen und KT dort die entsprechenden Wortpaare finden lassen *(**ein** Hafen/**der** Hafen von Rostock; **ein** Schiff/**Das** Schiff kommt aus Russland.)*. Nun müssen KT in EA/PA die Wörter aus dem Schüttelkasten dem passenden Bild zuordnen und außerdem den jeweils richtigen unbestimmten Artikel ergänzen. — EA/PA

Nach der Besprechung der Lösungen im Plenum halten KT und KL gemeinsam den Zusammenhang fest: — Plenum

- *ein – der*
- *eine – die*
- *ein – das*

Siehe unter Grammatik, S. 144–147.

Tipp Zum Einüben der Artikel von bisher gelernten Nomen kann man in regelmäßigen Abständen immer wieder das *Artikelspiel* (siehe unter **Alles drin** Spiele) in den Unterricht einbauen.

Erweiterung: Hat KL eigene Bilder mitgebracht, können KT in PA/GA anschließend Sätze zu den Bildern schreiben. KL gibt das Satzmuster dafür vor: *Das ist ein/eine … Der/Die/Das … liegt in/ist …* usw. — PA/GA

S. 25 **4**

Lernziel Grammatik: Singular und Plural

Ablauf Vorentlastung: KL ruft bei KT die Bedeutung der Begriffe Singular und Plural in Erinnerung, indem er z. B. folgende Zahlwörter verwendet: *ein Zug* = Singular; *zwei Züge, drei Züge* usw. = Plural. — Plenum

KT lesen die Wortlisten und ordnen in EA/PA den Wörtern im Singular den jeweils passenden Plural zu. Nach der Überprüfung der Ergebnisse markieren KT die verschiedenen Pluralsignale: — EA/PA

-s, (Umlaut +) -e, (Umlaut +) -er, -(e)n.

Siehe unter Grammatik, S. 144.

Tipp **Erweiterung:** Zum Einüben und Wiederholen der Pluralformen kann man z. B. auch *Tangram, Domino* oder *Memory* spielen (siehe unter **Alles drin** Spiele).

S. 25 **5**

Lernziel Grammatik: unbestimmter/bestimmter Artikel im Singular und Plural

Ablauf KT ergänzen in EA die Tabelle mit den Wörtern aus dem Schüttelkasten. Um die Aufgabe richtig zu lösen, müssen sie folgende Zusammenhänge erkennen: EA

- Nomen mit dem unbestimmten Artikel *ein, eine, ein* haben im Plural keinen Artikel.
- Nomen mit dem bestimmten Artikel *der, die, das* haben im Plural immer den Artikel *die*.

S. 25 **6**

Lernziel Grammatik: unbestimmter/bestimmter Artikel im Singular und Plural

Ablauf KT kennen jetzt alle Formen des unbestimmten und des bestimmten Artikels und können in EA/PA die Tabelle ausfüllen. Bei der Besprechung sollte KL dem Kurs eine gemeinsame Konvention für die Darstellung des unbestimmten Artikels im Plural vorschlagen, z. B. – (Gedankenstrich) oder Ø. EA/PA Plenum

Anschließend erläutert KL die Symbolleiste der Tabelle im Kursbuch:

- *ein / der* = maskulin, symbolisiert durch m
- *eine / die* = feminin, symbolisiert durch f
- *ein / das* = neutrum, symbolisiert durch n
- *– / die* = Plural für maskulin, feminin und neutrum, symbolisiert durch Pl

KL sollte aber klarstellen, dass es keine eindeutigen Regeln für die Pluralbildung gibt und dass deshalb jedes Nomen mit seiner Pluralform gelernt werden muss.

Siehe unter Grammatik, S. 144/145.

Tipp **Erweiterung:** An dieser Stelle ist es möglich, interessierte und sehr gute Lernergruppen in die Arbeit mit dem (einsprachigen) Wörterbuch einzuführen. KT schlagen in Wörterbüchern nach und versuchen in PA herauszufinden, wie man den Artikel bzw. die Pluralbildung erkennt. KL hilft und systematisiert die gefundenen Konventionen an der Tafel. PA Plenum

Für systematische Lernertypen eignet sich die Übung 6, S. 23 im Übungsbuch, um die Pluralregularitäten an den wenigen, bisher bekannten Nomen zu verdeutlichen.

KL kann folgende Tipps zum Lernen der Nomen geben:

- Anlegen einer Wortkartei: KT legen in PA/GA eine Wortkartei an, indem sie alle neuen Wörter und einen Beispielsatz auf jeweils eine Karteikarte schreiben. Auf der Rückseite kann man die muttersprachliche Entsprechung vermerken. Die Nomen sollen immer mit Artikel und Pluralform notiert werden. Für maskuline, feminine und neutrale Nomen können jeweils verschiedenfarbige Karteikarten verwendet werden. PA/GA
- Verbindung Wort und Bild (interaktive Gedächtnisbilder): KT verbinden in ihrer Vorstellung Nomen, die sie neu lernen, immer mit einem Bild, das den jeweiligen Artikel verkörpert, z. B. Löwe = maskulin, Fee = feminin, Haus = neutrum. Ein mögliches interaktives Gedächtnisbild wäre folgendes: Um sich zu merken, dass *Straße* feminin ist, stellen sich KT eine auf der Straße tanzende Fee vor. Diese Methode hilft vor allem visuellen Lernertypen.

S. 25 **7**

Lernziel Wortschatz: Pluralformen der Nomen

Ablauf KT hören die Wortliste zwei- bis dreimal und markieren in EA, wo sie einen Plural hören. Dann überprüfen KT die Ergebnisse im Plenum. — EA / Plenum

Tipp Zur Festigung des neuen Wortschatzes sammelt KL auf Zuruf die Wörter, die KT in der Höraufgabe verstanden haben, in einer Art Schüttelkasten an der Tafel. Dann sortieren KT die Wörter in zwei Spalten, nämlich in Singular und Plural, und ergänzen die jeweils fehlende Form. — Plenum

S. 25 **8**

Lernziel Aussprache: Wortakzent

Ablauf KL schreibt das Beispielwort *Hafen* mit der Markierung an die Tafel. Er spricht das Wort mit der korrekten Erstsilbenbetonung aus und zeigt dabei auf die markierte Silbe an der Tafel. So verdeutlicht KL, was es bedeutet, den Akzent zu markieren. — Plenum

KT hören dann die Wörter ein- bis zweimal und markieren in EA jeweils die Wortakzente. KL spielt die Wörter zur Kontrolle nochmals vor. Anschließend lesen KT alle Wörter laut vor. KL korrigiert gegebenenfalls die Betonung. Alle Wörter können nochmals im Chor gesprochen werden, um den Akzent besonders deutlich hörbar zu machen. — EA / Plenum

Tipp **Erweiterung:** KT erarbeiten gemeinsam mit KL, warum die Wörter in 1 auf der ersten Silbe, die Wörter in 2 nicht auf der ersten Silbe betont werden. Lerner mit europäischen Fremdsprachenkenntnissen können feststellen, dass es sich in 2 um Wörter nicht-deutschen Ursprungs handelt. — Plenum

Übungsbuch: S. 22/23, Übung 1–7

Eine Stadt, ein Dorf

S. 26 **1**

Lernziel Schriftlicher Ausdruck, Textzusammenhänge erkennen

Ablauf KT betrachten nur die Bilder. KL führt in die Situation ein: *Links – eine Stadt. Wie heißt die Stadt? / Wer ist in Frankfurt? / Rechts – ein Dorf. Wie heißt das Dorf? / Wer ist im Dorf?* KT versuchen nun in EA/PA die Sätze aus dem Schüttelkasten den beiden Fotos zuzuordnen. Dabei helfen ihnen insbesondere die Singular- bzw. Pluralendungen der Verben. Dann bringen sie die Sätze in eine sinnvolle Reihenfolge. Es gibt mehrere Möglichkeiten. — Plenum / EA/PA

KT lesen ihre Versionen vor. Gemeinsam werden Wortschatz- und Verständnisfragen geklärt. KT diskutieren mit KL die Unterschiede in ihren Texten; KL macht dabei bewusst, warum verschiedene Textversionen nebeneinander stehen können. — Plenum

Tipp **Alternative:** KL kopiert die Fotos von Herrn Matthis bzw. den Personen im Dorf und schreibt die Sätze aus dem Schüttelkasten auf Papierstreifen. KT erhalten (bei geschlossenen Büchern) für ihre PA jeweils die Fotos sowie die beschrifteten Papierstreifen und ordnen die Sätze den Fotos zu bzw. bringen die Sätze in eine sinnvolle Reihenfolge. Zur Kontrolle schreiben zwei Paare die Sätze zu je einem Foto auf OHP-Folie bzw. an die Tafel. Die Korrektur findet dann gemeinsam im Plenum statt. — PA / Plenum

Erweiterung: Um die neuen Verben zu wiederholen, kann KL Fragen stellen wie: *Was macht Herr Matthis? – Er wartet. / Was machen die Kinder? – Sie spielen Fußball. / Was machen Frau Brandner und Frau Preisinger? – Sie trinken Kaffee. Sie essen Eis und Schokoladentorte.* — Plenum

Übungsbuch: S. 24–26, Übung 1–8

S. 27 2

Lernziel Selektives Hörverstehen; Wortschatz: Adjektive (Gegensatzpaare)

Ablauf Vorentlastung: KL führt in die Situation ein: *Herr Matthis wartet. Der Bus kommt nicht. Was sagt Herr Matthis?* KT lesen die Sätze in EA und klären gemeinsam mit KL (z. B. mit entsprechenden Gesten) die Bedeutung der Adjektive auf den Kärtchen: *Die Straßen in Frankfurt sind voll; die Straßen in Oberstdorf sind leer. / Die Stadt ist groß; das Dorf ist klein.* — EA / Plenum

Dann hören KT einmal den gesamten Text. Beim zweiten Hören markieren sie in EA die passenden Adjektive. Zur Kontrolle spielt KL den Text ein drittes Mal vor. — EA

S. 27 3

Lernziel Selektives Hörverstehen; Wortschatz: Adjektive (Gegensatzpaare)

Ablauf Vorentlastung: KL führt in die Situation ein: *Frau Brandner und Frau Preisinger sind im Café.* KT lesen in EA die Sätze. Dann wird die Bedeutung der Adjektive auf den Kärtchen *(Das Eis ist kalt; der Kaffee ist kalt.)* gemeinsam geklärt. — EA / Plenum

Nun hören KT einmal den gesamten Text. Beim zweiten Hören markieren sie in EA die passenden Adjektive. KT hören den Text ein weiteres Mal, um ihre Lösungen zu überprüfen. — EA

S. 27 4

Lernziel Wortschatz: Adjektive; Grammatik: *sein* + Adjektiv

Ablauf **a)** KT müssen in dieser Aufgabe die Adjektive selbstständig anwenden. Sie überlegen in EA/PA, welche Adjektive zu den Nomen passen. Die Adjektive aus dem Schüttelkasten können jeweils mehrfach verwendet werden. Die Auswertung kann in zwei Schritten erfolgen. Zunächst gibt KL an der Tafel das Satzmuster *(Wie ist der Tee? – Der Tee ist heiß oder kalt oder …)* vor, nach dem KT in PA ihre Ergebnisse formulieren. Anschließend werden die Ergebnisse, die unterschiedlich ausfallen können, im Plenum verglichen. — EA/PA / PA / Plenum

b) Auch dieser Aufgabenteil kann in zwei Etappen durchgeführt werden. Zunächst befragen sich KT in PA nach den Nomen aus der Liste in Aufgabe a). Dabei müssen sie zu jedem Adjektiv *(voll)* zuerst die Negation bilden *(nicht voll)* und dann das Gegenteil finden *(leer)*. KL verdeutlicht dies, indem er den Modellsatz *(Ist der Zug* ***voll****? Nein, er ist* ***nicht voll****. Er ist* ***leer****.)* an die Tafel schreibt und die entscheidenden Wörter (z. B. durch Unterstreichung) markiert. Anschließend befragen sich KT in einer Kettenübung im Plenum nach dem gleichen Modell. Stärkere Lernergruppen können direkt mit der Kettenübung beginnen.

PA — Plenum

Tipp

Erweiterung: Adjektive können hier oder später folgendermaßen geübt oder wiederholt werden:

- Arbeit mit Dialogbaukästen: KL gibt auf Karten oder an der Tafel Dialoggerüste vor. Die Vorgaben können z. B. so aussehen: (Plenum)
  Zug / voll? – Nein / leer.
  Wie / Kaffee? – kalt.
  KT sprechen oder schreiben dann die Dialoge in PA: (PA)
  Ist der Zug voll? – Nein, er ist leer.
  Wie ist der Kaffee? – Er ist kalt.
- KL bringt Bilder von weiteren Objekten (z. B. aus der Zeitschriftenwerbung) mit, die KT bereits benennen können. KT charakterisieren die Bilder dann: *Das Bier ist kalt. / Das Auto ist schnell.* usw. (Plenum)
- Die Adjektivpaare können in der Folgestunde mit den Spielen *Memory* oder *Domino* wiederholt werden, aber auch mit dem *Lottospiel* (siehe unter **Alles drin** Spiele).

Übungsbuch: S. 26–28, Übung 1–4

S. 27 5

Lernziel Aussprache: Wortakzent

Ablauf

KT hören die Wörter ein- bis zweimal und markieren in EA jeweils die Wortakzente. Dann spielt KL die Wörter zur Kontrolle nochmals vor. Anschließend lesen KT alle Wörter laut vor. KL korrigiert gegebenenfalls die Betonung. (EA, Plenum)

KL visualisiert an der Tafel die Regel: Bei zusammengesetzten Nomen trägt der erste Bestandteil den Wortakzent. Dafür schreibt KL zunächst das Wort *Platz* an die Tafel und markiert den Akzent. Dann schreibt er links vor *Platz* das Wort *Fußball,* wischt die Markierung bei *Platz* aus und markiert stattdessen das *u* von *Fußball.* Dann ergänzt KL über den beiden Wortbestandteilen einen Pfeil von der Silbe *Platz* zur Silbe *Fuß.*

KT sprechen alle Wörter nochmals nach, evtl. im Chor, um den Akzent besonders deutlich hörbar zu machen.

Übungsbuch: S. 28, Übung 1–2

Die Stadt Frankfurt

S. 28 **1**

Lernziel Detailliertes Leseverstehen

Ablauf Vorentlastung: KT betrachten die Fotos. KL stellt eine Verbindung von den Fotos zu der Aufgabenüberschrift her, um die Bedeutung des neuen Wortes *Stadtrand* klar zu machen. Um die Bedeutung des negativen Artikels *kein* vorzuentlasten (wird im Text neu eingeführt), stellt KL zu Foto 1 (im Zentrum) die Frage: *Was ist hier?* KT können darauf Antworten wie *eine Straße, Menschen, Häuser, Restaurants* geben. Danach zeigt KL auf das Foto 2 (am Stadtrand) und erklärt: *Hier sind* ***keine*** *Menschen,* ***keine*** *Restaurants. Aber hier sind Autos, viele Autos.* Dann zeigt KL wieder auf Foto 1 und sagt: *Hier sind* ***keine*** *Autos.* — Plenum

KT lesen leise in EA die Texte. Dann liest KL die Texte vor und bittet KT die Wörter zu markieren, die typisch für das Stadtzentrum bzw. den Stadtrand sind. Die Liste der markierten Wörter wird an der Tafel festgehalten und besprochen, das Verständnis der Wörter bzw. der Texte gesichert. — EA / Plenum

Tipp **Erweiterung:** Um KT daran zu gewöhnen, Wörter stets mit ihrer Pluralform zu lernen, können KT in EA eine zweispaltige Liste der Nomen aus dem Text anfertigen: links Singular, rechts Plural. Manche Formen sind nicht in den beiden Texten zu finden, sondern müssen von KT frei ergänzt werden. — EA

Achtung: *im Zentrum* und *am Stadtrand* gelten hier als lexikalische Einheiten; sie werden nicht als Nomen mit ihrem Artikel bzw. ihrer Pluralform eingeführt.

S. 28 **2**

Lernziel Globales Hörverstehen

Ablauf KL wiederholt die Aufgabenstellung für den Hörtext: *Herr Matthis ist in Frankfurt. Ist er im Zentrum von Frankfurt oder ist er am Stadtrand von Frankfurt?* KT hören den Hörtext einmal ganz. Beim zweiten Hören markieren sie in EA, wo sich Herr Matthis befindet. — EA

Zur Besprechung sammelt KL auf Zuruf die Wörter (*keine Autos, zu Fuß, Kino, Restaurant* usw.) an der Tafel, die KT herausgehört haben. KT vergleichen die gesammelten Wörter mit der Liste bzw. dem Text aus Aufgabe 1. — Plenum

Tipp KL kann KT darauf aufmerksam machen, dass Herr Volz, der Gesprächspartner von Herrn Matthis im Hörtext, aus Österreich kommt und seine Aussprache eine regionale Färbung aufweist.

Übungsbuch: S. 29, Übung 1

S. 28 3

Lernziel Grammatik: Negation mit *kein* und *nicht*

Ablauf

KT ergänzen in EA/PA die Tabelle. Die fehlenden Elemente finden sie in Aufgabe 1. — EA/PA

KL überträgt die Zeile mit dem unbestimmten Artikel *ein* an die Tafel. Dann visualisiert er, dass der negative Artikel *kein* im Singular dieselben Formen wie der unbestimmte Artikel hat, indem er einfach ein *k* vor *ein, eine, ein* setzt. Die abweichende Pluralbildung des unbestimmten und des negativen Artikels wird dadurch kenntlich, dass die ganze Form *keine* ergänzt werden muss. Dann überträgt KL einen weiteren Satz aus der Tabelle an die Tafel: *Die Menschen arbeiten nicht hier.* Und darunter schreibt er den Beispielsatz aus Aufgabe 4b) von Seite 27: *Nein, der Zug ist nicht voll.* — Plenum

Das Tafelbild sieht also etwa so aus:

kein Bus, keine Kirche, kein Kino *keine Busse, keine Kirchen, keine Kinos*	Nomen: *kein*
Die Menschen arbeiten nicht hier. *Nein, der Zug ist nicht voll.*	Verben: *nicht* Adjektive: *nicht*

Die oberen beiden Zeilen werden durch eine Trennlinie von den anderen beiden Zeilen abgesetzt, um die Regeln für *kein* und *nicht* zu visualisieren:

- *ein / eine* + Nomen = *kein / keine* + Nomen; sonst: Negation mit *nicht.*

Siehe unter Grammatik, S. 244/245.

S. 29 4

Lernziel Mündlicher Ausdruck; Wortschatz: Gebäude; Grammatik: Negation mit *kein*

Ablauf

KT lesen die Wortkärtchen. Gemeinsam wird der neue Wortschatz geklärt *(Schule, Bank, Universität, Post)*. — Plenum
Dann betrachten KT die Fotos und überlegen in EA, was für Gebäude auf den Fotos abgebildet sein könnten. Es gibt keine eindeutigen, also keine richtigen oder falschen Zuordnungen. — EA

KL beginnt nun mit der Frage *Was ist Nummer 1?* und liest den Beispieldialog mit einem KT zusammen vor. — Plenum
Wenn alles verstanden worden ist, bilden KT in PA weitere Dialoge zu den Fotos 2 bis 6 nach dem gleichen Muster. — PA

Zur Kontrolle sprechen KT einige Dialoge als Kettenübung im Plenum. KL protokolliert dabei an der Tafel die Formen des unbestimmten bzw. negativen Artikels *(ein Museum – kein Museum, eine Kirche – keine Kirche* usw.*)* und macht gegebenenfalls auf Fehler aufmerksam. — Plenum

Tipp

Erweiterung: Zur Einübung der neuen Satzstrukturen *(Ich glaube, das ist ein … / Nein, das ist kein …* usw.*)* eignet sich die folgende Aktivität: KL legt OHP-Folien mit vergrößerten Bildern (z. B. *Schiff, Bahnhof, Zug, Auto, Bus, Haus, Kirche, Berg, Fabrik, Lastwagen, Hafen* usw.) mit einem Papier abgedeckt auf den Tageslichtprojektor. Während er nach und nach die Bilder aufdeckt, versuchen KT zu erraten, was auf den Bildern zu sehen ist: *Ist das ein / eine …? Ich glaube, das ist ein / eine … / das sind … Vielleicht ein / eine …?* — Plenum

Zum Einüben der neuen Nomen von Lektion 2 können KT in GA *Memory, Domino* oder *Lotto* mit Bild- / Wortkärtchen spielen (siehe unter **Alles drin** Spiele). — GA

Alternative: Mit sehr guten Lernergruppen kann KL eine Variante zur Übung 3, S. 30 im Übungsbuch durchführen. Dazu skizziert KL an der Tafel oder auf dem OHP folgende Situation: Auf einer Mini-Insel mitten in der Einsamkeit des Meeres stehen zwei schiffbrüchige Personen, ein Mann und eine Frau. Die Sprechblase der Frau beinhaltet den Satzanfang: *Eine Katastrophe! Nur wir zwei, kein Schiff, kein …* Die Sprechblase des Mannes beinhaltet den Satzanfang: *Fantastisch! Nur wir zwei, kein Schiff, kein …* Die KT ergänzen die Gedanken der beiden Personen.
Landeskunde: Foto 1 zeigt den Frankfurter Messeturm, Foto 3 das Museum für Kunsthandwerk, Foto 4 das Museum für Moderne Kunst und Foto 6 die Frankfurter Buchmesse.

S. 29 **5**

Lernziel Mündlicher Ausdruck

Ablauf Vorentlastung: KL schreibt die beiden Begriffe *Stadt* und *Dorf* an die Tafel. KT sammeln zunächst in EA/PA Wörter, die sie mit den beiden Begriffen assoziieren. — EA/PA

KT nennen ihre Ergebnisse in ganzen Sätzen wie im Beispiel. KL sammelt die Begriffe an der Tafel und kontrolliert dabei besonders die richtige Verwendung der Artikel. — Plenum

Tipp **Erweiterung:** Für eine anspruchsvolle freie Schreibaufgabe hängt KL Bilder (von Dörfern, Städten, Plätzen) aus, auf denen Dinge sind, die KT schon benennen können. In internationalen Lernergruppen können KT evtl. selbst Bilder aus ihren Herkunftsländern beisteuern. KL stellt Impulsfragen zu den Bildern *(Was ist das? / Was ist hier? / Was ist hier nicht?)*. KT können z. B. folgende Antworten geben: *Das ist ein Platz. / Hier sind Menschen und Geschäfte, aber keine Autos. / Der Platz ist groß.* usw. — Plenum

Die Antworten werden an der Tafel in der Form notiert, dass sie als Modell für die Beschreibung weiterer Bilder dienen:
Das ist ein / eine … / Das sind …
Hier ist ein / eine … / Hier sind ….
Hier ist kein / keine … / Hier sind keine …
Der / Die / Das … ist …

KT notieren in PA/GA, was sie auf den Bildern sehen. Die (korrigierten) Bildbeschreibungen können zu den jeweiligen Bildern gehängt werden. — PA/GA

Übungsbuch: S. 29–31, Übung 1–6

In Köln

S. 30 **1**

Lernziel Detailliertes Hörverstehen

Ablauf KL führt in die Situation ein: *Das ist Marlene Steinmann. Was macht sie?* KT hören den Hörtext zunächst einmal ganz. Dann lesen sie die Fragen und Antworten. Beim zweiten oder dritten Hören markieren sie ihre Antworten. Bei der Besprechung im Plenum wird das Verständnis der Redemittel geklärt und gesichert.

Plenum
EA
Plenum

Übungsbuch: S. 32, Übung 1–2

S. 30 **A**

Lernziel Wortschatz: Zahlen von 100 bis 1 000 000

Ablauf KT hören zunächst alle Zahlen und lesen still mit. Dann verdeutlicht KL die Verfahren der Zahlenbildung ab 100: Plenum

- Zahlen mit Hunderter- und Tausenderschritten werden von links nach rechts gelesen: *101 = (ein)hundert + eins = (ein)hunderteins.*
- Zahlen mit Tausender-, Hunderter- und Zehnerschritten werden von links nach rechts (Tausender- und Hunderterschritte) und von rechts nach links (Zehnerschritte) gelesen: *2367 = zweitausend + dreihundert + siebenundsechzig = zweitausenddreihundertsiebenundsechzig*

KL kann an dieser Stelle auf die Bildung der Zahlen 1 bis 100 aus Lektion 1 hinweisen, um die richtige Lesart der Zehnerschritte zu wiederholen.
Zum Einüben der Zahlen sprechen KT verschiedene Zahlenreihen als Kettenübung: z. B. 100 bis 130, 100 bis 200 in Zehnerschritten, 1 000 bis 10 000 in Hunderterschritten, 10 000 bis 100 000 in Tausenderschritten usw.

Tipp **Erweiterung:** KT schreiben zunächst 5 Zahlen zwischen 100 und 1 000 000 auf. Anschließend nennen sie sich gegenseitig in PA ihre Zahlen und der Partner schreibt mit. EA PA

Zahlenwettkampf: KT teilen sich in Gruppe A und Gruppe B. KL schreibt ca. 30 Zahlen zwischen 100 und 1 000 000 an die Tafel. KT üben die Zahlen zunächst in ihrer jeweiligen Gruppe. Dann beginnt ein KT aus Gruppe A und liest die Zahlen laut und schnell vor. Macht er einen Fehler, kommt ein KT aus Gruppe B dran. Gewonnen hat die Gruppe, aus der zuerst ein KT alle Zahlen fehlerfrei gelesen hat. GA

S. 31 **B**

Lernziel Wortschatz: Zahlen von 100 bis 1 000 000

Ablauf KT hören die Zahlen mehrmals und markieren in EA jeweils, welche Zahl sie hören. EA

Tipp Zum Üben des Hörverstehens von Zahlen eignet sich besonders das Spiel *Zahlenbingo* (*Zahlenbingo* und weitere Vorschläge siehe unter **Alles drin** Spiele).

S. 31 **C**

Lernziel	Wortschatz: Zahlen von 100 bis 1 000 000	
Ablauf	KT hören die Zahlen zwei- bis dreimal und notieren in EA, was sie hören. Ein KT schreibt für die Kontrolle an der Tafel oder auf OHP-Folie, nach Möglichkeit verdeckt, mit. Ein KT liest seine Zahlen laut im Plenum vor und vergleicht diese mit den Zahlen an der Tafel.	EA Plenum

Übungsbuch: S. 32/33, Übung 1–5

S. 30 **2**

Lernziel	Selektives Hörverstehen; Wortschatz: Zahlen von 100 bis 1 000 000	
Ablauf	KL führt in die Situation ein: *Martin Miller ist in Köln. Er hat viele Fragen. Er geht in die Touristen-Information. Hören Sie den Dialog.* KT hören dann den Text zwei- bis dreimal und ergänzen in EA die Zahlen. Nach der Kontrolle im Plenum verdeutlicht KL, dass auf die Frage *Wie viele?* eine Zahlenangabe folgt. Die Bildung der W-Fragen *Wie alt …? Wie hoch …?* kann (in Anknüpfung an die schon bekannte Struktur *sein* + Adjektiv) durch das folgende Tafelbild transparent gemacht werden: *Die Stadt Köln ist alt.* ➔ *Wie alt?* *Die Kirche ist hoch.* ➔ *Wie hoch?*	Plenum EA Plenum

S. 31 **3**

Lernziel	Mündliche Interaktion; Wortschatz: Ortsbezeichnungen, Gebäude	
Ablauf	**a)** KT betrachten zunächst nur den Stadtplan. KL erklärt: *Das ist das Zentrum von Köln.* Dann fragt er: *Was ist A?* KT antwortet: *Der Dom.* usw. Anschließend lesen KT die Sätze 1–5 und ergänzen in EA/PA die semantisch und grammatisch passenden Begriffe aus dem Schüttelkasten. Zur Kontrolle lesen KT ihre Sätze vor. **b)** KT sammeln in PA alle Informationen, die sie in Aufgabe 2 und Aufgabe 3 a) über Köln gelesen haben und bilden Fragen mit den Impulsen aus den Sprechblasen. Zuerst üben sie Fragen und Antworten in PA, dann werden Fragen und Antworten im Plenum (z. B. als Kettenübung) ausgetauscht.	Plenum EA/PA Plenum PA PA, Plenum

S. 31 **4**

Lernziel	Mündliche Interaktion; Wortschatz: Zahlen von 100 bis 1 000 000	
Ablauf	KL liest die Aufgabenüberschrift vor, um zu verdeutlichen, dass diese drei Fragen verwendet werden sollen: *Wie hoch …? / Wie alt …? / Wie viele …?* KT lesen in PA die Informationen 1–6. KT befragen sich dann gegenseitig und tragen ihre Fragen und Antworten im Plenum vor.	Plenum PA Plenum
Tipp	**Erweiterung:** KT können dann im Plenum weitere Fragen stellen, die sich z. B. auf den Kursort oder bekannte Orte beziehen: *Wie viele Menschen wohnen in X? Wie hoch ist die Kirche in X?* (X = Kursort). KL bringt Broschüren von verschiedenen Orten in den deutschsprachigen Ländern mit (von den Fremdenverkehrsämtern zu beziehen). KT erstellen in GA eine Collage oder Wandzeitung zu je einem Ort und präsentieren sie im Plenum.	Plenum GA Plenum

Übungsbuch: S. 34, Übung 1–2

Im Deutschkurs

S. 32 **1**

Lernziel Wortschatz: Kursutensilien

Ablauf KT ordnen in EA/PA die Wörter aus dem Schüttelkasten den Bildern zu und besprechen ihre Ergebnisse im Plenum. EA/PA Plenum

Tipp **Alternative:** KL macht aus der Aufgabe ein *Kimspiel* (siehe unter **Alles drin** Spiele). KT betrachten die Bilder und ordnen ihnen je ein Wort aus dem Schüttelkasten zu. EA Anschließend macht KL eine andere Übung mit KT (z. B. Besprechung der HA, eine Zahlenübung usw.). Nach ca. 5 Minuten legt KL die tatsächlichen Gegenstände von den Bildern (*einen Kugelschreiber, einen Radiergummi, einen Bleistift, ein Buch, ein Blatt Papier* und *ein Heft*) an einen für alle sichtbaren Platz. Plenum Alternativ zeigt er die Bilder noch einmal ohne Beschriftung auf OHP-Folie. KT schreiben in EA nun so schnell wie möglich alle Wörter mit Artikel auf. EA Wer zuerst fertig ist, ruft „Stopp". Hat er alle Wörter korrekt aufgeschrieben, ist er Sieger.

S. 32 **2**

Lernziel Wortschatz: Elemente des Kursbuchs

Ablauf KT betrachten die Bilder und lesen in EA die dazugehörigen Bezeichnungen. EA KL erinnert daran, dass Nomen immer mit Artikel und Plural gelernt werden sollen. Plenum Gemeinsam werden deshalb die Pluralformen gesucht und zu den Wörtern ergänzt.
Hinweis: Das Wort *Grammatik* hat in dieser Bedeutung keinen Plural.

Tipp Dieser Wortschatz kann für das oben erwähnte *Kimspiel* mitverwendet werden (siehe unter **Alles drin** Spiele).

S. 32 **3**

Lernziel Wortschatz: Redemittel für die Kurskommunikation

Ablauf KT trennen die Wortschlangen und schreiben in EA einzelne Sätze in die Schreibzeilen. EA KL erklärt mit Hilfe von Gestik und Mimik die Bedeutung der einzelnen Redemittel. KT sprechen die Sätze in EA für sich nach, EA dann sprechen einzelne KT die Sätze im Plenum laut. Plenum KL kann dabei gegebenenfalls phonetische Korrekturen anbringen.

Tipp In der Übung 1, S. 35 im Übungsbuch wird die grammatische Metasprache für die Kurskommunikation geübt. Die KT lernen hier, Nomen, Adjektive und Verben zu unterscheiden und zu benennen.

Übungsbuch: S. 35, Übung 1–2

Zur Grammatikseite der Lektion: Übungsbuch: S. 35, Übung 1–2

Lektion 3

Meine Familie und ich

S. 34 **1**

Lernziel	Globales Hörverstehen	
Ablauf	Vorentlastung: KT betrachten das Bild. KL fragt: *Was sehen Sie auf dem Bild? Meine Familie und ich: Was für eine Sendung ist das? Was möchte die Frau?* KL spielt die Hörtexte mehrmals vor und legt nach jedem Text eine Pause ein. Danach hören KT sie noch einmal ganz. KT markieren in EA/PA die richtige Lösung. Im Plenum besprechen KT die Dinge, die ihnen bei der Lösung geholfen haben. Die Unterschiede zwischen den einzelnen Fernsehsendungen (Nachrichtensendung, Krimi, Familienshow) sind über die Hörtexte leicht zu erschließen.	Plenum EA/PA, Plenum
Tipp	**Erweiterung:** An diese Aufgabe kann sich ein Gespräch über Fernsehsendungen anschließen. KL fragt: *Welche Fernsehshows sehen Sie gerne? Wie heißen sie?* Zur Beantwortung dieser Frage kann KL Fernsehprogramme mitbringen. KT suchen in PA/GA Fernsehshows heraus, die sie kennen bzw. mögen, und präsentieren ihre Ergebnisse anschließend an der Tafel oder auf OHP-Folie.	Plenum PA/GA Plenum

S. 35 **2**

Lernziel	Selektives Leseverstehen; Wortschatz: Angaben zur Person	
Ablauf	KL führt mit Hilfe der Bilder in die Situation ein. KL fragt: *Wie viele Personen sind da? Was machen sie?* KT lesen den Dialog zunächst leise in EA, danach in verteilten Rollen in PA. Nach der Klärung von neuem Wortschatz stellt KL Fragen zum Text: *Wo sind die beiden Personen? Wie heißen sie? Was möchte Frau Mainka? Was fragt Frau Schnell?* Anschließend tragen einzelne KT den Dialog noch einmal mit verteilten Rollen im Plenum vor. KL korrigiert Aussprache und Satzintonation.	Plenum EA, PA Plenum Plenum

S. 35 **3**

Lernziel	Selektives Leseverstehen; Wortschatz: Angaben zur Person	
Ablauf	KT lesen noch einmal in EA/PA den Dialog in Aufgabe 2, unterstreichen die gesuchten Fragen sowie Antworten und schreiben sie in die Tabelle. Nach der Besprechung im Plenum stellen KT verschiedenen Partnern Fragen und antworten mit ihren persönlichen Angaben.	EA/PA Plenum PA
Tipp	**Erweiterung:** KL verteilt an jeden KT eine Karte mit den Angaben einer fiktiven Person oder von berühmten Persönlichkeiten. KT interviewen sich mit den Fragen in Aufgabe 3 und antworten in den vorgegebenen Rollen. Danach wechseln KT ihren Interviewpartner.	PA

Übungsbuch: S. 36, Übung 1–3

S. 36 **4**

Lernziel	Detailliertes Leseverstehen; Wortschatz: Angaben zur Person und zum Familienstand	
Ablauf	Vorentlastung: KL führt KT in die Situation ein, indem er ihre Aufmerksamkeit erneut auf die Bilder in Aufgabe 2 lenkt. KT formulieren Sätze zu den Bildern und wiederholen die Informationen aus dem Text der Aufgabe 2. Dann betrachten KT die beiden Bilder in Aufgabe 4 und KL fragt: *Was sehen Sie? Wer ist da?*	Plenum
	a) KT lesen den Dialog zunächst in EA, danach lesen zwei KT den Dialog mit verteilten Rollen vor. Anschließend klärt KL anhand der Bilder den neuen Wortschatz und stellt Fragen zum Text: *Wie ist der Familienstand von Frau Mainka? Wie viele Kinder hat sie? Wie heißen ihre Kinder?* usw.	EA, Plenum
	b) KT markieren in EA/PA, welche Sätze richtig bzw. falsch sind. Nach der Besprechung im Plenum spielen KT den Dialog noch einmal in PA mit verteilten Rollen. KL geht von Gruppe zu Gruppe, um Aussprache und Intonation zu korrigieren.	EA/PA Plenum, PA

S. 36 **5**

Lernziel	Selektives Leseverstehen; Wortschatz: Angaben zur Person und zum Familienstand	
Ablauf	Anhand des Dialogs in Aufgabe 4 finden KT in EA/PA die richtigen Antworten zu den Fragen. Anschließend lesen einzelne KT im Plenum die zusammengehörenden Frage- und Antwortpaare laut vor.	EA/PA Plenum

S. 37 **6**

Lernziel	Aussprache: Umlaute	
Ablauf	**a)** KL spielt die Wörter vor und KT lesen leise mit. Danach spielt KL die Wörter noch einmal einzeln vor und legt nach jedem Wort eine Pause ein, damit KT einzeln nachsprechen können.	Plenum
	b) KL spielt die Wörter vor und KT lesen wieder leise mit. Danach hören KT die Wörter noch einmal und markieren in EA/PA die Umlaute als kurz oder lang. An die Besprechung im Plenum kann sich noch eine Sprechübung anschließen: KT lesen die Wörter zunächst in PA und dann im Plenum laut vor.	EA/PA Plenum PA, Plenum
Tipp	Zur Übung der langen und kurzen Vokale / Umlaute bietet sich für stärkere Lernergruppen folgendes Spiel an: KL bereitet Karten vor, die mit je einem Familiennamen, der einen Umlaut enthält, beschriftet werden (*Möhler, Möller, Moller, Mühler, Müller, Muller, Mähler, Mäller, Maller* – bei sehr starken KT zusätzlich *Mehler, Meller, Mieler, Miller*). Jeder KT erhält eine Karte (je nach Kursgröße können Namen doppelt vergeben werden). KL schreibt sämtliche Namen zusätzlich noch an die Tafel. KL beginnt z. B. mit der Frage: *Wo ist Herr / Frau Möller?* Der KT, der die gesuchte Karte besitzt, meldet sich, sagt seinen Namen und zeigt seine Karte. KL streicht den betreffenden Namen an der Tafel aus. Das Spiel wird fortgesetzt, bis alle Familiennamen genannt wurden.	Plenum

Erweiterung: KL malt ein Haus mit neun Wohnungen an die Tafel oder auf OHP-Folie. KT übertragen die Zeichnung in ihre Hefte. KL beschreibt, wo die einzelnen Familien wohnen, z. B. *oben links* (dabei zeigt er auf die Wohnung oben links) *wohnt Familie Moller, unten links Familie Muller, Möller, Müller* usw. KT tragen in EA die Familiennamen in das Haus ein. Die Ergebnisse werden zunächst in PA, dann im Plenum verglichen. — EA, PA, Plenum

Übungsbuch: S. 37/38, Übung 1–5

S. 37 **7**

Lernziel Grammatik: Fragen mit *du* und *Sie*

Ablauf KT lesen die *du*-Fragen und schreiben in EA/PA mit Hilfe der Dialoge in Aufgabe 2 und 4 die entsprechenden *Sie*-Fragen in die Zeilen daneben. (EA/PA) Nach der Besprechung im Plenum üben KT die *du*- und *Sie*-Fragen in einer Kettenübung. (Plenum)

Tipp **Erweiterung:** Im Zusammenhang mit den *du*- und *Sie*-Fragen ist es sehr wichtig, dass KL immer wieder auf die zwei unterschiedlichen Verbformen aufmerksam macht. Dazu schreibt KL die Stichworte *du* und *Sie* an die Tafel bzw. auf OHP-Folie und KT ordnen im Plenum die Verben aus Aufgabe 7 den Stichpunkten zu. (Plenum) KL markiert die Endungen *-st* für die 2. Person Singular und *-en* für die 3. Person Plural. KT unterstreichen ebenfalls die entsprechenden Endungen im Buch.

S. 37 **8**

Lernziel Grammatik: Possessivartikel *mein, dein, Ihr*

Ablauf KT ergänzen in EA mit Hilfe des Textes die Tabelle mit den Possessivartikeln. (EA) Bei der Besprechung im Plenum fassen KT und KL zusammen: (Plenum)

- *ich – mein, meine*
- *du – dein, deine*
- *Sie – Ihr, Ihre*

Dann markieren KT in EA die Endungen der Possessivartikel in der Tabelle. (EA)
KT vergleichen mit Hilfe des KL die unterschiedlichen Endungen und entwickeln folgende Regeln:

- Possessivartikel haben bei Nomen im Maskulinum *(der Name)* und Neutrum *(das Foto)* keine Endung *(mein Name, mein Foto)*.
- Possessivartikel haben bei Nomen im Femininum *(die Familie)* und bei Nomen im Plural *(die Kinder)* die Endung *-e (meine Familie, meine Kinder)*.

KL weist abschließend darauf hin, dass die Possessivartikel dieselben Endungen wie der unbestimmte Artikel haben.
Siehe unter Grammatik, S. 148.

Tipp **Erweiterung:** KL bringt verschiedene Gegenstände mit, verteilt sie und fragt einen KT, z. B. *Ist das Ihr / dein Kugelschreiber?* KT antwortet: *Nein, das ist nicht mein Kugelschreiber. / Ja, das ist mein Kugelschreiber.* (Plenum)
Bei dieser Übung sollen KT lernen, bei der Frage des KL auf die Endung des Possessivartikels zu achten, um die passende Endung für ihre Antwort zu finden.

S. 37 **9**

Lernziel Mündliche Interaktion; Wortschatz: Angaben zur Person; Grammatik: Possessivartikel *mein, dein, Ihr*

Ablauf Vorentlastung: KT lesen die Texte in den Sprechblasen und bereiten in EA schriftlich geeignete Fragen für ein Interview vor. KT können sich bei der Vorbereitung der Fragen an Aufgabe 7 orientieren. — EA

Anschließend stellen sich KT in PA/GA mit Hilfe ihrer Notizen Fragen zu ihren Personalien. Dabei können sie wahlweise *du-* bzw. *Sie*-Fragen verwenden. Zum Schluss stellen KT ihren Partner im Plenum vor: *Das ist ... Er / Sie ist ... alt. ... ist verheiratet / nicht verheiratet. Er / Sie ... hat 3 Kinder.* usw. — PA/GA, Plenum

Übungsbuch: S. 38/39, Übung 1–4

Die Hobbys von Frau Mainka

S. 38 **1**

Lernziel Selektives Leseverstehen

Ablauf Vorentlastung: KL fragt KT, was sie bereits über Frau Mainka und Frau Schnell wissen, und sammelt die Informationen stichwortartig an der Tafel bzw. auf OHP-Folie. — Plenum

KT lesen den Text zuerst leise in EA, dann lesen zwei KT den Dialog mit verteilten Rollen vor. Nach der Klärung von neuem Wortschatz sichert KL das Textverständnis anhand der Fragen: *Was sind die Hobbys von Frau Mainka? Was macht sie gern? Was macht sie nicht gern?* — EA, Plenum

Anschließend lesen KT den Dialog noch einmal in PA. KL geht von Gruppe zu Gruppe und korrigiert Aussprache und Intonation. — PA

S. 38 **2**

Lernziel Wortschatz: Hobbys; Grammatik: zweiteilige Verben

Ablauf KT lesen die Verben und die Beispielsätze. Dann fragt KL einen KT: *Was ist Ihr Hobby? Was machen Sie gern?* KT antwortet und gibt die Frage an den nächsten KT weiter: *Ich höre gern Musik. Und Sie?* Die Aufgabe wird in Form einer Kettenübung im Plenum fortgesetzt. — Plenum

Anschließend können KT noch in PA ihre Hobbys in der *du*-Form *(Was ist dein Hobby? Was machst du gern?)* erfragen. — PA

Tipp **Erweiterung:** KT notieren in EA je 3–4 Hobbys auf Zetteln; dabei kann KL Hilfestellung geben oder KT können ein Wörterbuch benutzen. — EA

KL oder ein KT sammelt die genannten Hobbys in Infinitivform an der Tafel. Anhand dieser Verben befragen sich KT wie in Aufgabe 2 im Plenum nach ihren Hobbys. — Plenum

S. 38 **3**

Lernziel Grammatik: zweiteilige Verben; Satzklammer

Ablauf KT lesen die Sätze und ergänzen in EA die Lücken. Dann überprüfen sie ihre Ergebnisse im Plenum. KL übernimmt die Beispiele aus dem Buch und schreibt das Verb *Musik hören* an die Tafel bzw. auf OHP-Folie und notiert darunter den Satz: *Ich höre gern Musik.* Ebenso verfährt er mit dem anderen Beispielsatz. Mit Hilfe von Pfeilen verdeutlicht er die veränderte Position der Verbteile im Aussagesatz. — EA, Plenum

Zum Einüben der Satzklammer bilden KT in EA zu allen in Aufgabe 2 genannten Hobbys schriftlich einen Satz mit *gern.* KL sammelt die Sätze an der Tafel und verdeutlicht die Satzklammer durch Unterstreichung. — EA

Siehe unter Grammatik, S. 135.

Tipp *Ariadnes Faden* (siehe unter **Alles drin** Spiele): Alle KT sitzen im Kreis. KL hat ein Wollknäuel in der Hand und beginnt, indem er zwei seiner Hobbys nennt: *Ich spiele gern Tennis, ich …* KL wirft das Wollknäuel einem KT zu (hält den Faden dabei aber fest) und fragt ihn nach dessen Hobbys. Dieses Spiel wird fortgesetzt, bis alle KT zwei ihrer Hobbys genannt haben. Danach wird das Wollknäuel wieder in umgekehrter Reihenfolge zurückgegeben. KT müssen sich nun erinnern, welche Hobbys ihr jeweiliger Vordermann genannt hat, und darüber berichten: *Peter reist gern, er …* — Plenum

S. 38 **4**

Lernziel Mündlicher Ausdruck; Wortschatz: Adverbien (Häufigkeitsangaben)

Ablauf KT betrachten das Schaubild und erarbeiten gemeinsam mit KL den Wortschatz. Dann lesen sie die Beispielsätze und markieren die Position der Adverbien *oft* und *selten* in der Satzmitte. An dieser Stelle lenkt KL die Aufmerksamkeit der KT noch einmal auf die Sätze in Aufgabe 3: *gern* steht in der Satzmitte. — Plenum

Dann befragen sich KT in PA/GA anhand der Verben aus Aufgabe 2, was sie *immer / oft / manchmal / selten / nie* machen. — PA/GA

Anschließend tragen KT die genannten Aktivitäten ihres Partners im Plenum vor (z. B. *Peter geht nie ins Kino.*). — Plenum

Siehe unter Grammatik, S. 135 und 155.

Tipp *Würfelspiel* (siehe unter **Alles drin** Spiele)*:* KL erstellt so viele Würfel, wie es Paare bzw. Gruppen im Kurs gibt, und beschriftet die Flächen mit den Adverbien (Häufigkeitsangaben) *immer, oft, selten* usw. KT würfeln in PA/GA und bilden mit dem gewürfelten Adverb einen Satz, z. B. *Ich gehe oft ins Kino.* — PA/GA

Übungsbuch: S. 40–42, Übung 1–6

Das Formular

S. 39 **1**

Lernziel Ausfüllen eines Formulars; Wortschatz: Angaben zur Person

Ablauf KL führt anhand des Bildes in die Situation ein. KT füllen in EA das Formular mit ihren persönlichen Angaben aus. Danach befragen sich KT in PA/GA nach ihren Personalien. Abschließend stellen sich einzelne KT mit Hilfe des Formulars mündlich vor. — EA, PA/GA, Plenum

Übungsbuch: S. 42/43, Übung 1–2

Montag, 9 Uhr, Studio 21

S. 40 **1**

Lernziel Detailliertes Leseverstehen; Wortschatz: Uhrzeit (offizielle Zeitangabe)

Ablauf

a) KT lesen zunächst in EA leise den Text. KL klärt, wo möglich mit Hilfe der Bilder, neuen Wortschatz. Anschließend lesen KT den Text noch einmal und KL fragt: *Wo sind die Personen? Was machen sie? Wer ist schon da? Wer ist noch nicht da? Wann fängt das Casting an?* — EA, Plenum

b) KT markieren die Uhrzeiten im Text und lesen dann die Beispielsätze. Anhand des Kalenderblattes berichten KT zunächst in PA über die eingetragenen Termine: *Um 10 Uhr ist Frau Mainka dran. Um 10 Uhr 30 ist …* usw. — PA

Daran kann sich eine Kettenübung im Plenum anschließen: *Wer ist um 10 Uhr dran? – Um 10 Uhr ist Frau Mainka dran. Wer ist um 10 Uhr 30 dran?* usw. — Plenum

Dann hält KL gemeinsam mit KT an der Tafel folgende Regeln für die offizielle Zeitangabe fest:

- Die Uhrzeit wird mit *um …* eingeleitet.
- Die Angabe der Stunde (dabei werden immer 24 Stunden zu Grunde gelegt) + Uhr + Angabe der Minuten, z. B. 10 Uhr 30 (vormittags); 22 Uhr 30 (abends).

Um die Frage *Wann?* einzuführen, lenkt KL die Aufmerksamkeit der KT wieder auf das Kalenderblatt und fragt einen KT: *Wann ist Frau Mainka dran?* KT gibt die entsprechende Antwort. KL schreibt nun die beiden Sätze an die Tafel und markiert *wann* und *um*. Er weist darauf hin, dass man mit *wann* die Uhrzeit erfragen kann und dass diese Frage immer mit *um* beantwortet werden muss. — Plenum

Tipp In dieser Aufgabe wird die Antwort auf die Frage *Wann …? – Um …* eingeführt. Die Frage *Wie viel Uhr ist es? – Es ist …* wird in Übung 1, S. 44 im Übungsbuch behandelt. KL kann die Frage nach der Uhrzeit zur Vorentlastung von Aufgabe 1 b) wiederholen.

Alternative: Zum Üben der offiziellen Zeitangaben erstellt KL eine Uhr aus Pappe oder zeichnet eine Uhr an die Tafel bzw. auf OHP-Folie. Ein KT stellt die Uhr (bzw. zeichnet eine Uhrzeit ein) und richtet dazu eine Frage an einen anderen KT, z. B. *Wann machst du Hausaufgaben?* Der nächste KT antwortet mit der vorgegebenen Zeitangabe, stellt die Uhr neu und setzt die Übung mit einer Frage fort: *Wann gehst du ins Kino?* usw. — Plenum

Erweiterung: Zum Üben der offiziellen Zeitangaben stellt KL anschließend weitere Fragen, die mit *wann* eingeleitet werden: *Wann fängt der Deutschkurs an? Wann ist Pause? Wann gehen Sie nach Hause? Wann machen Sie Hausaufgaben?* usw.

Übungsbuch: S. 44, Übung 1–2

S. 40 2

Lernziel Grammatik: Satzklammer bei trennbaren Verben *(stattfinden)*, zweiteiligen Verben *(da sein)* und Modalverben *(möcht-)*

Ablauf KT lesen noch einmal in EA den Text, markieren die Verben *stattfinden, da sein, möchte wissen* und ergänzen die Lücken. KL lenkt zunächst die Aufmerksamkeit der KT auf das trennbare Verb *stattfinden* und fragt im Plenum: An welcher Position im Satz steht das Präfix *(statt)* und das dazugehörige Verb *(finden)*? KT unterstreichen die Satzpositionen im Text. Dann sehen sich KT und KL das zweiteilige Verb *(da sein)* an und KL fragt im Plenum nach der Satzposition von Teil 1 *(da)* und Teil 2 *(sein)* des Verbs. Anschließend markieren KT wieder die Satzteile im Text. Danach fragt KL nach der Position von dem Modalverb *(möcht-)* und dem Infinitiv *(wissen)*. — EA, Plenum

KL visualisiert die Satzklammer an der Tafel oder auf OHP-Folie mit Hilfe der vorgegebenen Beispielsätze. Die Grammatikseite am Ende der Lektion (S. 45 im Kursbuch) kann KL als Orientierung für die Darstellung der Satzklammer dienen. KT formulieren anhand des Tafelbildes folgende Regeln für Aussagesätze:

- Bei trennbaren Verben *(stattfinden)* steht das Verb *(finden)* immer auf Position 2 und das Präfix *(statt)* steht am Satzende.
- Bei zweiteiligen Verben *(da sein)* steht Teil 2 *(sein)* immer auf Position 2 und Teil 1 immer am Satzende.
- Bei Modalverben mit Infinitiv *(möcht- + wissen)* steht das Modalverb *(möcht-)* immer auf Position 2 und der Infinitiv *(wissen)* steht am Satzende.
- Alle drei Verbgruppen bilden eine Satzklammer.

Siehe unter Grammatik, S. 135/136 und 139/140.

Tipp KL bereitet große Karten vor, die jeweils mit einem der folgenden Wörter beschriftet wurden: *ICH, SPIELE, GERN, MIT* und verteilt sie an vier KT. Diese KT gehen nach vorne und KL stellt die Frage: *Spielen Sie gern mit?* Die vier KT formieren sich in der richtigen Reihenfolge zu einem Satz. Die Übung soll mit anderen Beispielsätzen fortgesetzt werden. KL macht anhand dieses Beispielsatzes die Besonderheit der Satzposition bei trennbaren Verben deutlich. In derselben Weise kann auch noch ein Satz mit dem Modalverb *möcht-* und mit einem zweiteiligen Verb (z. B. den Verben aus den Aufgaben 2/3 auf S. 38) geübt werden. — Plenum

S. 40 3

Lernziel Grammatik: Satzklammer bei trennbaren Verben und zweiteiligen Verben

Ablauf KT lesen die Verben im Schüttelkasten, wählen in EA/PA das jeweils passende Verb aus und setzen es in die Lücke ein. Bei der Besprechung der Ergebnisse im Plenum macht KL noch einmal auf die Satzklammer der trennbaren Verben und zweiteiligen Verben aufmerksam. Anschließend wird der Dialog in PA gelesen. — EA/PA, Plenum, PA

Tipp

Zum Einüben der Satzklammer bereitet KL möglichst viele verschiedene Karten mit Satzteilen vor. Die beiden Teile der trennbaren Verben, zweiteiligen Verben und Modalverben sollen dabei auf zwei Karten geschrieben werden, die entweder eine andere Farbe (z. B. rot) oder eine andere Form (z. B. oval) als die übrigen Karten haben. KT legen in PA Sätze mit den Karten. KL geht von Gruppe zu Gruppe, um die Satzposition zu korrigieren. Anschließend präsentiert KL oder ein KT die Sätze an der Tafel bzw. auf OHP-Folie. Die Position der trennbaren Verben, zweiteiligen Verben und Modalverben soll dabei analog zu den Karten, entweder durch die entsprechende Farbe oder durch die entsprechende Form, visualisiert werden. — PA / Plenum

Übungsbuch: S. 44–47, Übung 1–9

S. 41 4

Lernziel Detailliertes Hörverstehen; Grammatik: Possessivartikel *ihr*

Ablauf

a) Vorentlastung: KT sehen das Bild an. KL fragt: *Was glauben Sie, was ist Herr Mainka von Beruf? Was machen die Kinder?* KT antworten mit Hilfe des Bildes. — Plenum

b) KL spielt den Text mehrmals ganz vor. KT kreuzen in EA/PA die richtigen Antworten an. KT hören den Text noch einmal und überprüfen ihre Lösungen. — EA/PA

S. 41 5

Lernziel Detailliertes Hörverstehen; Grammatik: Possessivartikel *sein*

Ablauf

a) Vorentlastung: KT sehen das Bild an. KL fragt: *Wie alt ist Sebastian? Was ist sein Hobby?* KT antworten mit Hilfe des Bildes. — Plenum

b) KL spielt den Hörtext mehrmals ganz vor. KT markieren in EA/PA, welche Sätze richtig bzw. falsch sind. KT vergleichen ihre Lösungen im Plenum. — EA/PA / Plenum

S. 41 6

Lernziel Grammatik: Possessivartikel *ihr, sein*

Ablauf

Vorentlastung: KT unterstreichen in EA die Possessivartikel *ihr* und *sein* in den Texten der Aufgaben 4 und 5. — EA

KT ergänzen dann die Lücken. KL schreibt die Beispielsätze an die Tafel bzw. auf OHP-Folie und markiert ebenfalls die Possessivartikel *ihr, ihre* und *sein, seine*. KT und KL fassen folgende Ergebnisse zusammen: — Plenum

- Irene Mainka: *sie – ihr, ihre*
- Sebastian Hahn: *er – sein, seine*

KL gibt eine Merkhilfe, indem er KT darauf aufmerksam macht, dass ***I**rene, **i**hr, **i**hre* und ***S**ebastian, **s**ein, **s**eine* jeweils dieselben Anfangsbuchstaben haben.

Siehe unter Grammatik, S. 148.

Tipp

Erweiterung: Um sicher zu stellen, dass KT den Zusammenhang zwischen Genus und Numerus des Nomens und der Endung des Possessivartikels verstanden haben, erstellen sie analog zu Aufgabe 8, S. 37 in EA/PA eine Tabelle. — EA/PA

Siehe unter Grammatik, S. 148.

S. 41 7

Lernziel Schriftlicher Ausdruck

Ablauf Vorentlastung: KL schreibt Stichpunkte an die Tafel oder auf eine OHP-Folie, an denen sich KT beim Lösen der Aufgabe orientieren können:

- *Familie Mainka: Irene Mainka, ihr Mann, ihre Kinder, ihre Mutter, ihr Hobby*
- *Familie Hahn: Sebastian Hahn, seine Großmutter, seine Eltern, sein Vater, sein Hobby*

KL fragt: *Was wissen Sie?* KT schreiben zunächst in EA bei geschlossenen Büchern die Informationen über die beiden Familien in ganzen Sätzen auf. Dann tauschen sie die Notizen mit ihrem Partner aus und vergleichen sie miteinander. Anschließend vergleichen und ergänzen sie ihre Ergebnisse im Plenum mit Hilfe der Texte von Aufgabe 4 und 5. EA PA Plenum

Übungsbuch: S. 47/48, Übung 1–3

Ein Brief aus Tübingen

S. 42 1

Lernziel Detailliertes Leseverstehen; Wortschatz: Familienmitglieder

Ablauf KT lesen in EA den Brief. Nach der Klärung von neuem Wortschatz stellt KL Fragen zum Text: *Familie Troll – wer ist das? Was machen sie gern? Was schreibt Torsten? Was möchte er?* EA, Plenum

Tipp **Erweiterung:** KL kann die besonderen Merkmale der Textsorte Brief aufzeigen. KT markieren dann in EA/PA alle typischen Merkmale eines Briefes: Anrede *(Liebe Frau …)*, Ort, Datum, Abschiedsformeln *(Mit freundlichen Grüßen)*, PS. EA/PA

S. 42 2

Lernziel Wortschatz: Familienmitglieder; Grammatik: *von* als Variante des Genitivs

Ablauf

a) KT betrachten das Bild, lesen noch einmal den Brief und unterstreichen die Namen. Anschließend schreiben sie in EA/PA die Namen der Familienmitglieder in die Sprechblasen. EA/PA

b) KT schreiben in EA/PA weitere Sätze nach dem vorgegebenen Muster über die Verwandtschaftsbeziehungen in der Familie Troll. EA/PA

Tipp **Erweiterung:** KT befragen sich in Form einer Kettenübung zu den einzelnen Personen: *Wer ist Thomas? – Thomas ist der Sohn von Therese und Theodor. Und wer ist …?* Die Befragung kann auch umgekehrt stattfinden: *Wie heißt die Schwester von Thomas? – Tanja. Und wie heißt …?* Anschließend können die Fragen auf KT bezogen werden: *Und wie heißt deine Schwester? – Nina. Und wie heißt deine Mutter?* usw. Plenum

S. 43 3

Lernziel Wortschatz: Familienmitglieder

Ablauf Zunächst lesen KT den Brief noch einmal und suchen in EA/PA zusammenpassende Begriffspaare nach dem vorgegebenen Beispiel: *die Eltern und die Kinder; der Bruder und die Schwester* usw. Anschließend suchen KT die Familienmitglieder heraus, die zu einem Oberbegriff gehören, z. B. *die Eltern: Vater und Mutter; die Geschwister: Schwester und Bruder* usw. Nach der Besprechung im Plenum entwerfen KL und KT anhand der Ergebnisse eine Skizze an der Tafel oder auf OHP-Folie, aus der die Bezeichnungen der Familienmitglieder und deren Beziehung zueinander hervorgehen.

EA/PA
Plenum

Tipp **Transfer:** KT zeichnen in EA eine Skizze ihrer eigenen Familie und stellen diese anschließend im Plenum vor.
KL bereitet Kärtchen mit Familienmitgliedern vor. KT legen in PA die Kärtchen zu Paaren zusammen. Anschließend spielen KT *Memory* oder *Domino* (siehe unter **Alles drin** Spiele).

EA
Plenum
PA
Plenum

Übungsbuch: S. 48/49, Übung 1–2

S. 43 4

Lernziel Grammatik: Possessivartikel *unser, euer, ihr*

Ablauf KT lesen in PA/GA die Liedstrophen und ergänzen die fehlenden Possessivartikel. Dabei können KT auf Aufgabe 8, S. 37 und auf Aufgabe 6, S. 41 zurückgreifen. KT besprechen ihre Lösungen im Plenum.

PA/GA
Plenum

Tipp **Erweiterung:** KT bilden Dreiergruppen. Zwei KT bekommen je ca. 10 unterschiedliche Karten mit Bezeichnungen oder Bildern von bereits bekannten Gegenständen, z. B. *Kugelschreiber, Heft.* Der dritte KT bekommt eine Liste mit allen Gegenständen. Dieser befragt dann je einen der beiden anderen KT: *Ist das dein Kugelschreiber? – Ja, das ist mein …* (wenn er die Karte *Kugelschreiber* besitzt) – *Nein, das ist sein / ihr …* (wenn er die Karte nicht besitzt).

GA

S. 43 5

Lernziel Grammatik: Possessivartikel *unser, euer, ihr*

Ablauf KT lesen noch einmal den Liedtext und markieren in EA/PA alle Possessivartikel im Text. Anschließend ergänzen sie die fehlenden Possessivartikel in der Tabelle und präsentieren ihre Ergebnisse im Plenum. KT markieren dann in EA die Endungen der Possessivartikel *(unser, euer, ihr)* und halten gemeinsam mit KL an der Tafel bzw. auf OHP-Folie fest:

- *wir – unser, unsere*
- *ihr – euer, eure*
- *sie – ihr, ihre*

EA/PA
Plenum
EA

KL weist besonders auf die Form *eure* hin und wiederholt abschließend mit KT folgende Regeln:
- Die Possessivartikel haben dieselben Endungen wie der unbestimmte Artikel.
- Bei Nomen im Maskulinum *(der Name)* und Neutrum *(das Foto)* haben Possessivartikel keine Endung *(unser Name, unser Foto)*.
- Bei Nomen im Femininum *(die Familie)* und Plural *(die Kinder)* haben Possessivartikel die Endung -e *(unsere Familie, unsere Kinder)*.

Siehe unter Grammatik, S. 148.

Tipp

Erweiterung: Zum Üben der Possessivartikel bringt KL pro Paar bzw. Gruppe einen mit Personalpronomen beschrifteten Würfel und ein mit Nomen beschriftetes Kartenset mit. Anhand der Würfel und Karten kombinieren KT in PA/GA Nomen und Possessivartikel und bilden ganze Sätze, z. B. *wir, der Fotoapparat: Das ist unser Fotoapparat.* — PA/GA

S. 43 6

Lernziel Mündlicher Ausdruck; Wortschatz: Familienmitglieder; Grammatik: Possessivartikel

---

Ablauf

a) KT ergänzen zunächst in EA/PA den Lückentext. — EA/PA

b) Nach dem Vergleich im Plenum berichten KT in PA/GA in schriftlicher Form aus der Perspektive von Herrn und Frau Troll über deren Familie. Anschließend präsentiert jede Gruppe ihre Ergebnisse im Plenum. — Plenum, PA/GA, Plenum

c) KT bringen Familienfotos mit und notieren in EA stichwortartig Informationen über ihre eigene Familie *(Ich habe zwei Kinder. Meine Kinder heißen …)*. Anschließend erzählen KT zunächst in PA, dann im Plenum über ihre Familie. Beim Bericht im Plenum können KT ihre Notizen auch austauschen und dann jeweils über die Familie ihres Partners berichten. — EA, PA, Plenum

---

Tipp

Erweiterung: Diese Aufgabe kann durch einen Bericht aus der Perspektive von weiteren Familienmitgliedern (Torsten oder Thomas) ergänzt werden. — EA/GA

Alternative: KT schreiben als HA einen Text über Familie Mainka bzw. über die eigene Familie.

Übungsbuch: S. 49/50, Übung 1–3

Im Deutschkurs

S. 44 1

Lernziel Aussprache: Wortakzent

Ablauf KL liest das Beispiel, das er an der Tafel bzw. auf OHP-Folie notiert hat, mit besonderer Betonung des Wortakzents vor und zeigt auf die Markierung. KL spielt die einzelnen Wortpaare mit Pausen vor. Nach dem zweiten Hören markieren KT in EA/PA die Wortakzente. Beim Vergleich im Plenum weist KL darauf hin, dass bei trennbaren Verben der Wortakzent immer auf der ersten Silbe liegt. Dann sprechen KT alle Wörter nochmals nach, evtl. im Chor, um den Akzent besonders deutlich hörbar zu machen.

Plenum
EA/PA
Plenum

S. 44 2

Lernziel Mündlicher Ausdruck; Grammatik: trennbare Verben, das Modalverb *möcht-* + Infinitiv

Ablauf

1. KL beginnt mit der Frage: *Spielen Sie mit?* Ein KT antwortet: *Ja, ich spiele mit.* Die Aufgabe kann in Form einer Kettenübung in PA und später noch einmal im Plenum gemacht werden. — PA, Plenum
2. KT setzen die Kettenübung fort und verwenden nun das Modalverb möcht- *(Möchten Sie mitspielen? – Ja, ich spiele mit.)*. KL sammelt die Frage- und Antwortsätze an der Tafel und hebt die Position der Verben bzw. Verbteile im Satz optisch hervor.

Tipp **Erweiterung:** KT machen die Kettenübung noch einmal, indem sie die Fragen in der *du*-Form stellen: *Spielst du mit? / Möchtest du mitspielen?* Ein KT antwortet: *Ja, ich spiele mit.* Anschließend formulieren KT weitere Fragen, z. B. mit den Verben *vorlesen, nachsprechen, buchstabieren.* — Plenum

S. 44 3

Lernziel Mündliche Interaktion; Wortschatz: Wochentage und Uhrzeit

Ablauf

a) KT betrachten in EA den Kalender von Igor Schapiro. KL klärt Fragen zum neuen Wortschatz (Wochentage). Anschließend befragen sich KT in PA nach den Terminen von Igor Schapiro: *Was ist am …? – Am Mittwoch …* Danach präsentieren sie ihre Lösungen im Plenum. — EA, PA, Plenum

b) Zuerst befragen sich KT in PA nach dem genauen Zeitpunkt der Termine: *Um wie viel Uhr …? – Um 9 Uhr …* Einzelne Gruppen tragen ihre Ergebnisse im Plenum vor. — PA, Plenum

c) Danach befragen sich KT im Plenum nach ihren eigenen Terminen. Dabei kann KL Hilfestellung geben. KT erzählen abschließend, was ihr Partner wann macht. — Plenum

Tipp **Erweiterung:** KL verteilt pro Paar zwei kopierte Kalenderseiten mit unterschiedlichen Termineintragungen. Ziel dieses Wechselspiels ist, dass die beiden Partner einen Termin für gemeinsame Aktivitäten finden, ohne den Terminkalender des anderen zu kennen. KT erfragen die Termine des Partners: *Haben Sie / Hast du am Montag um 14.00 Uhr Zeit? – Nein, da ist Deutschkurs. / Ja, da habe ich Zeit.*

Übungsbuch: S. 51, Übung 1–3

Lektion 4

Der Münsterplatz in Freiburg

S. 46 **1**

Lernziel Grammatik: *wer* vs. *was*

Ablauf Vorentlastung: Die Stadt Freiburg (im Breisgau) wird gemeinsam von KT auf der Deutschlandkarte ausfindig gemacht. Danach betrachten KT die im Buch abgebildeten Szenen auf dem Freiburger Münsterplatz. KL fragt z. B. *Was sehen Sie?* — Plenum

KT lesen die Wörter und klären gemeinsam mit KL den neuen Wortschatz. Anhand der Fragen *Wer ist da?* bzw. *Was ist da?*, die KL zu den Bildern auf der Doppelseite stellt, macht er den Unterschied zwischen der Frage nach Personen *(wer)* und der Frage nach Sachen *(was)* deutlich.

Dann ordnen KT in EA/PA die Nomen in die Tabelle unter *wer* (Personen) bzw. *was* (keine Personen, Sachen) ein. — EA/PA

Bei der Besprechung im Plenum halten KT und KL gemeinsam an der Tafel bzw. auf OHP-Folie fest: — Plenum

- ***Wer*** *ist da? – Da ist* ***die Marktfrau****.*
  (*Wer* = Person)
- ***Was*** *ist da? – Da ist* ***das Münster****.*
  (*Was* = keine Person, Sache)

Siehe unter Grammatik, S. 151.

Tipp KT sammeln an der Tafel weitere Nomen, die bereits bekannt sind. — Plenum
Anschließend ordnen sie diese in PA wie in Aufgabe 1 unter *Wer* bzw. *Was* ein. — PA

Landeskunde: Das Freiburger Münster ist eine gotische Kathedrale. Auf dem Münsterplatz findet täglich außer sonntags ein großer Markt statt. Traditionell ist in Deutschland immer mittwochs und samstags Markt.

S. 47 **2**

Lernziel Mündlicher Ausdruck

Ablauf

a) KT betrachten noch einmal die Marktszenen, lesen die Sätze und kombinieren dann in PA die Satzteile zu ganzen Sätzen. — PA
Beim Vergleich der Lösungen im Plenum lesen KT die Sätze vor. — Plenum

b) KT beschreiben noch einmal in PA die Szenen auf dem Marktplatz, indem sie die Sätze aus Aufgabe a) verwenden, ohne sie abzulesen. — PA

Tipp **Alternative:** KT kombinieren die Satzteile zunächst in EA, — EA
lesen sich die Ergebnisse dann in PA gegenseitig vor und finden bei Unterschieden gemeinsam eine Lösung. — PA
Erst dann werden die Sätze im Plenum vorgetragen und verglichen. — Plenum

Übungsbuch: S. 52, Übung 1–2

Foto-Objekte

S. 48 **1**

Lernziel Globales und detailliertes Leseverstehen

Ablauf Vorentlastung: KT betrachten die Fotos und lesen die Überschrift. KL lenkt das Verständnis durch Fragen wie: *Was sehen Sie? Sind die Fotos gut oder schlecht? Fotografiert Timo gut? Wie alt ist Timo vielleicht?* Anschließend lesen KT leise in EA den Text in Aufgabe **a)** und kreuzen in Aufgabe **b)** ihre Antwort an. Bei der Besprechung im Plenum nennen KT die Textstellen, die ihnen bei der Lösung der Aufgabe geholfen haben. Dann liest KL den Text einmal komplett vor und sichert dabei das Textverständnis.

Plenum
EA
Plenum

Tipp **Erweiterung:** KT schreiben mit Hilfe des Lesetextes in PA/GA Sätze zu den drei Fotos. KL verweist auch auf die Szene mit Familie Daume auf S. 47.

PA/GA

Alternative: Der Text kann auch als Leseübung genutzt werden: KL liest den gesamten Text einmal laut vor. Anschließend liest jeder KT ein bis zwei Sätze. Neue Wörter und schwierige Passagen werden im Chor und einzeln geübt.

Plenum

S. 48 **2**

Lernziel Wortschatz: Verben mit Akkusativ-Objekt

Ablauf Vorentlastung: KT lesen noch einmal den Text in Aufgabe 1 und unterstreichen in EA/PA die Textstellen, die Auskunft darüber geben, was die einzelnen Personen machen.

EA/PA

Anschließend kombinieren KT mit Hilfe ihrer Unterstreichungen in EA/PA schriftlich die Verben und Objekte im Schüttelkasten. Ein KT sammelt die Ergebnisse an der Tafel oder auf einer OHP-Folie.

EA/PA
Plenum

S. 49 **3**

Lernziel Grammatik: Subjekt und Objekt

Ablauf KT lesen zunächst den vorgegebenen Beispielsatz. Dann ergänzen sie mit Hilfe des Textes in Aufgabe 1 in EA/PA die Sätze. KL oder ein KT schreibt die vollständigen Sätze an die Tafel; dabei sollen Subjekt, Verb und Objekt immer untereinander stehen. KT markieren Subjekt und Objekt mit verschiedenen Farben. KL kann die Metapher *fotografieren* benutzen, um den Unterschied zwischen Subjekt und Objekt zu klären: Das Subjekt fotografiert, ist der Fotograf; das Objekt fotografiert nicht, es ist vor dem Fotograf.

EA/PA

Anhand eines Tafelbildes (Objekt und Verb sollen jeweils untereinander stehen) macht KL auf die besonderen Formen *einen* und *den* aufmerksam:

- *Frau Daume braucht einen Stadtplan.*
- *Sie kauft den Stadtplan.*

S. 49 **4**

Lernziel Grammatik: Akkusativ beim bestimmten und unbestimmten Artikel

Ablauf KT lesen noch einmal den Text und ergänzen in EA die fehlenden Artikel im Akkusativ. Bei der Besprechung der Tabelle macht KL darauf aufmerksam, dass das Subjekt des Satzes immer im Nominativ steht; das Objekt der hier angegebenen Sätze im Akkusativ. KL entwickelt ein Tafelbild mit den unbestimmten und bestimmten Artikeln im Nominativ und im Akkusativ, das KT in ihr Heft übertragen. KT weist darauf hin, dass nur der maskuline Artikel im Akkusativ vom Nominativ abweicht; alle anderen Artikel sind im Nominativ und Akkusativ gleich: EA Plenum

Nominativ		Akkusativ		
• *ein/der*	→	*einen/den*	=	3. Person Singular, maskulin
• *eine/die*	→	*eine/die*	=	3. Person Singular, feminin
• *ein/das*	→	*ein/das*	=	3. Person Singular, neutrum
• *–/die*	→	*–/die*	=	3. Person Plural

Siehe unter Grammatik, S. 145/146.

Tipp **Erweiterung:** KL bereitet noch weitere Akkusativ-Objekte auf Kärtchen vor und KT sortieren in PA/GA, welche man *essen, trinken, kaufen, fotografieren* und *beobachten* kann. Damit bilden sie Sätze in schriftlicher Form. KT tragen die Sätze dann im Plenum vor. Wenn KL die Sätze an der Tafel mitnotiert, können anschließend Subjekt und Objekt markiert werden. PA/GA Plenum

S. 49 **5**

Lernziel Mündlicher Ausdruck

Ablauf Vorentlastung: KL verweist noch einmal auf die Fotos vom Freiburger Münsterplatz und fragt im Plenum: *Was gibt es in Freiburg?* KT benennen, was es in Freiburg alles gibt. Plenum

a) KT bilden mit den Angaben aus dem Schüttelkasten Sätze: *Es gibt … + Akkusativ.* Diese Aufgabe kann von KT in PA schriftlich vorbereitet werden. Plenum PA

b) KT befragen sich gegenseitig entweder in PA oder in einer Kettenübung im Plenum: *Was machen Sie/machst du in Freiburg? – Ich fotografiere das Münster. Und was machen Sie/machst du in Freiburg? – Ich …* PA/ Plenum

Tipp **Alternative:** KL bereitet Würfel vor, deren Seitenflächen mit sechs Verben *(essen, trinken, kaufen, beobachten, fotografieren, lesen)* beschriftet sind. KL benötigt so viele Würfel, wie es Paare bzw. Gruppen im Kurs gibt. KT bilden, nachdem sie ein Verb gewürfelt haben, Sätze mit einem passenden Objekt. Die Sätze können zusätzlich auch noch notiert und anschließend im Plenum vorgetragen werden. Zum Wiederholen von Verben kann KL in regelmäßigen Abständen immer wieder ein Würfelspiel (siehe unter **Alles drin** Spiele) im Unterricht einsetzen. PA/GA

Übungsbuch: S. 53–56, Übung 1–10

S. 50 6

Lernziel Aussprache: Satzakzent, Intonation von Aussage- und Fragesätzen

Ablauf Vorentlastung: KL führt mit Hilfe der Zeichnungen in die Situation ein und fragt z. B. *Wer ist da? Was macht der Mann?* Anschließend wiederholt er anhand von Fragen, was KT über Timo und seine Familie wissen: *Wie heißt der Junge? Wie alt ist er? Woher kommt er? Was macht die Familie in Freiburg?* — Plenum

a) KT hören den Dialog zunächst einmal und nach einer kurzen Pause noch einmal. KT sichert das Textverständnis mittels folgender Fragen: *Was möchte Timo? Was macht seine Mutter? Was macht sein Vater?* usw. — Plenum

b) KT hören das Gespräch ein weiteres Mal und achten beim Mitlesen auf den Satzakzent. KL hören den Dialog abschnittsweise noch einmal und sprechen zunächst im Chor, dann einzeln Satz für Satz nach. — Plenum
Anschließend üben KT den Dialog in PA. KL geht von Gruppe zu Gruppe und achtet auf die korrekte Intonation. KL macht deutlich, dass der Satzakzent auf dem zu betonenden Teil des Satzes liegt. — PA

Tipp **Erweiterung:** KL schreibt die Verben *kaufen, essen* und *fotografieren* an die Tafel oder auf eine OHP-Folie. KT achten beim Hören darauf, welche Objekte diesen Verben folgen und schreiben diese auf. — Plenum

S. 50 7

Lernziel Grammatik: *wen* vs. *was*

Ablauf KT lesen zunächst die Beispiele und versuchen mit Hilfe des KL, den Unterschied zwischen den beiden Objekten *(Stadtplan – Marktfrau)* zu finden. Nach der Differenzierung zwischen Objekten, bei denen es sich um Personen handelt und Objekten, bei denen es sich um Sachen handelt, macht KL auf die zwei unterschiedlichen Fragepronomen im Akkusativ aufmerksam: — Plenum

- *wen* = Frage nach dem Akkusativ-Objekt, wenn es sich um Personen handelt.
- *was* = Frage nach dem Akkusativ-Objekt, wenn es sich nicht um Personen, sondern um Sachen handelt.

Siehe unter Grammatik, S. 151.

S. 50 8

Lernziel Grammatik: *wen* vs. *was*

Ablauf KT ergänzen in EA die Tabelle. — EA
KL macht darauf aufmerksam, dass die Fragepronomen *wen* und *was* sowohl nach Objekten im Singular, als auch im Plural fragen. Bei der Besprechung im Plenum kann KL die Fragewörter *wer* und *was,* die nach dem Subjekt des Satzes fragen, wiederholen. — Plenum

S. 50 **9**

Lernziel Grammatik: *wen* vs. *was*

Ablauf KL liest den Beispielsatz laut vor. Dabei spricht er absichtlich undeutlich bei dem Wort *Souvenirs*. KT tragen zunächst in EA/PA die passenden Fragepronomen in die Lücken ein. Beim Vergleich im Plenum wiederholt KL anhand der vorgegebenen Sätze noch einmal den Unterschied zwischen *wen* und *was*. KT markieren die Akkusativ-Objekte mit zwei Farben und ordnen sie in EA/PA nach Personen unter dem Stichwort *Wen?* und Sachen unter dem Stichwort *Was?* KT vergleichen ihre Ergebnisse im Plenum. — EA/PA, Plenum, EA/PA, Plenum

Tipp **Erweiterung:** KT bilden in PA Frage- und Antwortsätze wie in Aufgabe 9 in schriftlicher Form und tragen diese anschließend im Plenum vor. Alternativ können sie auch nur Aussagesätze bilden und sich anschließend gegenseitig in PA oder im Plenum befragen. — PA, Plenum, PA/Plenum

Übungsbuch: S. 56/57, Übung 1–5

Eine Freiburgerin

S. 51 **1**

Lernziel Detailliertes Hörverstehen

Ablauf Vorentlastung: KL verweist auf S. 46, wo Katrin Berger bei der Arbeit als Kellnerin zu sehen ist. KT beschreiben dann mit Hilfe von Fragen das Zimmer der Studentin: *Was gibt es da? Was gibt es nicht?* — Plenum

KT hören den Text zunächst einmal, danach lesen sie die Sätze 1–6. KL macht KT darauf aufmerksam, dass sie beim zweiten Hören besonders auf die Schlüsselwörter aus den Fragen 1–6 hören sollen. Nach dem zweiten Hören markieren KT in EA/PA, welche Aussagen richtig und welche falsch sind. Danach hören sie den Text ein weiteres Mal, um ihre Lösungen zu überprüfen. Nach dem Vergleich im Plenum erzählen einzelne KT, was sie über Katrin Berger wissen. — Plenum, EA/PA, Plenum

S. 51 **2**

Lernziel Grammatik: der negative Artikel *kein* im Akkusativ

Ablauf KT markieren die verschiedenen Formen des negativen Artikels *kein* in Aufgabe 1. Dann ergänzen sie in EA die Tabelle mit den Akkusativformen von *kein*. Bei der Besprechung im Plenum macht KL auf folgende Regeln aufmerksam: — EA, Plenum

- Im Singular hat der negative Artikel *kein* dieselben Akkusativendungen wie der unbestimmte Artikel *ein*.
- Im Plural gibt es nur eine Akkusativform: *keine*.

Siehe unter Grammatik, S. 147.

Tipp **Erweiterung:** Zur Einübung der Akkusativformen von *ein* bzw. *kein* bringt KL mehrere Sets von jeweils zwei ähnlichen Bildern von Zimmern mit (z. B. aus einem Möbelkatalog). KT vergleichen dann die Bilder in PA: *Hier gibt es einen Fernseher. – Hier gibt es auch einen Fernseher. / Hier gibt es Bücher – Aber hier gibt es keine Bücher.* — PA

S. 51 **3**

Lernziel Mündliche Interaktion; Grammatik: *ein* und *kein* im Akkusativ

Ablauf KT befragen sich gegenseitig in der *du-* und *Sie-*Form im Plenum mit den Verben *haben, brauchen, möcht- haben* und den Wörtern aus dem Schüttelkasten. — Plenum

Tipp **Alternative:** KT stellen sich in PA mit den Wörtern aus dem Schüttelkasten Fragen und machen sich dabei Notizen. — PA
Anschließend präsentieren sie ihre Ergebnisse im Plenum, indem sie ihren Partner vorstellen, z. B. *Peter hat ein Telefon und einen Computer. Aber er braucht kein Auto.* — Plenum
Erweiterung: KL bereitet zusätzlich Bilder mit weiteren Gegenständen vor (z. B. aus Katalogen, Zeitschriften, Anzeigen), mit denen sich KT gegenseitig befragen. — PA
Diese Aufgabe kann auch durch das Spiel *Ariadnes Faden* (siehe unter **Alles drin** Spiele) erweitert werden. — Plenum

Übungsbuch: S. 58/59, Übung 1–5

Das Münster-Café

S. 52 **1**

Lernziel Wortschatz: Speisen und Getränke

Ablauf KT betrachten die Bilder und ordnen in EA/PA die Bilder den entsprechenden Wörtern zu, indem sie, wie im Beispiel vorgegeben, die richtigen Zahlen in die Kästchen eintragen. — EA/PA

Tipp **Erweiterung:** Zur Erweiterung des Wortschatzes bringt KL Bilder von Lebensmitteln (z. B. aus Zeitschriften oder Werbeprospekten) oder Lebensmittel mit und lässt diese von KT in PA/GA benennen. — PA/GA
Bei dieser Übung können KT ein Wörterbuch verwenden. Bei der Besprechung im Plenum ist es wichtig, dass die neuen Vokabeln immer mit dem entsprechenden Artikel gelernt werden. — Plenum
Zur Vertiefung des neuen Vokabulars bietet sich das Spiel *Memory* (siehe unter **Alles drin** Spiele) an. — Plenum

S. 52 **2**

Lernziel Selektives Hörverstehen; Wortschatz: Im Café, Speisen und Getränke

Ablauf KL führt kurz in die Situation ein, indem er Herrn und Frau Egli auf S. 46 vorstellt. Dann erklärt er die Aufgabenstellung: *Wer spricht? Bitte hören Sie und schreiben Sie die Namen.* — Plenum
Nach mehrmaligem Hören tragen KT in EA die Namen der Sprecher in die Lücken ein. Dann hören KT das Gespräch noch einmal, um ihre Lösungen zu überprüfen. — EA
Bei der Besprechung im Plenum klärt KL neuen Wortschatz und stellt Fragen zum Text: *Wo sind Herr und Frau Egli? Was machen Herr und Frau Egli? Was möchten sie essen und trinken?* — Plenum
KT lesen den Dialog mit verteilten Rollen in PA und anschließend im Plenum. — PA, Plenum

Tipp **Alternative:** KL schreibt die einzelnen Sätze des Dialogs auf Zettel oder KL kopiert den Text und zerschneidet ihn in einzelne Sätze und verteilt an jede Gruppe je ein Set. KT hören anschließend den Dialog bei geschlossenen Büchern mehrmals und bringen die Sätze auf den Zetteln in die korrekte Reihenfolge. Erst beim nächsten Hördurchgang ordnen KT den Sätzen die jeweiligen Sprecher zu. GA

S. 52

3

Lernziel Wortschatz: Im Café

Ablauf KT lesen noch einmal das Gespräch, unterstreichen in EA/PA die Redemittel, die zum Bestellen verwendet werden und schreiben sie anschließend heraus. Beim Vergleich im Plenum weist KL darauf hin, dass allen Verben, die hier zum Bestellen verwendet werden, ein Akkusativ-Objekt folgt. EA/PA Plenum

Tipp **Erweiterung:** Jeder KT bekommt einen Zettel oder ein Bildkärtchen mit den Dingen, die er bestellen möchte. Ein KT nimmt die Rolle des Kellners ein, geht von KT zu KT und nimmt die Bestellung auf: *Sie möchten bestellen? / Was nehmen Sie? / Was möchten Sie essen/trinken/bestellen?* KT antworten mit den Angaben auf ihren Kärtchen. Plenum

KL kann mit stärkeren Lernergruppen ein Rollenspiel zum Thema „im Café eine Bestellung aufgeben" durchführen (siehe unter **Alles drin** Spiele).

S. 53

4

Lernziel Grammatik: Vokalwechsel bei Verben

Ablauf KT lesen noch einmal den Dialog und ergänzen in EA die Tabelle mit den entsprechenden Verbformen von *nehmen* und *essen.* Anschließend unterstreichen sie die unregelmäßigen Formen. Mit Hilfe des KL erarbeiten sie die Regel, dass ein Vokalwechsel nur in der 2. und 3. Person Singular stattfindet. KL weist darauf hin, dass nur manche Verben mit einem e (z. B. *sehen, lesen, sprechen*) oder einem *a* (z. B. *fahren, schlafen*) im Verbstamm vom Vokalwechsel betroffen sind. Das e wird beim Vokalwechsel zum *i (lesen: du liest; er/sie/es liest)*; das *a* zum *ä (fahren: du fährst; er/sie/es fährt).* EA Plenum

Siehe unter Grammatik, S. 138/139.

Tipp **Erweiterung:** KT erweitern mit Hilfe des KL die Tabelle an der Tafel mit den Verben *fahren, schlafen, lesen, sprechen* und *sehen* und markieren den Vokalwechsel. Die Verben *fahren, schlafen, sprechen* sind aus Lektion 1 bekannt, während die Verben *lesen* und *sehen* in dieser Lektion neu eingeführt werden. Plenum

Um genau deutlich zu machen, wo ein Vokalwechsel stattfindet, sollte KL zusätzlich ein Tafelbild oder eine Skizze auf OHP-Folie entwickeln und dabei den Vokalwechsel optisch hervorheben. Dabei kann sich KL an der entsprechenden Darstellung auf der Grammatikseite (S. 57 im Kursbuch) orientieren. Plenum

Übungsbuch: S. 59–61, Übung 1–9

S. 53 **5**

Lernziel	Detailliertes Hörverstehen; Wortschatz: Preisangaben	
Ablauf	**a)** KT lesen zunächst die Anweisung und die Lösungsvorschläge und hören dann die Preisangaben mehrmals. Danach kreuzen sie in EA/PA die richtige Form der Preisangabe an. Bei der Besprechung im Plenum erklärt KL die Regel für die Angabe bzw. Aussprache von Preisen.	EA/PA
	b) KL führt in die Situation ein. KT lesen den Dialog leise in EA. Anschließend spielt KL den Dialog mehrmals vor. KT sortieren in EA/PA die Sätze. Danach hören sie den Dialog noch einmal, um ihre Ergebnisse zu überprüfen. Nach der Besprechung im Plenum lesen KT den Dialog mit verteilten Rollen zunächst in PA und anschließend im Plenum.	EA, EA/PA, Plenum, PA, Plenum
Tipp	**Erweiterung:** Zum Einüben der Preisangaben kopiert KL, wenn möglich mit Preisangaben in Euro, eine Speisekarte oder eine Preisliste mit Lebensmitteln, z. B. aus dem Werbeprospekt eines Supermarkts. KT lesen sich gegenseitig in PA/GA oder im Plenum die Preise vor. An dieser Stelle kann KL auf das Thema *Bezahlen in Cafés und Restaurants* eingehen: • *Zusammen oder getrennt?* Herr Egli *zahlt zusammen.* Wann zahlt man in den Herkunftsländern der KT zusammen und wann getrennt? Wie ist das in Deutschland/Österreich/der Schweiz?	PA/GA, Plenum

S. 53 **6**

Lernziel	Mündliche Interaktion: Im Café	
Ablauf	KT lesen die Speisekarte und spielen zunächst in GA, dann im Plenum Dialoge im Restaurant.	GA, Plenum
Tipp	**Erweiterung:** Die Dialoge im Restaurant lassen sich zu einem Rollenspiel ausbauen. KL kopiert pro KT eine Speisekarte (z. B. die Speisekarten auf S. 53) und verteilt sie. Ein oder zwei KT nehmen die Rolle des Kellners ein, die anderen KT sitzen in Gruppen an mehreren Tischen und bestellen Speisen und Getränke aus der Speisekarte. KL spielt den Koch, der alle Bestellungen entgegennimmt. Die Kellner nehmen die Bestellungen schriftlich auf, laufen dann zum Koch und wiederholen die Bestellungen.	GA/ Plenum

Übungsbuch: S. 62, Übung 1–3

Am Samstag arbeiten?

S. 54 **1**

Lernziel	Detailliertes Leseverstehen; Wortschatz: das Modalverb *müssen*	
Ablauf	KT lesen die Sätze und entscheiden in EA/PA, wer arbeiten muss und wer nicht. Beim Vergleich im Plenum versuchen KT, ihre Entscheidungen zu begründen.	EA/PA Plenum
Tipp	**Erweiterung:** KL stellt im Anschluss einige Fragen: *Sie sind im Deutschkurs. Müssen Sie jetzt arbeiten? Müssen Sie heute noch arbeiten? Wer muss am Wochenende/abends/an Feiertagen arbeiten?*	Plenum

S. 54 **2**

Lernziel Wortschatz: Einkaufen, die Modalverben *müssen* und *können*

Ablauf

a) KT lesen die Einkaufsliste von Frau Egli. KL klärt unbekannten Wortschatz mit Hilfe der Zeichnungen. KT formulieren mit Hilfe der Nomen aus dem Schüttelkasten einen Beispielsatz (*Frau Egli muss Marmelade einkaufen.*), den KL an der Tafel bzw. auf OHP-Folie notiert. KT bilden weitere Sätze nach dem vorgegebenen Beispiel. — Plenum

b) KT ordnen in EA/PA die Produkte den entsprechenden Geschäften zu und schreiben sie in die Zeilen. — EA/PA

c) KT lesen den Beispielsatz und formulieren nach dem gleichen Muster weitere Sätze mit den Gegenständen aus Frau Eglis Einkaufsliste. Dabei lenkt KL die Aufmerksamkeit der KT auf die Verwendung des Akkusativs: Dem Verb *kaufen* folgt immer der *Akkusativ*. — Plenum

Tipp

Erweiterung: KL führt noch weiteren Wortschatz zum Thema Einkaufen ein: Er schreibt weitere Einkaufsmöglichkeiten an die Tafel oder auf OHP-Folie, z. B. *Metzgerei, Kaufhaus, Markt* und fragt: *Was kann man hier kaufen?* Zur Entlastung kann KL einen Schüttelkasten oder Kärtchen mit Ladenschildern und mit verschiedenen Produkten vorbereiten. KT ordnen dann in PA/GA die Produkte den Läden zu und präsentieren anschließend ihre Ergebnisse im Plenum. — Plenum; PA/GA; Plenum

Übungsbuch: S. 63/64, Übung 1–6

S. 55 **3**

Lernziel Grammatik: Konjugation von *können* (3. Person Singular und Plural), Position von *nicht*

Ablauf

KT lesen die Beispielsätze, ergänzen die übrigen Sätze und markieren die verschiedenen Formen von *können* in EA/PA. Bei der Besprechung im Plenum macht KL noch einmal anhand der Sätze auf die unterschiedliche Verbform bei der 3. Person Singular und Plural aufmerksam und weist besonders auf die Position von *nicht* im Satz hin. — EA/PA; Plenum

S. 55 **4**

Lernziel Grammatik: Konjugation von *müssen* und *können*

Ablauf

KT ergänzen in EA mit Hilfe von Aufgabe 3 die beiden Tabellen. Bei der Besprechung im Plenum hält KL gemeinsam mit KT folgende Regeln an der Tafel fest: — EA; Plenum

- Die Verbformen der 1., 2. und 3. Person Singular *(ich muss/kann; du musst/kannst; er, sie, es muss/kann)* sind unregelmäßig.
- Die Verbformen der 1., 2. und 3. Person Plural *(wir müssen/können; ihr müsst/könnt; sie müssen/können)* sind regelmäßig.

Siehe unter Grammatik, S. 143.

S. 55 **5**

Lernziel Mündliche Interaktion; Grammatik: Satzklammer bei Modalverben

Ablauf

a) KT bilden in PA/GA Sätze mit den Satzteilen aus den Schüttelkästen und schreiben diese auf. Anschließend tragen die Paare bzw. Gruppen ihre Ergebnisse im Plenum vor. — PA/GA, Plenum

b) KT tauschen sich zunächst in PA/GA, danach im Plenum aus, indem sie sich gegenseitig fragen: *Ich kann … Was kannst du?* — PA/GA, Plenum

Siehe unter Grammatik, S. 136.

Tipp

Erweiterung: Zur Verdeutlichung des veränderten Satzbaus durch Modalverben bereitet KL große Zettel vor, auf denen die einzelnen Satzteile stehen. Verben und Modalverben sollten farbig gekennzeichnet sein. Die Zettel mit den Verbformen (z. B. *fährt*) sollten auf der Rückseite den entsprechenden Infinitiv (z. B. *fahren*) enthalten. KL verteilt die Zettel an verschiedene KT, die mit ihren Zetteln zunächst Sätze ohne Modalverben bilden. Dann schiebt sich der KT mit dem Modalverb auf Position 2, verdrängt den KT mit dem Vollverb auf die letzte Position, wendet dann seinen Zettel und zeigt die Infinitivform: — Plenum

Der Busfahrer	fährt	gut	Auto	
Der Busfahrer	kann	gut	Auto	fahren

Übungsbuch: S. 65/66, Übung 1–6

Im Deutschkurs

S. 56 **1**

Lernziel Wortschatz: Fragen im Deutschunterricht

Ablauf

KT lesen zunächst die Fragen. Gemeinsam wird die Bedeutung von *man* geklärt. Dann befragen sich KT in PA/GA. Anschließend präsentieren die Paare bzw. Gruppen ihre Lösungen im Plenum. — PA/GA, Plenum

S. 56 **2**

Lernziel Grammatik: Verb-Endung nach *man*

Ablauf

KT betrachten die Tabelle, ergänzen sie in EA und markieren die Verb-Endung. Beim Vergleich im Plenum sollen KT erkennen, dass *man* ein unpersönliches Pronomen der 3. Person Singular ist. — EA, Plenum

Siehe unter Grammatik, S. 150.

S. 56 **3**

Lernziel Grammatik: Unterschied zwischen den Pronomen *er, sie, es* und *man*

Ablauf

KT lesen den Beispielsatz und ergänzen anschließend in EA/PA die fehlenden Pronomen. Bei der Besprechung im Plenum wird der Bedeutungsunterschied zwischen den Pronomen *er, sie, es* und dem unpersönlichen Pronomen *man* herausgearbeitet. — EA/PA, Plenum

Übungsbuch: S. 67, Übung 1–3

Lektion 5

Leute in Hamburg

S. 58 **1**

Lernziel	Wortschatz: Berufe	
Ablauf	KT ordnen in EA/PA den Personen auf den Fotos die vorgegebenen Berufe zu. Der Vergleich im Plenum kann in Form einer Kettenübung erfolgen: *Martin Miller ist … von Beruf. Und was ist … von Beruf? – … ist … von Beruf. Und was ist … von Beruf?* usw.	EA/PA Plenum
Tipp	**Erweiterung:** KL bringt weitere Abbildungen von verschiedenen Personen in Berufskleidung mit. KT ordnen in PA/GA den Bildern verschiedene Berufsbezeichnungen zu, die KL auf Kärtchen vorbereitet hat. Alternativ können auch Bilder aus der Arbeitswelt verwendet werden.	PA/GA

S. 58 **2**

Lernziel	Globales Hörverstehen; Wortschatz: Berufe	
Ablauf	KT lesen die Wörter im Schüttelkasten. KL klärt die Bedeutung des neuen Wortschatzes. Dann spielt KL die Hörtexte mehrmals vor. Die Geräusche unterstützen das Verstehen. KT ergänzen in EA/PA die Berufe in den vier Sätzen.	EA/PA

S. 59 **3**

Lernziel	Grammatik: maskuline und feminine Formen bei Berufsbezeichnungen	
Ablauf	KT füllen in EA/PA die Lücken aus. Beim Vergleich betrachten KT noch einmal die femininen Formen bei Berufsbezeichnungen. Gemeinsam halten KL und KT fest, dass die femininen Berufsbezeichnungen die Endung *-in* haben. Dann lenkt KL die Aufmerksamkeit auf die Sonderformen mit Umlaut: *Ärztin, Köchin.*	EA/PA, Plenum
Tipp	**Erweiterung:** Anhand des Wörterbuchs können KT ihre eigenen Berufe benennen. KT befragen sich gegenseitig über ihre Berufe: *Was sind Sie/bist du von Beruf?* Falls die Berufe der KT bereits bekannt sind, kann hier wiederholt werden: *Nina ist … von Beruf.* usw.	PA

S. 59 **4**

Lernziel	Wortschatz: Berufe; Grammatik: maskuline und feminine Formen bei Berufsbezeichnungen	
Ablauf	KT lesen in EA/PA die Sätze, füllen die Lücken aus und besprechen ihre Ergebnisse im Plenum.	EA/PA Plenum
Tipp	**Erweiterung:** Der Wortschatz kann mit dem Spiel *Beruferaten* (siehe unter **Alles drin** Spiele) wiederholt werden: Ein KT führt bestimmte Tätigkeiten pantomimisch vor und ein anderer KT errät den dazu passenden Beruf.	Plenum

Übungsbuch: S. 68/69, Übung 1–4

Ein Stadtspaziergang

S. 60 **1**

Lernziel Leseverstehen; Wortschatz: In der Stadt; Grammatik: Präpositionen *auf*, *in* + Akkusativ

Ablauf Vorentlastung: KL zeigt auf einer mitgebrachten Karte die geografische Lage von Hamburg. KT betrachten die Bilder und lesen die Überschrift. KL fragt: *Was sehen Sie?* — Plenum

Zunächst lesen KT leise den Text. — EA

Danach liest KL abschnittsweise den Text laut vor. Er klärt anhand der Fotos (Foto 1: Michel, Kirchturm; Foto 2: S-Bahn; Foto 3: Zentrum, Rathaus, Fußgängerzone, Geschäfte) den neuen Wortschatz und sichert das Verständnis, z. B. mit folgenden Fragen: *Wo ist Martin Miller? Arbeitet er oder macht er Urlaub? Was macht er?* KT ordnen den Bildern bestimmte Textstellen zu. — Plenum

Tipp **Erweiterung:** KL liest den gesamten Text einmal laut vor. Anschließend liest jeder KT ein bis zwei Sätze. Neue Wörter und schwierige Passagen können im Chor und einzeln geübt werden. — Plenum

Es bietet sich an, Passagen aus dem Text in einer Folgestunde als Diktat zu wiederholen. Siehe auch *Laufdiktat, Rücken-an-Rücken-Diktat* unter **Alles drin** Spiele.

Landeskunde: Der Hamburger „Fischmarkt“ ist ein großer Markt, auf dem neben Fisch auch Blumen, Fleisch, Kleidung usw. verkauft werden. Er beginnt um 4 Uhr morgens. Er ist berühmt für seine Marktschreier. Marktschreier sind Verkäufer, die ihre Ware besonders laut und witzig anpreisen.

S. 60 **2**

Lernziel Selektives Leseverstehen; Wortschatz: das Verb *besichtigen*

Ablauf Vorentlastung: KT lesen, wenn nötig, noch einmal den Text in Aufgabe 1 und klären mit Hilfe des KL die Bedeutung des Verbs *besichtigen.* — Plenum

Anschließend markieren KT in EA/PA, welche Orte man besichtigen kann. Bei der Besprechung im Plenum weist KL darauf hin, dass dem Verb *besichtigen* immer ein Akkusativ-Objekt folgt. — EA/PA

Tipp **Erweiterung:** Zur Unterscheidung der Verben *besichtigen* und *beobachten* machen KT die Übung 2, S. 70 im Übungsbuch. KL bereitet Kärtchen mit weiteren Orten vor, die man besichtigen kann. KT bilden mit Hilfe dieser Kärtchen Sätze, z. B. *Man kann … besichtigen.* KT können zusätzlich, wenn nötig mit Hilfe des KL, noch Sehenswürdigkeiten benennen, die man am Kursort besichtigen kann. Später können KT auch so ihre Heimatstadt vorstellen. KL erstellt aus den Ergebnissen an der Tafel einen Wortigel um das Verb *besichtigen.* — Plenum

S. 60 **3**

Lernziel Detailliertes Leseverstehen

Ablauf KT markieren in EA/PA, welche Sätze richtig und welche Sätze falsch sind. KT vergleichen ihre Ergebnisse zunächst in PA, dann im Plenum. KT nennen die Sätze, die ihnen bei der Lösung der Aufgabe geholfen haben. — EA/PA; PA, Plenum

Tipp **Erweiterung:** KT schreiben nach dem Muster der Übung 1, S. 68 im Übungsbuch in EA/PA Sätze zu den Sehenswürdigkeiten und Orten der Heimatstadt bzw. des Kursortes (z. B. *Michel, Rathaus, Fischmarkt: Hamburg*). — EA/PA

Diese Übung lässt sich auch zu einem Wettkampfspiel ausbauen. KL teilt den Kurs in zwei Gruppen. Gruppe A nennt Stichworte wie *Michel, Rathaus, Fischmarkt* und Gruppe B muss die entsprechende Stadt erraten. Hat Gruppe B die richtige Lösung gefunden, bekommt sie einen Punkt und darf nun die Stichworte nennen. Gruppe A muss nun die gesuchte Stadt erraten. Nennt Gruppe B die falsche Lösung, bekommt Gruppe A einen Punkt. Die Gruppe, die die meisten Punkte hat, hat gewonnen. — Plenum

Übungsbuch: S. 69/70, Übung 1–2

S. 61 **4**

Lernziel Wortschatz: In der Stadt, Verben mit *auf* und *in* + Akkusativ

Ablauf KT lesen zunächst die Sätze und ordnen dann in EA/PA die Sätze 1–6 den Sätzen A–F zu. — EA/PA

S. 61 **5**

Lernziel Wortschatz: Verben mit *auf* und *in* + Akkusativ; Grammatik: Präpositionen *auf* und *in* + Akkusativ

Ablauf Vorentlastung: KT lesen noch einmal die Sätze aus Aufgabe 4 und unterstreichen die Verben und Präpositionen.

KT ordnen in EA/PA den Präpositionen die passenden Nomen und Verben zu. Bei der Besprechung im Plenum erklärt KL den Bedeutungsunterschied von *auf* und *in.* Anhand dieser Aufgabe zeigt KL die Gemeinsamkeit der Verben *gehen*, *fahren*, *steigen* und *schauen* auf: Es sind Verben, nach denen man mit *wohin* fragt. KT und KL formulieren gemeinsam die Regel: — EA/PA; Plenum

Auf die Frage *Wohin?* folgt *auf* oder *in* + Akkusativ.

Siehe unter Grammatik, S. 151/152.

S. 61 **6**

Lernziel Grammatik: Akkusativformen des bestimmten und unbestimmten Artikels nach *auf* und *in*

Ablauf KT ergänzen in EA/PA die fehlenden Artikel. Beim Vergleich im Plenum wiederholt KL, dass nur die maskulinen Formen im Akkusativ *(den/einen)* abweichen und macht auf die Sonderform *ins* aufmerksam. KL visualisiert noch einmal die korrekten Formen an der Tafel oder am OHP. Dabei kann er sich an der Darstellung auf der Grammatikseite (S. 69 im Kursbuch) orientieren. — EA/PA, Plenum

Siehe unter Grammatik, S. 151/152.

S. 61 **7**

Lernziel Mündlicher Ausdruck

Ablauf KL befragt einen KT: *Sie möchten einen Kaffee trinken. Wohin gehen Sie?* KT antwortet: *Ich gehe in ein Café.* Die Aufgabe wird dann in Form einer Kettenübung weitergeführt: Derselbe KT fragt einen anderen KT: *Sie möchten/Du möchtest einen Kaffee trinken. Wohin gehen Sie/gehst du? – Ich gehe in ein Café. Sie brauchen/Du brauchst einen Stadtplan. Wohin gehen Sie/gehst du?* usw. — Plenum

Tipp **Alternative:** Diese Aufgabe kann auch variiert werden. KT fragt seinen Partner: *Ich möchte einen Kaffee trinken. Wohin gehe ich? – Sie gehen/Du gehst in ein Café.* — PA
Anschließend berichten KT im Plenum: *Katja möchte … Sie geht …* — Plenum
Erweiterung: KL bereitet Kartensets vor. Rote Karten für Dinge, die man braucht oder sucht, und blaue Karten für Orte, an denen man diese Dinge findet. KL verteilt die Kartensets an die Paare. Ein KT nimmt die roten, der andere die blauen Karten. KT formulieren zunächst in PA Sätze nach dem Muster in Aufgabe 7, die dann im Plenum vorgetragen werden. — PA, Plenum

Übungsbuch: S. 70/71, Übung 1–4

Der Tag von Familie Raptis

S. 62 **1**

Lernziel Selektives Leseverstehen; Wortschatz: Tageszeiten, Mahlzeiten, Zeitangaben

Ablauf Vorentlastung: KT betrachten gemeinsam das Bild und lesen die Überschrift. KL fragt: *Wer ist das? Was ist sie von Beruf? Wie viele Kinder hat sie?* — Plenum

a) KL liest den Text laut vor. Später lesen KT in EA den Text. KL klärt den Wortschatz und sichert das Textverständnis anhand folgender Fragen: *Was ist Andrea Solling-Raptis von Beruf? Wie heißt ihr Mann? Was ist ihr Mann von Beruf? Wie heißen ihre Kinder?* — EA, Plenum

b) KT suchen in PA die Angaben zu Tageszeiten und Mahlzeiten im Text und ergänzen die Lücken. Bei der Besprechung im Plenum sollte KL auch auf die Satzstellung bei Zeitangaben in Position 1 *(Abends gehe ich in die Volkshochschule.)* hinweisen. — PA, Plenum

Tipp **Alternative:** KL gibt die Sätze aus dem Text ohne Zeitangaben vor (z. B. auf Papierstreifen) und lässt farbige Zettel frei für Zeitangaben. KT ordnen die Sätze in PA/GA chronologisch und ergänzen dann die notwendigen Zeitangaben. — PA/GA
Erweiterung: KL lenkt die Aufmerksamkeit der KT auf die strukturierenden Zeitangaben *(zuerst, dann, danach, jetzt)*. KT suchen diese im Text. KL erklärt die Satzstellung an Sätzen aus dem Text.

S. 62 **2**

Lernziel Wortschatz: Tagesablauf

Ablauf KT lesen, wenn nötig, den Text in Aufgabe 1 noch einmal und ergänzen in EA/PA die Zeilen mit den Wörtern aus dem Schüttelkasten. EA/PA

S. 62 **3**

Lernziel Grammatik: Akkusativformen des Possessivartikels

Ablauf KT suchen in EA die Akkusativform *meinen* im Text und ergänzen die Tabelle. KL macht anhand der Tabelle deutlich, dass nur der maskuline Possessivartikel (z. B. *mein*) im Akkusativ die Endung *-en* erhält; alle anderen Formen des Possessivartikels sind im Nominativ und Akkusativ gleich. Siehe unter Grammatik, S. 148. EA

Tipp **Erweiterung:** KT erweitern in EA selbstständig die Tabelle um die übrigen Possessivartikel *dein, sein, ihr/Ihr.* Beim Vergleich im Plenum erstellt KL zur Kontrolle ein Tafelbild oder eine OHP-Folie mit der vollständigen Tabelle und ergänzt zusammen mit KT die Pluralformen der Possessivartikel *(unser, euer, ihr).* EA, Plenum

Übungsbuch: S. 72, Übung 1–3

S. 63 **4**

Lernziel Grammatik: Akkusativformen der Possessivartikel *sein, ihr*

Ablauf KT ergänzen in EA/PA den Lückentext mit den passenden Possessivartikeln. Beim Vergleich im Plenum wiederholt KL noch einmal alle Possessivartikel. EA/PA, Plenum

S. 63 **5**

Lernziel Mündlicher Ausdruck

Ablauf Vorentlastung: KT unterstreichen die Sätze im Text, in denen Lena und Jakob bzw. Kostas vorkommen.

a) KT berichten aus der Perspektive von Lena und Jakob (Aufgabe 1) bzw. Kostas (Aufgabe 2) über deren Tagesablauf. Diese Aufgaben können KT auch in EA/GA schriftlich vorbereiten. Plenum, EA/GA

b) KT befragen sich in PA/GA nach ihrem Tagesablauf: *Was trinkst du morgens? Was machst du mittags?* usw. PA/GA

S. 63 **6**

Lernziel Detailliertes Hörverstehen

Ablauf Vorentlastung: KT betrachten das Bild und wiederholen im Plenum, was sie über Kostas wissen: *Was ist er von Beruf? Wie heißt seine Frau? Wie viele Kinder hat er?* Plenum

KT lesen in EA die Arbeitsanweisung und die Sätze. KL spielt den Hörtext ganz vor, dann noch einmal in Abschnitten. KT kreuzen in EA/PA die korrekten Lösungen an. KT hören den Text noch einmal zur Kontrolle. EA, EA/PA

S. 63 **7**

Lernziel Aussprache: Unterschied zwischen *ei* und *ie*

Ablauf

a) KL spielt zunächst die Sätze 1–5 vor. Er weist darauf hin, dass *ei (Arbeit)* wie *ai* und *ie (Wien)* wie ein langes *i* gesprochen werden. Dann spielt er die Sätze noch einmal einzeln vor und KT können schwierige Wörter bzw. den ganzen Satz im Chor nachsprechen. KT üben die Sätze in PA, anschließend präsentieren sie die Sätze im Plenum. — Plenum; PA, Plenum

b) KL spielt den Dialog vor. KT lesen ihn zuerst und spielen ihn dann in PA mit verteilten Rollen. — PA

Tipp Bei langen Sätzen bietet sich folgende Methode für das Nachsprechen an: KL liest den ganzen Satz vor. Danach liest er nur das erste Wort und KT sprechen nach. KL liest das erste und das zweite Wort, KT sprechen nach usw., bis der ganze Satz vor- und nachgesprochen ist. — Plenum

Übungsbuch: S. 73/74, Übung 1–5

Früher und heute

S. 64 **1**

Lernziel Selektives Hör- und Leseverstehen; Wortschatz: früher und heute; Grammatik: Präteritum von *haben, sein, es gibt*

Ablauf Vorentlastung: KT betrachten das Bild und beantworten folgende Fragen: *Wer ist das? Wie alt ist sie? Was ist sie von Beruf? Was macht sie?* KT hören dann den Text bei geschlossenen Büchern und suchen Antworten auf die Fragen: *Wer spricht? Wo sind sie? Was sind sie von Beruf? Woher kommen sie?* — Plenum

a) KL spielt den Dialog einmal ganz vor. KT lesen das Gespräch zunächst in EA. KL und KT klären gemeinsam den neuen Wortschatz. Anschließend tragen einzelne Paare den Dialog im Plenum vor. — EA; Plenum

b) KT erarbeiten die Bedeutung der Zeitangaben *früher* bzw. *heute* und ordnen den vorgegebenen Sätzen die Zeitangaben *früher* (Vergangenheit) bzw. *heute* (Gegenwart) zu. KT markieren die beiden unterschiedlichen Verbformen für Gegenwart und Vergangenheit.

Tipp **Erweiterung:** Der Dialog lässt sich mit einer Aufgabe zum Globalen Hörverstehen verbinden: KL stellt die Aufgabe: *Hören Sie das Gespräch. Wo findet das Gespräch statt?* KL gibt zwei Alternativen vor: *Sind die Leute im Café oder im Lebensmittelgeschäft?* KL spielt den Dialog einmal vor. KT beantworten die Frage.

S. 64 **2**

Lernziel Grammatik: Präteritum von *haben, sein, es gibt*

Ablauf KT übertragen die unterstrichenen Verbformen aus Aufgabe 1b) in die Tabelle und ergänzen die fehlenden Formen mit Hilfe des Textes in Aufgabe 1a). — EA

Siehe unter Grammatik, S. 142.

S. 65 3

Lernziel Grammatik: Präsens und Präteritum von *haben, sein, es gibt*

Ablauf KT ergänzen die Lücken in EA/PA und tragen den Text im Plenum vor. EA/PA

Tipp **Transfer:** KT formulieren den Text in der 3. Person Singular *(Früher war sie Verkäuferin.).*

S. 65 4

Lernziel Mündliche Interaktion

Ablauf KT befragen sich gegenseitig in PA mit Hilfe der Wörter aus dem Schüttelkasten: *Was hatten Sie/hattest du früher? Was hatten Sie/hattest du nicht? Was haben Sie/hast du heute?* PA

Anschließend tragen KT die Ergebnisse der Partnerinterviews im Plenum vor: *Ida hatte früher …* usw. Plenum

Tipp **Alternative:** Diese Aufgabe kann auch in Form eines *Wechselspiels* durchgeführt werden (siehe unter **Alles drin** Spiele). PA

Erweiterung: KT schreiben Dinge, die man besitzen kann (aus den vorigen Lektionen), auf Zettel. KL sammelt diese in einer Tüte. Ein KT zieht einen Zettel und fragt einen anderen KT: *Hast du ein …?* Antwortet dieser mit *nein,* dann folgt die Frage: *Hattest du früher ein …?* usw. Plenum

Übungsbuch: S. 75/76, Übung 1–3

S. 65 5

Lernziel Wortschatz: *ja, nein, doch*

Ablauf KT lesen noch einmal den Text in Aufgabe 1 und suchen in EA/PA die fehlenden Wörter *ja, nein, doch.* KT ergänzen die Lücken in der Tabelle. EA/PA

Bei der Besprechung im Plenum erläutert KL mit Hilfe der Tabelle folgende Regeln: Auf *nicht verneinte* Fragen *(Sind Sie aus Deutschland?)* antwortet man mit *ja* bzw. *nein (Ja, ich bin aus Deutschland. / Nein, ich bin nicht aus Deutschland.)*; auf *verneinte* Fragen *(Sind Sie nicht aus Deutschland?)* antwortet man mit *doch* bzw. *nein (Doch, ich bin aus Deutschland. / Nein, ich bin nicht aus Deutschland.).* Plenum

S. 65 6

Lernziel Mündlicher Ausdruck

Ablauf KT interviewen sich in PA/GA mit den vorgegebenen Fragen und leiten ihre Antworten mit *ja, nein* oder *doch* ein. PA/GA

Tipp **Erweiterung:** KT denken sich in PA/GA noch weitere Satzfragen aus, die sie anschließend im Plenum anderen KT stellen. PA/GA Plenum

Übungsbuch: S. 76, Übung 1–2

Eine Spezialität aus Hamburg

S. 66 1

Lernziel	Wortschatz: Lebensmittel und Küchenutensilien	
Ablauf	KL klärt mit Hilfe des Fotos den Wortschatz. Die einzelnen Wörter werden durch die Verbindung von Bild und Wortkärtchen eingeführt.	Plenum
	a) KT überlegen in PA, was auf dem Foto fehlt, und kreuzen die richtige Lösung an.	PA
	b) KT ordnen in EA/PA die Wörter auf dem Foto nach den Kategorien *Lebensmittel* bzw. *keine Lebensmittel.* Die beiden Listen können im Plenum mit Hilfe des KL mit weiteren, bereits bekannten Wörtern ergänzt werden.	EA/PA Plenum
Tipp	**Erweiterung:** KT und KL bringen Bilder (z. B. aus Zeitschriften oder Katalogen) von Lebensmitteln und Küchenutensilien mit und machen eine Collage mit Beschriftung für das Klassenzimmer.	Plenum
	KL erstellt (evtl. auch gemeinsam mit KT) einen Kartensatz mit Bildern der verschiedenen Gegenstände und einen Kartensatz mit den dazugehörigen Wörtern. Anschließend wird in Gruppen *Memory* gespielt (siehe unter **Alles drin** Spiele).	Plenum
	Wortschatzarbeit: Zur Erleichterung des Vokabellernens sollten immer 8–10 Wörter entweder • nach Oberbegriffen gruppiert werden, z. B. *Besteck: Gabel, Messer, Löffel; Gemüse: Karotte, Lauch* usw. • oder paarweise geordnet werden, z. B. *Salz – Pfeffer; Essig – Öl; Obst – Gemüse* usw. • oder alphabetisch geordnet werden: *Aal, Brühe, Essig, Gabel, Kräuter* usw.	
	KT sollen diese Strategien im Kurs einüben, um sie auch beim Selbstlernen anzuwenden. An die Kursbuchaufgabe können sich folgende Übungen anschließen: Verschiedene Gruppen erhalten verschiedene Aufgaben, z. B. *Finden Sie Paare bzw. Gegensatzpaare. / Gruppieren Sie nach Oberbegriffen. / Ordnen Sie Begriffe alphabetisch, nach Farbe, nach Größe usw.*	GA
	Der Wortschatz kann auch mit einem Wettkampfspiel wiederholt werden: KL erstellt zwei Plakate, auf denen jeweils das Alphabet (außer Q, X, Y) auf der linken Seite untereinander aufgelistet wird. KL teilt KT in zwei Gruppen. Jede Gruppe bekommt ein Plakat. Diejenige Gruppe, die unter der Zeitvorgabe von 10 Minuten die meisten richtigen Wörter mit Artikel gefunden hat, hat gewonnen.	

S. 67 2

Lernziel	Selektives Leseverstehen; Wortschatz: Kochen	
Ablauf	Vorentlastung: KT betrachten gemeinsam das Foto. KL fragt: *Wer ist das? Wie heißt er? Woher kommt er? Was ist er von Beruf?*	Plenum
	a) KT lesen in EA den Text.	EA
	b) KT lesen die Aufgabe und kreuzen in EA/PA die richtige Lösung an. KL klärt dann pantomimisch den neuen Wortschatz.	EA/PA Plenum

S. 67 **3**

Lernziel Wortschatz: Kochen

Ablauf KT kombinieren in EA/PA Zutaten und Verben. Bei der Besprechung im Plenum ist darauf zu achten, dass einige Verben zu mehreren Nomen passen. KT können die Ergebnisse auch in ganzen Sätzen präsentieren: *Ich wasche den Fisch. Ich salze und brate den Fisch.* — EA/PA, Plenum

Tipp **Alternative:** KT suchen in EA/PA im Text in Aufgabe 2 die Zutaten für die Aalsuppe. Anschließend sammeln KT die Tätigkeiten (Verben in Infinitivform), die man beim Zubereiten ausführt. KL erstellt aus den Ergebnissen ein Tafelbild: links ein Schüttelkasten mit Zutaten, rechts ein Schüttelkasten mit Verben. Anschließend ziehen KT in EA/PA Verbindungslinien: Welche Verben passen zu welchen Zutaten? KT sammeln in schriftlicher Form Kombinationen wie in Aufgabe 3. — EA/PA, Plenum, EA/PA

Erweiterung: Als Wiederholung der neuen Verben bietet sich das Spiel Begrifferaten mit *Pantomime* (siehe unter **Alles drin** Spiele) an. — Plenum

S. 67 **4**

Lernziel Grammatik: Akkusativformen der Pronomen

Ablauf Vorentlastung: KT unterstreichen in EA/PA Nomen und Pronomen im Text von Aufgabe 2. KL sammelt die Beispiele an der Tafel oder auf einer OHP-Folie und ordnet gleichzeitig nach folgendem Muster: *den Aal – ihn, die Karotte – sie, das Gemüse – es, die Kräuter – sie.* — EA/PA, Plenum

KT füllen dann in EA die Tabelle aus. KL lenkt die Aufmerksamkeit der KT auf die abweichende Form *ihn.* — EA, Plenum

Siehe unter Grammatik, S. 149.

S. 67 **5**

Lernziel Mündlicher Ausdruck; Grammatik: Akkusativformen der Pronomen

Ablauf Mit Hilfe der Wörter aus dem Schüttelkasten beschreiben KT, was sie mit den einzelnen Zutaten machen. Die Aufgabe kann auch zu einer Beschreibung von Rezepten ausgedehnt werden. — Plenum

Tipp **Alternative:** KL schreibt (evtl. mit Hilfe der KT) je eines der vorgegebenen oder weitere, bereits eingeführte Lebensmittel auf Zettel. KL steckt die Zettel in eine Tüte. Ein KT zieht einen Zettel und muss in einem Satz – unter Verwendung der Pronomen – zwei oder drei Tätigkeiten nennen, die er mit dem darauf stehenden Objekt ausführt (z. B. *Ich wasche den Fisch, ich salze ihn, ich brate ihn.*). — Plenum

Erweiterung: KT machen zunächst in EA oder als HA die Übung 8, S. 79 im Übungsbuch. Nach der Besprechung im Plenum schreiben KT in GA ein einfaches Rezept nach dem Muster der Übung 8 und tragen es im Plenum vor. KT korrigieren die Rezepte mit Hilfe des KL und erstellen ein Kurskochbuch. — EA, Plenum, GA, Plenum

Übungsbuch: S. 77–79, Übung 1–8

Jetzt kennen Sie Leute in Hamburg!

S. 68 **1**

Lernziel Grammatik: Präpositionen *für, ohne* + Akkusativ, W-Fragen mit *für, ohne*

Ablauf KT lesen in EA die Fragen und Antworten. KT ordnen in EA/PA Fragen und Antworten zu. EA, EA/PA

2

Lernziel Grammatik: Präpositionen *für, ohne* + Akkusativ, W-Fragen mit *für, ohne*

Ablauf Vorentlastung: KT markieren die Präpositionen *für, ohne* und die W-Fragen mit *für, ohne* in Aufgabe 1.
KT ergänzen in EA die fehlenden Fragewörter mit Hilfe der Sätze in Aufgabe 1. Bei der Besprechung im Plenum weist KL auf folgende Regeln hin: EA Plenum

Frage	Antwort
• *Wofür?*	*Für* + Sache, keine Person
Für wen?	*Für* + Person
• *Ohne was?*	*Ohne* + Sache, keine Person
Ohne wen?	*Ohne* + Person

Siehe unter Grammatik S. 154.

Übungsbuch: S. 80/81, Übung 1–6

S. 68 **3**

Lernziel Leseverstehen; Grammatik: Pronomen im Akkusativ

Ablauf KT lesen die Sätze mit verteilten Rollen. Dann markieren sie in PA alle Pronomen im Akkusativ *(mich, dich, uns, euch)*. PA

S. 68 **4**

Lernziel Grammatik: Pronomen *ich, du, wir, ihr* im Akkusativ

Ablauf KT ergänzen in EA die Tabelle. Dazu können sie die Markierungen in Aufgabe 3 zur Hilfe nehmen. EA

Tipp Um die Pronomen im Akkusativ noch einmal komplett durchzusprechen, kann KL auf die Übersicht auf der Grammatikseite (S. 69 im Kursbuch) zurückgreifen.
Siehe unter Grammatik, S. 149.

S. 68 **5**

Lernziel Mündliche Interaktion; Grammatik: Präpositionen *für, ohne* + Akkusativ, W-Fragen mit *für, ohne*

Ablauf KT tauschen sich in PA anhand der Fragen *Wofür?/Für wen?* in Aufgabe **a)** bzw. *Ohne was?/Ohne wen?* in Aufgabe **b)** über ihre Ziele und Vorlieben aus. Diese Interviews können von KT schriftlich vorbereitet werden. Anschließend werden die Ergebnisse im Plenum präsentiert: *Piotr arbeitet für ein Auto.* usw. PA Plenum

Übungsbuch: S. 82/83, Übung 1–5

Ortstermin Leipzig

S. 70 **1**

Lernziel	Detailliertes Leseverstehen	
Ablauf	Vorentlastung: KT und KL betrachten die Fotos von Leipzig und suchen die Stadt gemeinsam auf einer Deutschlandkarte. KT lesen dann die Einladung und betrachten das Klassenfoto. KL fragt: *Was sehen Sie? Was für eine Einladung ist das?* KT lesen noch einmal die Einladung und erfragen neuen Wortschatz. KT beantworten dann die Fragen in EA/PA zunächst schriftlich. Anschließend stellen sie ihre Lösungen im Plenum vor.	Plenum EA/PA Plenum
Tipp	**Erweiterung:** Im Anschluss an diese Aufgabe stellt KL weitere Fragen, die KT entweder im Plenum oder in PA/GA beantworten: *Wie viele Jahre liegt Ihr Abitur/Ihr Schulabschluss zurück? Hatten Sie auch schon ein Klassentreffen? Wo? Haben Sie noch Freunde aus der Schulzeit? Was machen sie jetzt?*	Plenum, PA/GA

S. 71 **2**

Lernziel	Selektives Leseverstehen	
Ablauf	KT lesen noch einmal die Einladung und betrachten die Bilder. Dann ordnen sie in EA/PA den drei Programmpunkten die passenden Bilder zu. Beim Vergleich im Plenum nennen KT die Informationen, die ihnen bei der Lösung der Aufgabe geholfen haben. Anschließend lesen KT das Zitat sowie den Text zur Gose. KL klärt neuen Wortschatz. Eine einfache Verständnisaufgabe zu dem Text „Was ist Gose?" findet sich in Übung 7, S. 86 im Übungsbuch.	EA/PA Plenum
Tipp	**Erweiterung:** KL sollte das Thema *Bier* nur mit Rücksicht auf die kulturelle Zusammensetzung des Kurses durch landeskundliche Informationen und zusätzliche Fragen vertiefen: *Trinkt man in Ihrem Land Bier? Was trinkt man in Ihrem Land? Trinken Sie Bier?* Bei KT muslimischen Glaubens sollte das Thema jedoch sensibel behandelt werden.	Plenum

S. 71 **3**

Lernziel	Selektives Hörverstehen	
Ablauf	Vorentlastung: KL und KT fassen noch einmal zusammen, was sie bereits über das Vorhaben *Klassentreffen in Leipzig* wissen. KT lesen dann die Überschrift der Aufgabe und die Fragen. Anschließend hören sie das Telefongespräch zweimal. KT machen sich beim Hören Notizen. KT beantworten die Fragen in EA/PA zunächst schriftlich. Anschließend tragen sie ihre Lösungen in ganzen Sätzen mündlich im Plenum vor.	Plenum Plenum EA/PA Plenum

Übungsbuch: S. 84–86, Übung 1–7

Das Klassentreffen

S. 72 **1**

Lernziel Detailliertes Leseverstehen

Ablauf

a) KT lesen den Brief in EA oder einzelne KT lesen den Text abschnittsweise laut vor. KL klärt neuen Wortschatz und stellt Verständnisfragen: *Was ist das? Wer schreibt das? Wann schreiben Steffi, Jens und Kevin den Brief? Wo wohnen sie? Was erzählen sie von Leipzig?* — EA / Plenum

b) KT lesen den Brief noch einmal und markieren anschließend in EA/PA, welche Sätze richtig und welche Sätze falsch sind. Bei der Besprechung im Plenum nennen KT die Textstellen, die ihnen bei der Lösung geholfen haben. — EA/PA / Plenum

Übungsbuch: S. 87, Übung 1

S. 73 **2**

Lernziel Grammatik: Perfekt mit *haben*

Ablauf

Vorentlastung: KT lesen die Überschrift „haben gemacht – machen" und unterstreichen dann alle Perfektformen in dem Brief, die sie identifizieren können. KL sammelt die gefundenen Verben an der Tafel oder auf einer OHP-Folie. — EA

Anschließend ordnen KT in EA/PA den Perfektformen die passenden Infinitive aus dem Schüttelkasten zu und schreiben diese in die Tabelle. — EA/PA

Bei der Besprechung im Plenum weist KL darauf hin, dass das Perfekt aus zwei Teilen, einer Form von *haben* (Hilfsverb) und einem zweiten Teil, z. B. *gemacht* (Partizip Perfekt), gebildet wird. — Plenum

S. 73 **3**

Lernziel Grammatik: Perfekt mit *haben,* Satzklammer

Ablauf

KT ergänzen in EA die Sätze mit den richtigen Verbformen. Zur Besprechung im Plenum überträgt KL die Sätze an die Tafel oder auf OHP-Folie. Durch die Markierung der Verbteile verdeutlicht KL die Satzstellung im Perfekt. KT formulieren mit Hilfe des KL folgende Regeln: — EA / Plenum

- Bei Aussagesätzen steht die Form von *haben* (Hilfsverb) immer auf Position 2 des Satzes.
- Der zweite Teil, hier z. B. *gesessen* (Partizip Perfekt), steht immer am Ende des Satzes.
- Die Form von *haben* und das Partizip Perfekt bilden zusammen die Satzklammer.

Siehe unter Grammatik, S. 136.

S. 73 **4**

Lernziel Mündlicher Ausdruck, Grammatik: Perfekt mit *haben*, Satzklammer

Ablauf Diese Aufgabe kann entweder im Plenum oder in PA als Kettenübung durchgeführt werden. In PA befragen sich KT gegenseitig: *Was haben Sie / hast du gestern gemacht?* Der befragte KT antwortet mit Hilfe der Verben im Schüttelkasten und gibt die Frage an seinen Partner zurück: *Ich habe gestern Sport gemacht. Und was haben Sie / hast du gestern gemacht?* KT können die Antworten ihres Partners aufschreiben und ihn anschließend anhand ihrer Notizen im Plenum vorstellen: ... *hat gestern Bier getrunken und viel gelacht.* usw.

Plenum/ PA

Plenum

Tipp **Alternative:** KL bereitet pro Paar oder Kleingruppe einen Würfel vor, dessen Seitenflächen mit sechs Partizipien beschriftet sind. KT befragen sich nun in PA/GA und bilden mit dem gewürfelten Partizip Antwortsätze: *Was haben Sie / hast du gestern gemacht? – Ich habe gestern ...* (siehe unter **Alles drin** Spiele).

PA/GA

Erweiterung: KL stellt ein Wortpuzzle her. Er bereitet pro Gruppe ein Set mit Satzteilen auf Karten vor (Karten mit Partizipien, eine entsprechende Anzahl von Karten mit passenden Formen von *haben,* entsprechend viele Karten mit Subjekten, Objekten und Adverbien). Als Hilfestellung sollen die Karten mit den Hilfsverben und Partizipien eine andere Farbe bzw. Form als die übrigen Karten haben. KT legen dann in GA mit den Karten komplette Sätze.

GA

Übungsbuch: S. 88/89, Übung 1–6

Treffpunkt Augustusplatz

S. 74 **1**

Lernziel Selektives Hörverstehen; Grammatik: Verben der Bewegung bzw. Veränderung, Perfekt mit *sein*

Ablauf

a) KT betrachten die Bilder und ordnen ihnen in EA/PA die Verben aus dem Schüttelkasten zu. EA/PA

b) KL führt in die Situation ein: *Vier Personen sind nicht gekommen. Was ist passiert?* Anschließend lesen KT die vier Fragen und hören das Gespräch mehrmals. Sie ergänzen in EA/PA die Lücken mit den fehlenden Namen. KT tragen die Antworten in ganzen Sätzen im Plenum vor: *Sascha ist ... Kevin ist ... Elisabeth ist ...*

Plenum

EA/PA

Plenum

Übungsbuch: S. 90, Übung 1–4

S. 74 2

Lernziel Detailliertes Leseverstehen; Grammatik: Perfekt mit *haben* und *sein*

Ablauf

a) KT betrachten die Postkarte. KL führt mit den folgenden Fragen in die Situation ein: *Wer hat die Karte geschrieben? Woher kommt die Karte? Für wen ist die Karte?* Anschließend lesen KT die Postkarte in EA. KL klärt neuen Wortschatz und sichert das Textverständnis anhand folgender Fragen: *Warum hat Elisabeth die Postkarte geschrieben? Warum kann Elisabeth nicht nach Leipzig kommen? Wo ist Elisabeth? Was macht sie?*

Plenum
EA
Plenum

b) KT lesen die Postkarte und den Lückentext. Dann ergänzen sie in EA/PA die fehlenden Verben. Bei der Besprechung im Plenum lenkt KL die Aufmerksamkeit darauf, dass das Perfekt entweder mit einer Form von *haben* oder mit *sein* gebildet wird.

EA/PA,
Plenum

Transfer: Bei stärkeren Lernergruppen oder sprachlich homogenen Kursen kann KL auf die formalen Merkmale (Anordnung der Adresse, Datum, Anrede, Grußformel) einer Postkarte hinweisen. KL bringt Postkarten – wenn möglich vom Kursort – mit und verteilt sie an KT. Diese sollen KT an ihre Freunde oder Verwandten schreiben. KL leistet dabei Hilfestellung.

EA

S. 75 3

Lernziel Grammatik: Perfekt mit *haben* und mit *sein*

Ablauf

Vorentlastung: KT lesen noch einmal die Postkarte und suchen in EA/PA die Perfektformen heraus. Dabei sollen KT die Verben, die im Perfekt mit *haben* gebildet werden, mit einer anderen Farbe markieren als die Verben, die im Perfekt mit *sein* gebildet werden.

EA/PA

Anschließend tragen KT in PA die Perfektformen und die entsprechenden Infinitivformen in die passende Spalte der Tabelle ein. KL geht von Paar zu Paar und gibt, wenn nötig, Hilfestellung. Bei der Besprechung im Plenum weist KL noch einmal auf den Unterschied zwischen den Verben in den beiden Spalten der Tabelle hin: Die Verben in der linken Spalte bilden das Perfekt mit *haben*, die Verben in der rechten Spalte mit *sein.*

PA
Plenum

S. 75 4

Lernziel Grammatik: Perfekt mit *haben* und *sein*

Ablauf

KT ergänzen in EA die Tabelle mit den korrekten Formen von *haben* und *sein.* Bei der Besprechung der Tabelle im Plenum macht KL auf den Unterschied zwischen dem Perfekt mit *haben* und dem Perfekt *sein* aufmerksam, indem er noch einmal mit KT die Bilder in Aufgabe 1 betrachtet. KL verdeutlicht dann anhand der Tabelle folgende Regeln:

- Das Perfekt der meisten Verben wird mit *haben* gebildet.
- Das Perfekt der Verben der Bewegung (z. B. *fahren, fliegen, kommen*) bzw. der Veränderung (z. B. *krank werden*) wird mit *sein* gebildet.
- Das Perfekt der Verben *sein* und *bleiben* wird mit *sein* gebildet.

Siehe unter Grammatik, S. 141/142.

EA
Plenum

S. 75 **5**

Lernziel Mündlicher Ausdruck; Grammatik: Perfekt mit *haben* und *sein*

Ablauf

a) KT bilden in EA/PA Sätze aus den Satzteilen in den Schüttelkästen und schreiben diese auf. Anschließend präsentieren KT ihre Ergebnisse im Plenum und KL oder ein KT sammelt die Sätze an der Tafel oder auf OHP-Folie. — EA/PA, Plenum

b) KT führen in Form einer Kettenübung ein Gespräch in PA oder im Plenum. Dabei bilden sie mit den Satzteilen in den Schüttelkästen Aussagesätze: *Gestern habe ich viel gearbeitet. – Ich habe gestern nicht viel gearbeitet. / Ich habe Freunde getroffen. – Ich habe gestern keine Freunde getroffen. Ich habe …* — PA/ Plenum

Übungsbuch: S. 91/92, Übung 1–5

S. 76 **6**

Lernziel Grammatik: Partizip Perfekt

Ablauf KT ordnen in EA die Partizipien aus dem Schüttelkasten den zwei Spalten der Tabelle zu: in die linke Spalte die Partizipien, die auf *-t* enden, in die rechte Spalte die Partizipien, die auf *-en* enden. Bei der Besprechung im Plenum erinnert KL daran, dass es zwei Arten von Partizipien gibt, die sich in ihrer Endung (*-t* bzw. *-en*) unterscheiden. — EA, Plenum

S. 76 **7**

Lernziel Grammatik: Partizip Perfekt der regelmäßigen und der unregelmäßigen Verben

Ablauf KT ergänzen in EA die Tabelle. Bei der Besprechung der Tabelle im Plenum wiederholen und ergänzen KT folgende Regeln: — EA, Plenum

- Die Partizipien der regelmäßigen Verben werden mit *ge-* + Verbstamm + *-t* gebildet (z. B. *haben – gehabt, machen – gemacht*).
- Die Partizipien der unregelmäßige Verben werden mit *ge-* + Verbstamm + *-en* gebildet. Dabei ändert sich im Verbstamm oft der Stammvokal (z. B. *finden – gef**u**nden, werden – gew**o**rden*).

Siehe unter Grammatik, S. 141/142 und unter Verbliste, S. 157–159.

Tipp Es ist wichtig, dass die Partizipformen so intensiv wie möglich geübt werden. Hierzu sollte jede Unterrichtsstunde mit ein paar kurzen Fragen nach Situationen oder Tätigkeiten in der Vergangenheit beginnen: *Was haben Sie gestern / heute früh / gerade eben / am Wochenende gemacht?* — Plenum

Zur Einübung der Partizipformen bieten sich auch Umformungsübungen vom Präsens ins Perfekt sowie eine Reihe von Spielen (siehe unter **Alles drin** Spiele) an.

S. 76 8

Lernziel Mündlicher Ausdruck; Grammatik: Perfekt mit *haben* und *sein*, Position von *nicht*

Ablauf Die Aufgabe kann als Kettenübung in PA gemacht werden. Ein KT beginnt anhand der Verben im Schüttelkasten mit einem Satz im Präsens: *Heute bleibe ich nicht zu Hause.* Sein Partner reagiert darauf im Perfekt und bildet danach einen neuen Satz: *Gestern bist du auch nicht zu Hause geblieben. Heute fahre ich nicht Fahrrad.* usw. Die Aufgabe kann auch im Plenum als Kettenübung gemacht werden. — PA, Plenum

Tipp **Alternative:** KT machen das Spiel *Ariadnes Faden* (siehe unter **Alles drin** Spiele) mit je zwei Aussagen im Perfekt. — Plenum

S. 76 9

Lernziel Aussprache: unbetontes e

Ablauf

a) KT hören zunächst alle Verben bei geschlossenen Büchern. Beim zweiten Hören lesen KT die Verben im Buch mit. KL macht darauf aufmerksam, dass es sich bei dem e in der Vorsilbe *ge-* und in der Endung *-en* um ein unbetontes e handelt. Es wird weniger deutlich gesprochen als das betont offene e *(lesen, mehr)* oder das betonte geschlossene e *(Geld, Messer)*. Anschließend spielt KL die Verben noch einmal vor und legt nach jeder Zeile eine kurze Pause ein, in der KT die Verben zunächst im Chor und danach einzeln nachsprechen können. — Plenum

b) KT hören den Text mehrmals. Dann notieren KT die Infinitive und Partizipien, die sie verstanden haben. Anschließend sammelt KL oder ein KT die Verben an der Tafel. — Plenum

Tipp KT schreiben in PA/GA anhand der Verben aus dem Hörtext in Aufgabe 9 b) einen eigenen Text. Anschließend tragen einzelne Paare bzw. Gruppen ihren Text im Plenum vor. — PA/GA, Plenum

Übungsbuch: S. 93, Übung 1–2

Stadtspaziergang durch Leipzig

S. 77 1

Lernziel Selektives Leseverstehen

Ablauf KT betrachten zunächst die Bilder und lesen anschließend die drei Texte in EA. KL klärt neuen Wortschatz und danach ordnen KT in PA den Texten die Bilder zu. Bei der Präsentation der Ergebnisse nennen KT die Schlüsselwörter, die ihnen bei der Lösung der Aufgabe geholfen haben. — EA, PA

Tipp **Erweiterung:** Nach dem Vergleich im Plenum schreiben KT in PA/GA mit Hilfe der Texte und dem neuen Wortschatz Sätze zu den Bildern. — PA/GA

S. 77 **2**

Lernziel	Schriftlicher Ausdruck	
Ablauf	**a)** KT betrachten das Foto der Einkaufs-Passage. (Bei dem Foto handelt es sich um die Mädler-Passage in Leipzig.) Dann ergänzen sie in PA/GA die Zeilen mit Nomen, Adjektiven und Verben, die zu diesem Bild passen. Diese Aufgabe kann KL mit neuem Wortschatz unterstützen.	PA/GA
	b) KT schreiben in PA/GA mit Hilfe der gesammelten Wörter einen Text zu dem Foto. Anschließend lesen einzelne Paare bzw. Gruppen ihre Texte im Plenum vor.	PA/GA Plenum
Tipp	Wenn der Kurs nicht zu groß ist, schreiben KT in PA/GA ihre Texte an die Tafel oder auf OHP-Folien. Diese werden anschließend im Plenum vorgelesen und gemeinsam mit Hilfe des KL korrigiert. Bei großen Gruppen werden nur einige Texte an die Tafel oder auf OHP-Folie geschrieben, vorgelesen und berichtigt. Die anderen Texte sollte KL zu Hause korrigieren.	PA/GA Plenum

Übungsbuch: S. 93, Übung 1

Jahrgang „19 hundert 72“

S. 78 **1**

Lernziel	Detailliertes Hörverstehen; Wortschatz: Jahreszahlen	
Ablauf	KT hören mehrmals die Jahreszahlen und schreiben sie dann in EA in die dafür vorgesehenen Zeilen. Bei der Besprechung im Plenum weist KL darauf hin, dass nur die Jahreszahlen zwischen 1100 und 1999 anders ausgesprochen werden. Sie werden immer mit *-hundert* angegeben.	EA Plenum

S. 78 **2**

Lernziel	Detailliertes Hörverstehen; Wortschatz: Lebenslauf	
Ablauf	**a)** Vorentlastung: KT lesen zunächst in EA die Jahreszahlen und die Informationen aus Kevins Lebenslauf. Anschließend hören sie den Lebenslauf mehrmals und ordnen dann in EA/PA den Jahreszahlen die einzelnen Stationen des Lebenslaufs zu. Danach hören KT den Text noch einmal, um ihre Ergebnisse zu überprüfen. Beim Vergleich im Plenum sammelt KL oder ein KT die Jahreszahlen und die Stationen des Lebenslaufs in der richtigen Anordnung an der Tafel oder auf OHP-Folie.	EA EA/PA Plenum
	b) KT lesen nun Kevins Lebenslauf und ergänzen in EA/PA die Lücken mit Hilfe der Angaben im Schüttelkasten.	EA/PA
Tipp	Anhand des Lebenslaufes von Kevin Wagner kann KL auf die Merkmale eines Lebenslaufs in Schriftform aufmerksam machen: *Passfoto, chronologische Anordnung der Daten, tabellarische Form.* Eine Vorlage für einen tabellarischen Lebenslauf findet sich in Übung 7, S. 96 im Übungsbuch.	Plenum

S. 79 ## 3

Lernziel Wortschatz: Lebenslauf

Ablauf KT lesen in EA den Lebenslauf und bringen die Infinitive in Klammern in die korrekten Verbformen (Präsens oder Perfekt). Vor der Besprechung im Plenum können KT ihre Ergebnisse zunächst in PA vergleichen und gegebenenfalls korrigieren.

EA
Plenum
PA

Tipp **Erweiterung:** Zum Üben des Wortschatzes, den man für einen Lebenslauf benötigt, kann KL ein *Wechselspiel* (siehe unter **Alles drin** Spiele) anbieten. KL bereitet einen tabellarischen Lebenslauf wie in Aufgabe 2b) vor und gestaltet pro Paar je eine Kopiervorlage A und B, auf denen jeweils andere Informationen aus dem Lebenslauf fehlen. Als Kopiervorlage kann der Lebenslauf aus Übung 7, S. 96 im Übungsbuch dienen. KT befragen sich dann in PA gegenseitig nach den Lücken im Lebenslauf: *Was hat … 1985 gemacht? Von wann bis wann hat … studiert? Was hat … studiert? Wann hat … geheiratet? War … arbeitslos? …*

PA

S. 79 ## 4

Lernziel Schriftlicher Ausdruck; mündliche Interaktion; Wortschatz: Lebenslauf

Ablauf

KT bereiten in EA/PA mit Hilfe der vorgegebenen Stichpunkte ein Interview vor, mit dem der Lebenslauf des Partners erfragt werden kann. KL geht von Gruppe zu Gruppe und gibt, wenn nötig, Hilfestellung. Anschließend werden die erarbeiteten Ergebnisse im Plenum an der Tafel oder auf OHP-Folie gesammelt. (EA/PA, Plenum)

b) Jeder KT interviewt anhand des Fragenkatalogs seinen Partner und notiert die Antworten. Idealerweise sollten KT nicht ihren Sitznachbarn, sondern einen Partner, den sie noch nicht so gut kennen, befragen. (PA)

c) Anschließend formulieren KT die Antworten in die 3. Person Singular um und stellen dann ihren Interviewpartner im Plenum vor. (EA, Plenum)

Tipp **Erweiterung:** Als Hausaufgabe verfasst jeder KT aus dem Lebenslauf seines Interviewpartners einen Text wie in Aufgabe 3.
Die Bildung von neuen Paaren kann auf folgende Weise angeregt werden: KL erstellt je nach Anzahl der KT zweiteilige Kartensets. Auf einer der Karten notiert er jeweils einen Fragesatz *(Wie heißen Sie? / Was sind Sie von Beruf?* usw.) und auf der anderen Karte steht jeweils die passende Antwort *(Ich heiße Martin Miller. / Ich bin Journalist von Beruf.)*. KT ziehen eine Karte, lesen die Frage bzw. die Antwort und suchen den Partner, der ihre Karte ergänzt. Diejenigen KT, deren Karten ein passendes Frage-Antwort-Set bilden, arbeiten zusammen.

Übungsbuch: S. 94–96, Übung 1–7

Kommen und gehen

S. 80 **1**

Lernziel Selektives Hörverstehen, Wortschatz: Uhrzeit (inoffizielle Zeitangabe)

Ablauf Vorentlastung: Zur Einführung der inoffiziellen Zeitangabe kann KL zunächst die offizielle Zeitangabe (vgl. Lektion 3), die Frage *Wann ...?* sowie die entsprechende Antwort *Um ... Uhr.* wiederholen. — Plenum

KT lesen zunächst die Sätze. Anschließend hören sie mehrmals den Hörtext und kreuzen in EA/PA die richtige Uhrzeit an. KT können ihre Lösungen überprüfen, indem sie den Text noch einmal hören. — EA/PA

KT vergleichen die beiden Zeitangaben:

- *10.30 Uhr: halb elf*
- *15.15 Uhr: Viertel nach drei*
- *19.45 Uhr: Viertel vor acht*
- *17.10 Uhr: zehn nach fünf*

KL macht darauf aufmerksam, dass Alex das Wort *Sonnabend* verwendet, das in Leipzig wie auch in anderen nord- und mitteldeutschen Regionen neben *Samstag* gebräuchlich ist.

S. 80 **2**

Lernziel Wortschatz: Uhrzeit (inoffizielle Zeitangabe)

Ablauf KT ergänzen mit Hilfe der Ergebnisse aus Aufgabe 1 und der Farbmarkierung *(nach/vor)* in der Uhr in EA/PA die Zeilen mit den Zeitangaben. Bei der Besprechung greift KL noch einmal die Besonderheiten der inoffiziellen Zeitangabe *(Viertel, halb, nach, vor)* auf. — EA/PA

Tipp **Alternative:** Zum Üben der inoffiziellen Uhrzeit erstellt KL eine Uhr aus Pappe oder zeichnet eine Uhr an die Tafel bzw. auf OHP-Folie. Ein KT stellt die Uhr bzw. zeichnet eine Uhrzeit ein und richtet dazu eine Frage an einen anderen KT: *Wie viel Uhr ist es jetzt? – Es ist ... Uhr.* — Plenum

Erweiterung: KL stellt den KT weitere Fragen: *Wann beginnt die Deutschstunde? Wann ist Pause? Wann kommen Sie ins Büro? Wann gehen Sie nach Hause?* KT befragen sich dann gegenseitig: *Wann kommst du nach Hause?* usw. — Plenum

Die Uhrzeiten können auch mit einem Wettkampfspiel geübt werden. KL erstellt eine Liste mit offiziellen und inoffiziellen Zeitangaben (z. B. *fünf nach sieben, Viertel vor elf, 13.17 Uhr, 7.15 Uhr* usw.). KT erhalten ein oder mehrere Kärtchen, auf denen je eine Uhrzeit von der Liste des KL vermerkt ist. KT lesen die Angabe auf ihrem Kärtchen. KL liest eine Zeitangabe nach der anderen vor. Derjenige KT, der meint eine Uhrzeit von seinem Kärtchen gehört zu haben, ruft „Stopp" und zeigt das Kärtchen. Dann liest er die entsprechende Uhrzeit laut vor. Stimmt die Zeitangabe auf dem Kärtchen mit jener, die KL vorgelesen hat, überein, gibt KT sein Kärtchen ab. Andernfalls muss er es behalten und KL liest weiter. Alle KT, die ihr Kärtchen im ersten Durchgang abgelegt haben, haben gewonnen.

KL kann den Wettkampfcharakter des Spiels verstärken, indem er auf mehrere Kärtchen dieselben Uhrzeiten notiert, sodass immer der schnellste KT gewinnt.

S. 80 **3**

Lernziel Wortschatz: Uhrzeit (inoffizielle Zeitangabe)

Ablauf KT betrachten zunächst die dargestellten Uhrzeiten und befragen sich dann gegenseitig in PA oder im Plenum in Form einer Kettenübung: *Wie viel Uhr ist es? – Es ist … Uhr.*

PA/ Plenum

Tipp **Erweiterung:** KL kann zusätzlich noch die Frage *Wie spät ist es?* einführen, die neben der Frage *Wie viel Uhr ist es?* verwendet wird.
KT machen eine Kettenübung, indem sie sich mit Hilfe der vorgegebenen Uhrzeiten nach folgendem Muster befragen: *Was machen Sie/machst du um zehn nach fünf? – Um zehn nach fünf trinke ich Tee.* usw. KL kann die Beispielsätze an die Tafel bzw. auf OHP-Folie schreiben und dabei die unterschiedliche Position der Zeitangaben farbig markieren.

Plenum

S. 80 **4**

Lernziel Detailliertes Hörverstehen, Wortschatz: Uhrzeit (inoffizielle Zeitangabe)

Ablauf KT hören den Text mehrmals und ordnen in EA/PA den Personen die korrekte Abfahrtszeit zu. Anschließend hören KT den Text noch einmal und überprüfen ihre Lösungen. Bei der Korrektur erinnert KL an die Ausnahme *ein Uhr* (statt *ein**s** Uhr*).

EA/PA

Tipp **Erweiterung:** Im Anschluss spielen KT ein *Wechselspiel* (siehe unter **Alles drin** Spiele) mit einem Fahrplan der Bahn. KL bereitet einen Fahrplan der Bahn vor und gestaltet pro Paar je eine Kopiervorlage A und B, bei denen jeweils andere Abfahrtszeiten fehlen. KT befragen sich dann in PA nach den Lücken auf ihrem Fahrplan: *Wann fährt der IC 5339 nach Salzburg?* usw. Zur Wiederholung der Satzklammer kann KL mit folgenden Sätzen eine entsprechende Anzahl von Satzpuzzle à 15 Teile erstellen:

PA

Plenum

Peggy	fährt	um 23.20 Uhr	
Horst	möchte	um 12.30 Uhr	fahren
Kirsten	muss	um 13.00 Uhr	fahren
Dennis	ist	um 24.00 Uhr	gefahren

Die Uhrzeiten sollten jeweils auf einem farbigen Kärtchen notiert werden. KL teilt den Kurs in Kleingruppen. Die Gruppe, die das Satzpuzzle als erste richtig gelegt hat, hat gewonnen. Nachdem KL die Sätze überprüft hat, liest ein KT aus dieser Gruppe die korrekte Satzfolge laut vor und die anderen Gruppen korrigieren ihre Sätze. KT können im Anschluss schriftlich weitere Sätze nach dem vorgegebenen Muster bilden.

Übungsbuch: S. 97–99, Übung 1–7

Lektion 7

Ein Hotel in Salzburg

S. 82 **1**

Lernziel	Selektives Leseverstehen; Wortschatz: im Hotel; mündlicher Ausdruck	
Ablauf	KT betrachten die Abbildungen und lesen die Überschrift. KL führt in die Situation ein durch Fragen wie: *Wo liegt das Hotel? In welcher Stadt? In welchem Land?* Anschließend lesen KT leise in EA den Prospekt. KL klärt den neuen Wortschatz auf den Wortkärtchen. KT lesen die Sprechblasen. KL bittet die KT, in PA/GA weitere Sätze mit den Informationen aus dem Text zu erarbeiten. Besprechung im Plenum.	Plenum EA PA/GA Plenum
Tipp	**Erweiterung:** KL bringt verschiedene Hotelprospekte mit, evtl. auch in der Muttersprache der KT. KT betrachten die Prospekte in PA/GA und sammeln anschließend an der Tafel, welche Informationen man Hotelprospekten entnehmen kann (*Adresse, Lage des Hotels, Zimmer, Zimmerpreise und -ausstattung, Frühstück, Mahlzeiten, Freizeitangebot, Sehenswürdigkeiten in der Umgebung* etc.). **Hausaufgabe:** KT nehmen je einen Hotelprospekt mit nach Hause. In der folgenden Stunde sollen sie die Informationen aus ihrem Prospekt wie in Aufgabe 1 mündlich darstellen. **Landeskunde:** Der Euro ist seit dem 01.01.2002 das offizielle Zahlungsmittel in Österreich und Deutschland (und in weiteren Ländern der Europäischen Union). Ein Biergarten ist ein besonders in Süddeutschland verbreiteter Typ von Gartenlokal, in dem hauptsächlich Bier ausgeschenkt und getrunken wird.	PA/GA Plenum

S. 83 **2**

Lernziel	Wortschatz: Hotelberufe	
Ablauf	KT lesen zunächst den vorgegebenen Beispielsatz. Dann ergänzen sie in EA/PA die Sätze 2–6 mit den Begriffen aus dem Schüttelkasten. KL weist noch einmal auf die Bildung der weiblichen bzw. männlichen Formen der einzelnen Berufe hin und wiederholt gemeinsam mit den KT die Regel dazu.	EA/PA
Tipp	Wortschatz: „Ober" ist in Österreich die Berufsbezeichnung für den Kellner. „Ober" wird in Deutschland vor allem in der Anrede benutzt. **Erweiterung:** KT und KL erarbeiten zusammen weitere Berufe aus der Hotel- bzw. Tourismusbranche: z. B. *Fahrer, Stadtführer, Kofferträger, Hoteldirektor, Friseur* usw. Dann erfinden KT Namen für diese Personen und schreiben Sätze wie in Aufgabe 2.	Plenum

S. 83 **3**

Lernziel	Detailliertes Hörverstehen	
Ablauf	KT hören den Text zunächst einmal, danach lesen sie die Sätze 1–6. Nach dem zweiten Hören markieren KT in EA/PA, welche Aussagen richtig und welche falsch sind. Dann hören sie den Text ein weiteres Mal und überprüfen ihre Lösungen.	EA EA/PA

Tipp **Erweiterung:** KL bringt Prospekte anderer Hotels mit. KT erstellen dann in PA/GA ähnliche Kurztexte zu einem anderen Hotel. Jede Gruppe stellt anschließend „ihr“ Hotel vor. PA/GA Plenum

Übungsbuch: S. 100/101, Übung 1–3

Arbeit und Freizeit

S. 84 1

Lernziel Globales und selektives Leseverstehen; Grammatik: Perfekt der trennbaren Verben; Wortschatz: Ordnung machen

Ablauf

a) KL erinnert daran, dass KT die Zimmermädchen Barbara und Valentina auf der Seite vorher kennen gelernt haben. KT lesen den Text leise in EA. Plenum EA

b) KT lesen den Text noch einmal und markieren, was die Zimmermädchen jetzt gerade machen. KL hilft bei der Bedeutung von *gerade*. Bei der Auswertung im Plenum wird der Wortschatz gemeinsam geklärt. EA Plenum

c) Beim dritten Lesen ordnen KT in EA/PA die Aktivitäten der Zimmermädchen nach ihrem zeitlichen Ablauf. EA/PA

Tipp **Landeskunde:** die Brezel: ein gesalzenes Laugengebäck, das vor allem in Süddeutschland und Österreich sehr beliebt ist.

S. 84 2

Lernziel Grammatik: Partizip Perfekt der trennbaren Verben

Ablauf KT lesen das vorgegebene Beispiel und ergänzen in EA/PA die übrigen Infinitivformen. KL schreibt die regelmäßigen und unregelmäßigen Partizipien in zwei Spalten untereinander an die Tafel und markiert jeweils -ge-. EA/PA Plenum

S. 84 3

Lernziel Grammatik: Partizip Perfekt der trennbaren Verben

Ablauf KT lesen das vorgegebene Beispiel und ergänzen in EA/PA die übrigen Partizipien. Als Hilfe können KT die Partizipien in Aufgabe 1a) nachlesen. Gemeinsam wird bei der Besprechung im Plenum die folgende Regel entwickelt: Partizip Perfekt der trennbaren Verben Präfix + ge + Verbstamm (regelmäßig oder unregelmäßig) + *-t*/*-en*. Dann erinnert KL daran, dass Sätze im Perfekt mit einer Satzklammer gebildet werden. EA/PA Plenum

S. 85 4

Lernziel Grammatik: trennbare Verben im Perfekt; Wortschatz: Ordnung machen

Ablauf KT lesen zunächst den vorgegebenen Beispielsatz und korrigieren dann in EA/PA die übrigen falschen Verben. EA/PA

Tipp Zum Einüben der neuen Perfektformen eignet sich ein Würfelspiel. KT spielen in Gruppen. Jede Gruppe erhält einen Würfel, der mit unterschiedlichen trennbaren Verben beschriftet ist. Wenn ein Spieler gewürfelt hat, muss er die korrekte Perfektform von dem gewürfelten Verb bilden. Siehe unter Grammatik, S. 142. — PA

Würfelspiel: Siehe unter **Alles drin** Spiele.

S. 85 **5**

Lernziel Mündlicher Ausdruck

Ablauf KL führt mit Hilfe des Fotos kurz in die Situation ein. KL fragt: *Wer ist das? Was macht sie? Wo ist sie?* — Plenum

KL fragt nun: *Was hat Akiko gestern gemacht?* und bittet einen KT das vorgegebene Beispiel laut vorzulesen. — Plenum
Anschließend sprechen KT mit Hilfe der Redemittel im Schüttelkasten in PA/GA über den Tagesablauf von Akiko — PA/GA
und einige KT tragen ihre Sätze im Plenum vor. — Plenum

Tipp **Alternative:** Bei schwächeren Gruppen kann KL die Infinitive aus dem Schüttelkasten auch auf einzelne Zettel schreiben. KT bringen die Zettel zunächst in PA/GA in eine chronologische Reihenfolge und formulieren dann Sätze im Perfekt. — PA/GA

Erweiterung: KL fragt: *Was hat Akiko noch gemacht? Was kann man in Salzburg als Tourist noch machen?* Als Hilfestellung dient der Prospekt auf S. 82, der Anregungen für Aktivitäten in Salzburg gibt, sowie die Aufgabe 3 auf S. 83. — Plenum

S. 85 **6**

Lernziel Mündliche Interaktion

Ablauf KT befragen sich in PA/GA mit den vorgegebenen Redemitteln was sie *heute, gestern, letztes Jahr* usw. gemacht haben. Anschließend tragen einige KT ihre Ergebnisse im Plenum vor. — PA/GA

Tipp **Erweiterung:** Zur weiteren Einübung bzw. Wiederholung der Perfektformen eignet sich auch ein Wechselspiel mit Fragen zum Tagesablauf: *Was haben Barbara und Valentina gemacht? Was hat Akiko gemacht? Was haben Sie/Ihr Partner gemacht?* — PA

Wechselspiel: Siehe unter **Alles drin** Spiele.

Hausaufgabe: KT schreiben zu Hause in fünf bis zehn Sätzen ihren gestrigen Tagesablauf oder ihre Wochenendaktivitäten auf. In der folgenden Stunde berichten einige KT dann, was sie gemacht haben.

Übungsbuch: S. 101–105, Übung 1–9

Unterwegs nach Salzburg

S. 86 **1**

Lernziel Detailliertes Hörverstehen; Wortschatz: Wetter

Ablauf **a)** Vorentlastung: KT betrachten zunächst das Foto von Familie Kajewski. KL führt kurz in die Situation ein durch Fragen wie: *Was sehen Sie? Was macht Familie K.? Wohin wollen sie?* Anschließend betrachten KT die Wetterkarte. Im Plenum versuchen KT die Wetterkarte schon ein wenig zu versprachlichen. KL hilft, indem er fragt: *Wo regnet es? Wo scheint die Sonne? Wie ist die Temperatur im Norden/Süden/Osten/Westen?* — Plenum

b) KT lesen nun die Sätze in b) und klären anhand der Wetterkarte den neuen Wortschatz. KL spielt den Wetterbericht mehrmals ganz vor. KT kreuzen in EA/PA ihre Antworten an. Anschließend hören KT den Wetterbericht noch einmal und überprüfen ihre Lösungen. — EA, EA/PA

Tipp

Erweiterung: KL bringt Bilder von Landschaften bei unterschiedlichem Wetter oder gemalte Bilder von Sonne, Regen, Wolken, Wind mit. Geeignet sind auch Wetterkarten aus der Zeitung oder aus dem Internet. Je zwei KT erhalten ein Bild und beschreiben erst in PA, dann im Plenum, wie das Wetter auf den Bildern ist. — PA, Plenum

Alternative: Starke Lernergruppen schreiben in PA einen kurzen, fiktiven Wetterbericht zu den Landschaftsbildern oder Wetterkarten. — PA

S. 86 2

Lernziel Wortschatz: Wetter (Adjektive)

Ablauf

KT lesen zunächst das vorgegebene Beispiel. Dann ergänzen sie in EA/PA die restlichen Wörter nach dem gleichen Muster. KL oder ein KT schreibt die Nomen und Adjektive untereinander an die Tafel (+ evtl. *Nebel – neblig*) und KL markiert die Adjektivendung *-ig*. KL weist darauf hin, dass dies eine von vielen Arten der Adjektivbildung ist. — EA/PA, Plenum

Tipp

Erweiterung: Zur Vertiefung des Wortschatzes Wetter eignet sich das Spiel *Memory*. KL bereitet Karten mit Bildern und Redemitteln zum Wetter vor. — PA

Zusätzliche Nomen-Adjektiv-Paare: *warm – Wärme, kalt – Kälte*, aber *heiß – Hitze*

Memory: Siehe unter **Alles drin** Spiele.

S. 86 3

Lernziel Mündlicher Ausdruck

Ablauf

KT lesen die Überschrift und die Sprechblasen. Dann sprechen sie in PA über das Wetter am Kursort. Besprechung im Plenum. — PA, Plenum

Tipp

Bei Gruppen mit heterogener Herkunft ist auch die Frage interessant: *Wie ist das Wetter im Winter/Sommer/zurzeit in Ihrem Herkunftsland?* KT bereiten in EA/PA eine kurze Wetterbeschreibung zu ihrem Land vor und tragen sie anschließend im Plenum vor. — Plenum, EA/PA, Plenum

S. 87 4

Lernziel Detailliertes Leseverstehen

Ablauf

KL führt kurz in die Situation ein. Hilfreich ist es, die Reiseroute der Kajewskis auf einer Landkarte zu zeigen. Dann lesen KT in EA den Text. Nach der Klärung von neuem Wortschatz stellt KL Fragen zur Kontrolle des Textverständnisses wie: *Wo wohnt Familie Kajewski? Wohin will die Familie in Urlaub? Zeigen Sie die Fahrtstrecke auf der Landkarte. Wie lange dauert die Autofahrt?* — Plenum, EA, Plenum

Tipp

Nach dem ersten Lesen des Textes schließen KT die Bücher. KL schreibt die einzelnen Sätze des Textes groß und untereinander auf Papier. Dann kopiert er die Sätze und schneidet Papierstreifen mit je einem Satz. KT erhalten dann in Gruppen je einen Umschlag mit allen Sätzen des Textes. In GA ordnen sie die Papierstreifen in die richtige Reihenfolge. — EA, Plenum, GA

S. 87 **5**

Lernziel Mündlicher Ausdruck; Grammatik: Perfekt der untrennbaren Verben

Ablauf Zwei KT lesen die vorgegebenen Beispielsätze in den Sprechblasen laut vor. Dann formen KT in PA weitere Sätze aus dem Text in Aufgabe 4 in das Perfekt um. Abschließend tragen einige KT den gesamten Reisebericht im Perfekt vor. PA Plenum

Tipp Bei stärkeren Gruppen kann KL auch einzelne KT direkt Sätze in das Perfekt umformen lassen, z. B. als Kettenübung. Plenum

S. 87 **6**

Lernziel Grammatik: Partizip Perfekt der untrennbaren Verben

Ablauf KT lesen zunächst das vorgegebene Beispiel. Dann ergänzen sie mithilfe des Schüttelkastens in Aufgabe 5 in EA/PA die restlichen Partizipformen. KL oder ein KT schreibt die Verben im Infinitiv und im Perfekt in zwei Spalten an die Tafel und markiert die Präfixe. KT formulieren nun mit Hilfestellung durch den KL die folgende Regel: EA/PA Plenum

Das Partizip Perfekt von untrennbaren Verben besteht nur aus dem Präfix + Perfektstamm + *-t/-en.*

Siehe unter Grammatik, S. 142.

Tipp **Verbindungsübung:** *Was passt zusammen?* KL schreibt die folgenden Wörter an die Tafel bzw. auf OHP-Folie. KT betrachten das Beispiel und finden in EA/PA die übrigen Wortpaare. Plenum EA/PA

früh	*vergessen*
10 Stunden	*machen*
Pause	*sprechen*
den Wetterbericht	*verstehen*
den Regenschirm	*erklären*
das Hotel	*dauern*
einen Salzburger	*aufstehen*
den Weg	*hören*
schlecht	*fragen*
nicht wie die Deutschen	*nicht finden*

Wenn alle Verbindungen gefunden sind, erzählen KT mit Hilfe des Tafelanschriebs die Reise von Familie Kajewski nach. Plenum

S. 87 **7**

Lernziel Aussprache: trennbare und untrennbare Verben

Ablauf KL spielt zunächst alle Verben vor und KT lesen leise mit. Danach spielt KL die Verben noch einmal einzeln vor und legt nach jedem Verb eine Pause ein, damit KT markieren können, wo der Wortakzent ist. KT hören noch einmal die Verben und überprüfen ihre Lösung. Nach der Besprechung im Plenum weist KL auf den Zusammenhang zwischen trennbaren und untrennbaren Präfixen und dem Wortakzent auf der ersten Silbe (= trennbar) bzw. auf der Stammsilbe (= untrennbar) hin. KT hören noch einmal die Verben mit Pausen und sprechen laut nach. EA Plenum

Übungsbuch: S. 105–108, Übung 1–8

An der Rezeption

S. 88 **1**

Lernziel Wortschatz: an der Rezeption; Verben auf *-ieren*

Ablauf Vorentlastung: KT betrachten das Foto und lesen die Überschrift. KL führt in die Situation ein durch Fragen wie: *Familie Kajewski ist in Salzburg angekommen und hat das Hotel gefunden. Was macht die Familie jetzt?* (Plenum)
KT hören nun den Dialog an der Rezeption einmal ganz. Anschließend lesen sie die vorgegebenen Sätze und hören den Dialog noch ein- bis zweimal. KT nummerieren die Kästchen in EA/PA in der richtigen Reihenfolge. (EA; EA/PA)

Tipp **Alternative:** KL bereitet für ein *Textpuzzle* Zettel mit den einzelnen Dialogsätzen vor. KT hören den Text und sortieren dann in PA die Zettel in die richtige Reihenfolge. Man kann KT auch die Sätze zuerst sortieren lassen und spielt dann erst den Dialog vor. (PA)

S. 88 **2**

Lernziel Grammatik: Perfekt der Verben auf *-ieren*

Ablauf KT lesen das vorgegebene Beispiel. Dann ergänzen sie die übrigen Partizipien in EA/PA mit Hilfe des Dialogtextes. KL schreibt die Verben im Infinitiv und im Perfekt in zwei Spalten an die Tafel und markiert die Perfektendungen. Mit Hilfestellung des KL formulieren KT die folgende Regel: Das Partizip Perfekt von Verben auf *-ieren* besteht aus: Verbstamm + *-t*. (EA/PA; Plenum)

S. 88 **3**

Lernziel Grammatik: Verben im Perfekt

Ablauf KT lesen zunächst den vorgegebenen Beispielsatz. Dann ergänzen sie in EA/PA die Sätze 1–10 mit den Perfektformen der Verben aus dem Schüttelkasten. Nach der Besprechung im Plenum weist KL noch einmal auf die unterschiedlichen Perfektbildungen hin. (EA/PA; Plenum)

Tipp **Erweiterung:** *Perfekt-Pantomime.* KL kopiert die Vorlage *Pantomime* und schneidet die einzelnen Karten aus. KT teilen sich in zwei Gruppen. Jeder KT erhält eine Karte, die er verdeckt hält. Zuerst spielt KL oder ein KT eine Situation pantomimisch vor (z. B. Zeitung lesen) und lässt die anderen KT gemeinsam raten. KT verbalisieren die Situation im Perfekt (z. B. *Du hast Zeitung gelesen.*). KL hält den Satz an der Tafel bzw. am OHP fest. Nun geht das eigentliche Spiel los. Ein KT aus Gruppe A spielt seine Situation ohne Worte vor, KT aus Gruppe B raten und geben ihre Lösung in einem Satz im Perfekt mündlich wieder. Wenn die Lösung stimmt, schreibt sie ein KT an die Tafel bzw. auf den OHP. Dann spielt ein KT aus Gruppe B eine Situation vor, Gruppe A muss raten usw. Für jede richtige Lösung gibt es einen Punkt. (Plenum)
Kopiervorlage: Siehe S. 156.
Zum Üben und Wiederholen der Perfektformen eignen sich auch die folgenden Spiele: *Domino, Tangram.*
Spiele siehe unter **Alles drin** Spiele.

S. 89 **4**

Lernziel	Detailliertes Hörverstehen; Wortschatz: an der Rezeption	
Ablauf	KL führt anhand des Bildes kurz in die Situation ein. KT hören nun den Dialog zunächst einmal ganz, danach lesen sie die Sätze 1–6.	Plenum EA
	Nach dem zweiten Hören markieren KT in EA/PA, welche Aussagen richtig und welche falsch sind. Danach hören sie den Text ein weiteres Mal, um ihre Lösungen zu überprüfen.	EA/PA
	Nach dem Vergleich im Plenum fassen einzelne KT zusammen, was für ein Zimmer Marlene Steinmann bucht.	Plenum

S. 89 **5**

Lernziel	Mündliche Interaktion	
Ablauf	**a)** KT lesen zunächst die Sätze im Schüttelkasten leise in EA. Dann schreiben sie in PA einen Dialog nach dem Muster des Hörtextes in Aufgabe 4 und üben den Dialog mit verteilten Rollen. KL geht von Gruppe zu Gruppe, hilft und korrigiert. Abschließend tragen einige Paare ihren Dialog im Plenum vor.	EA PA Plenum
	b) KT spielen nun im Plenum frei Dialoge an der Rezeption.	Plenum
Tipp	**Erweiterung** (bei kleineren Klassen): KT bauen im Klassenzimmer mit 3–4 Tischen eine Hotelrezeption auf. Einzelne KT stellen sich nun hinter die Rezeption. Die übrigen KT spielen ankommende Gäste (einzeln, paarweise oder als Familie) und fragen nach Zimmern. Bei schwächeren Gruppen verteilt KL Rollenkarten, evtl. mit den wichtigsten Redemitteln dazu.	Plenum

Übungsbuch: S. 109–111, Übung 1–6

Im Speisesaal

S. 90 **1**

Lernziel	Globales Hörverstehen	
Ablauf	Vorentlastung: KT betrachten das Bild. KL führt in die Situation ein. Er fragt: *Was sehen Sie? Was machen die Leute an Tisch 1, an Tisch 2 usw.? Wo sitzt Familie Kajewski?*	Plenum
	Dann spielt KL alle vier Dialoge mehrmals ganz vor. KT ergänzen in EA/PA die passenden Tischnummern. KT hören die Dialoge noch einmal und überprüfen ihre Lösungen. Nach der Besprechung im Plenum fragt KL, woran KT die Situationen an den verschiedenen Tischen erkannt haben.	EA/PA Plenum
Tipp	**Landeskunde:** Salzburger Nockerln sind ein typisch österreichisches Gericht, eine Art Soufflé aus Eiern, Butter, Zucker und Mehl. Die Zither ist ein für die traditionelle alpenländische Musik typisches Instrument.	

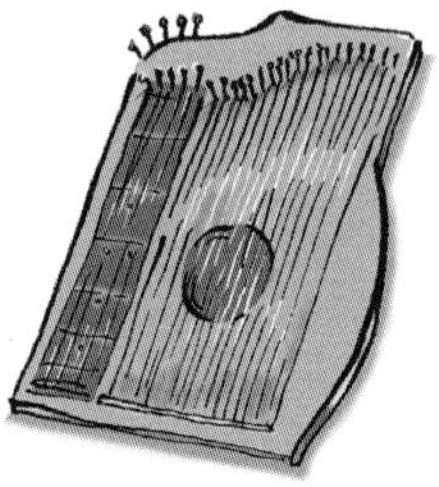

S. 90 2

Lernziel	Detailliertes Leseverstehen	
Ablauf	KT betrachten noch einmal die Zeichnung und lesen anschließend die Sätze 1–6. KL fragt: *Wo sitzt die Familie mit den zwei Kindern?* Ein KT nennt die korrekte Tischnummer. Dann ergänzen KT in EA/PA die passenden Tischnummern zu den übrigen Sätzen. Nach der Korrektur im Plenum bittet KL die KT, jeweils *mit* + Artikel zu markieren.	Plenum EA/PA Plenum

S. 91 3

Lernziel	Grammatik: *mit* + Dativ	
Ablauf	KT lesen zunächst die vorgegebenen Beispiele. Dann ergänzen sie mit Hilfe der Sätze in Aufgabe 2 in EA/PA die Tabelle. KL oder ein KT schreibt die vollständige Tabelle an die Tafel, dabei sollen der bestimmte und unbestimmte Artikel immer untereinander stehen. KT markieren die Artikelendungen mit Farben. Anhand des Tafelbildes benennt KL die Dativformen und macht auf die Regel: *mit* + Dativ aufmerksam.	EA/PA Plenum

S. 91 4

Lernziel	Grammatik: *mit* + Dativ	
Ablauf	KT betrachten die Zeichnungen und lesen das vorgegebene Beispiel. Dann ergänzen sie in EA/PA die fehlenden Dativformen.	EA/PA
Tipp	**Erweiterung:** Ratespiel „*Bist du der Mann mit dem Hut?*“: KT arbeiten in kleinen Gruppen. Jeder KT überlegt sich im Kopf, welche Person auf dem Wimmelbild er/sie gerne sein möchte. Nun müssen die übrigen KT der Gruppe raten. Sie dürfen aber nur Fragen nach dem folgenden Muster stellen: *Bist du der Mann/die Frau/das Kind mit ...?* Der zu erratende KT antwortet nur mit *Ja* oder *Nein*. Ist eine Person erraten, kommt der nächste KT dran.	Plenum

S. 91 5

Lernziel	Mündlicher Ausdruck; Grammatik: *Womit? Mit wem?*	
Ablauf	**a)** Zwei KT lesen die Beispielsätze laut vor. KL schreibt die Sätze an die Tafel und markiert in der Frage *Womit* und in der Antwort *mit dem Flugzeug*. Anschließend sprechen KT in PA Dialoge nach dem gleichen Muster mit Hilfe der Angaben in den Schüttelkästen. KL geht von Gruppe zu Gruppe und hilft. Abschließend tragen einige KT einzelne Kurzdialoge im Plenum vor. KL achtet dabei besonders auf die korrekte Verwendung der Dativform nach *mit*.	Plenum PA Plenum
Tipp	Schwächere Gruppen können die Dialoge zunächst schriftlich in PA erarbeiten und anschließend ihre Ergebnisse im Plenum vortragen.	PA Plenum

b) Zwei KT lesen die Sprechblasen laut vor. KL schreibt die Frage: *Mit wem gehst du ins Kino?* und den Satz *Ich gehe mit meiner Freundin ins Kino.* an die Tafel und markiert in der Frage *Mit wem* und in der Antwort *mit meiner Freundin* — Plenum

Anschließend bilden KT im Plenum in einer Kettenübung Sätze wie in den Sprechblasen. KL achtet dabei besonders auf die korrekten Dativendungen der Possessivartikel. KL fragt dann nach dem Unterschied zwischen den Fragen *Womit? Und Mit wem?* Gemeinsam wird die folgende Regel formuliert: *Womit?* fragt nach Sachen. *Mit wem?* fragt nach Personen. — Plenum

Tipp

Schwächere Gruppen können die Sätze zunächst schriftlich in PA aufschreiben und anschließend ihre Ergebnisse im Plenum vortragen. — PA / Plenum

Erweiterung: An die Übung können sich einige persönliche Fragen anschließen. KT befragen sich in PA *mit wem sie gerne reisen, Sport machen, abends weggehen, essen gehen, arbeiten* usw. — PA

Übungsbuch: S. 112–114, Übung 1–6

Wolfgang Amadeus Mozart

S. 92 **1**

Lernziel Selektives Leseverstehen, Textsorte: Lexikonartikel

Ablauf

a) Vorentlastung: KL schreibt bei geschlossenen Büchern den Namen *Wolfgang Amadeus Mozart* an die Tafel und fragt: *Wer ist das? Was wissen Sie über Mozart? Welche Musik von Mozart kennen Sie?* KL hält alle Informationen an der Tafel fest. — Plenum
Anschließend öffnen KT ihre Bücher und lesen in EA leise den Lexikonartikel. KL bittet KT den Text ohne Unterbrechung zu lesen, auch wenn es Wörter gibt, die sie nicht verstehen. — EA

b) KL stellt sicher, dass KT die Wörter in der Aufgabenstellung verstehen. — Plenum
Dann lesen KT den Text noch einmal und ergänzen in EA/PA die fehlenden Angaben in Mozarts Lebenslauf. — EA/PA

Tipp

Erweiterung: KL kann, falls vorhanden, für die Vorentlastung Musik von Mozart mitbringen und vorspielen.

Landeskunde: KL weist auf das Bild mit Mozartkugeln hin und erklärt, dass Mozartkugeln aus Marzipan, Nougat, Pistaziencreme und dunkler Schokolade bestehen und eine Spezialität von Salzburg sind.

Hausaufgabe: Als Zusatzaufgabe kann KL Kurzbiografien anderer Komponisten oder anderer (österreichischer) Persönlichkeiten aus einem Kinder- oder Schülerlexikon kopieren und KT bitten, diese zu Hause auch in einen tabellarischen Lebenslauf umzuwandeln. — EA
In der folgenden Stunde stellen KT die Lebensläufe „ihrer" Personen kurz vor. — Plenum

S. 92 **2**

Lernziel Globales Hörverstehen: Lied

Ablauf Vorentlastung: KL fragt: *Was heißt „gute Nacht" in Ihrer Muttersprache? Können Sie „gute Nacht" auch in anderen Sprachen sagen?* — Plenum

KT hören dann das Lied so oft sie wollen und lesen den Text dazu.

KL bereitet die folgende Wortliste als Kopie oder an der Tafel vor und fragt: *Was passt zusammen?*

good night	*Italienisch*
bona nox	*Deutsch*
buona notte	*Englisch*
gute Nacht	*Lateinisch*
bonne nuit	*Spanisch*
buenas noches	*Französisch*

Musikalische Gruppen können unter Anleitung des KL versuchen, das Lied ohne Kassette als Kanon zu singen.

Tipp KL schreibt vor dem Singen den Liedtext an die Tafel und lässt ihn von einzelnen KT laut lesen. Dann löscht er in jeder Zeile oder in jedem Satz ein Wort und fügt stattdessen ein farbiges Kreuz ein. Wieder lesen einzelne KT den Text laut vor und ergänzen die fehlenden Worte. Das Spiel wird so lange fortgesetzt, bis nur noch Kreuze an der Tafel zu sehen sind. — Plenum

Landeskunde: Von dem Lied „Bona nox" existieren mehrere Textversionen; am bekanntesten ist die im Kursbuch abgedruckte „jugendfreie" Fassung. Der Originaltext von Mozart wird wegen der Derbheit einiger Textstellen nur selten gesungen. Mozart selbst empfand die zensierten Ausdrücke wahrscheinlich nicht als anstößig, da sie sowohl in Salzburg als auch im familiären Umgangston der Mozarts gebräuchlich waren.

Übungsbuch: S. 115, Übung 1–2

Lektion 8

Projekt: Nürnberg – unsere Stadt

S. 94 **1**

Lernziel	Globales und detailliertes Leseverstehen	
Ablauf	Vorentlastung: KT betrachten zunächst kommentarlos alle Fotos auf der Seite, um sich einen ersten Eindruck vom Schauplatz Nürnberg zu verschaffen.	EA
	a) Dann fordert KL die KT dazu auf, die Überschrift von Aufgabe 1 zu lesen und das kleine Foto (die Unterrichtssituation mit KL und KT) genauer anzuschauen: *Wo sind die Leute? Wer sind sie? Was machen sie?* Anschließend lesen KT leise in EA den Text.	Plenum EA
	b) KT lesen die Fragen und kreuzen nach einer zweiten Textlektüre in EA/PA ihre Lösung der Frage: *Wer macht das Projekt?* an. KL kann das Textverständnis durch weitere Fragen vertiefen wie: *Warum machen KT das Projekt? Wo machen sie das Projekt? Was müssen sie machen?*	EA/PA Plenum
	c) KT lesen in EA leise die Projektbeschreibung. Bei der Verständnissicherung im Plenum hilft KL vor allem beim Wortschatz. Dann sammelt KL gemeinsam mit KT Stichworte zum Thema Projektarbeit an der Tafel (Wortigel): z. B. *Ideen sammeln, Projektthema finden, Gruppenarbeit, Informationen sammeln, Interviews, Collage, Wandzeitung, Präsentation der Ergebnisse* usw.	EA Plenum

S. 95 **2**

Lernziel	Selektives Leseverstehen; selektives Hörverstehen	
Ablauf	**a)** Vorentlastung: KT betrachten zunächst in EA/PA die Bildercollage. KL aktiviert das Vorwissen der KT durch Fragen wie: *Was sehen Sie auf den Bildern? Was kennen bzw. wissen Sie schon? Wer war schon einmal in Nürnberg?*	EA/PA Plenum
	KT lesen dann leise die Texte A–F. Sie ordnen in EA/PA die Texte den einzelnen Bildern zu. Beim Vergleich der Ergebnisse im Plenum wird das Verständnis der Texte gesichert und Wortschatz geklärt.	EA/PA Plenum
	b) KT hören zunächst alle Hörtexte einmal. Dann spielt KL die Hörtexte noch einmal mit Pausen vor. KT ordnen in EA/PA je einen Hörtext einem der Lesetexte aus Aufgabe 2a) zu. Anschließend hören KT die Hörtexte ein drittes Mal und überprüfen ihre Lösungen.	EA/PA
Tipp	**Alternative:** KL kopiert die Texte mehrmals und schneidet sie einzeln aus. KT erhalten dann zu zweit je ein Textset und legen in PA jeweils den passenden Text auf die Bilder 1–5.	PA
	Landeskunde: Falls vorhanden kann KL an dieser Stelle ein Video oder Dias zu Nürnberg, zu Dürer oder zur Weihnachtszeit in Deutschland zeigen.	Plenum
	Hausaufgabe: KT recherchieren in EA/PA einige der neuen Begriffe bzw. Namen im Internet, z. B. *Albrecht Dürer, Nürnberger Bratwürste, Reichsparteitage, Friedrich Barbarossa, Karl IV., Christkindlesmarkt.* In der folgenden Stunde berichten sie dann (homogene Gruppen ruhig auch in der Muttersprache) über ihre Rechercheergebnisse oder hängen Infoblätter aus.	EA/PA Plenum

Übungsbuch: S. 116/117, Übung 1–5

Straßen und Plätze in Nürnberg

S. 96 1

Lernziel Mündlicher Ausdruck; Wortschatz: Orte und Aktivitäten

Ablauf KT betrachten das Foto. Drei KT lesen laut die drei Satzanfänge in den Sprechblasen vor. Dann ergänzen KT mit Hilfe des Fotos die Sätze 1–3 in EA/PA mit weiteren Nomen bzw. Verben. Einige KT tragen die Ergebnisse ihrer Gruppe anschließend im Plenum vor. KL sammelt die Begriffe in Spalten untereinander (1. Spalte: *Nomen*, 2. Spalte: *Verben*) an der Tafel oder auf OHP-Folie und gibt Hilfestellung bei unbekanntem Wortschatz.

Plenum
EA/PA
Plenum

Tipp **Transfer:** Die Auflistung der Nomen und Verben sollte an der Tafel stehen bleiben. Nach der Grammatikeinführung, z. B. zum Abschluss der Unterrichtsstunde, bilden KT dann frei Sätze mit je einem Nomen und einem Verb (z. B. *Marktstand, essen = Am Markstand kann man etwas essen.*)

Plenum

S. 96 2

Lernziel Detailliertes Leseverstehen

Ablauf KT lesen das vorgegebene Beispiel und ordnen in EA/PA die übrigen Satzteile zu. KL unterstützt bei Wortschatzproblemen (Hinweis: *Limo* = Kurzform für *Limonade*). KL oder ein KT schreibt die fertigen Sätze untereinander an die Tafel oder auf OHP-Folie. KL markiert in jedem Satz Präposition und Artikel, z. B. *Sie machen Interviews am Brunnen*, und weist darauf hin, dass es sich um Ortsangaben als Antwort auf die Frage: *wo?* handelt. Mit Hilfe der Beispiele und möglicherweise drei kleiner Skizzen

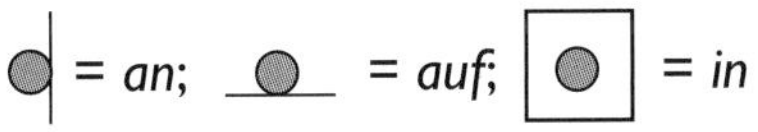

verdeutlicht KL anschließend die Bedeutung von *in, an* und *auf.*
Siehe unter Grammatik S. 153.

EA/PA
Plenum

S. 97 3

Lernziel Grammatik: Präpositionen (*in, an, auf*) mit Dativ

Ablauf KL bittet KT, sich die Tabelle anzusehen: *Wie heißen die Präpositionen und Artikelformen als Antwort auf die Frage „Wo"?* KT tragen alle Dativformen der bestimmten und unbestimmten Artikel in die Tabelle ein. KL erinnert als Hilfestellung an die Dativformen, die KT in der Lektion 7 (S. 91) kennen gelernt haben. KL weist auf die Kontraktion der Formen *in dem* = *im, an dem* = *am* hin. Die nicht-kontrahierten Formen benutzt man nur, wenn der Artikel besonders betont werden soll.
KL weist auf die Frage *Wo?* in der linken Spalte hin und erarbeitet gemeinsam mit KT die folgende Regel:
Frage: Wo? – Antwort: *in, an, auf + Dativ.*
Siehe unter Grammatik S. 152.

EA/PA
Plenum

S. 97 **4**

Lernziel Grammatik: Präpositionen (*in, an, auf*) mit Dativ

Ablauf KT lesen das vorgegebene Beispiel. Dann erarbeiten sie in EA/PA mit Hilfe der Schüttelkästen weitere Kombinationen. Beim Vergleich im Plenum schreibt KL die Überschrift *Wo?* und dann alle gefundenen Ausdrücke untereinander an die Tafel oder auf OHP-Folie. Ein KT markiert alle Präpositionen und Artikel, z. B. *an der Haltestelle warten*. KL verdeutlich nochmals den Zusammenhang *Wo? – Präposition + Dativ* und erinnert daran, dass sich mit bestimmten Verben die Frage *Wo?* verbindet. — EA/PA, Plenum

S. 97 **5**

Lernziel Selektives Hörverstehen; mündlicher Ausdruck: Situationen beschreiben

Ablauf

a) KL führt kurz in die Situation ein. Dann hören KT einmal alle Dialoge. Anschließend spielt KL die Dialoge noch einmal (mit Pausen) vor und KT schreiben mit Hilfe des Schüttelkastens auf, wo die Dialoge jeweils stattfinden. Beim dritten Hördurchgang überprüfen KT ihre Lösungen. Bei der Besprechung im Plenum bittet KL darum, dass KT ihre Lösungen in ganzen Sätzen nennen, und schreibt ein oder zwei Mustersätze an die Tafel, z. B.: *Dialog 1 findet auf dem Marktplatz statt.* Oder: *In Dialog 1 sind die Leute auf dem Marktplatz.* — EA, Plenum

b) KL bittet KT das Bild von S. 96 nochmals anzusehen und über das Bild zu sprechen (Beispiele s. Sprechblasen). In PA notieren KT ihre Sätze oder tragen sie gleich im Plenum vor. — PA, Plenum

Tipp **Transfer:** KT wiederholen zunächst Wortschatz zum Thema Hotel: *Was gibt es alles in einem Hotel?* Antworten sind z. B.: *eine Bar, ein Restaurant, die Rezeption, ein Schwimmbad, eine Sauna, das Frühstückszimmer* usw. KL oder ein KT sammelt die Begriffe untereinander an der Tafel oder auf OHP-Folie. Anschließend (oder als Hausaufgabe) erarbeiten KT in EA/PA Sätze zu der Frage: *Was machen die Gäste alles im Hotel?* Z. B. *Sie trinken etwas an der Bar. Sie bezahlen an der Rezeption.* usw. KT geht von Gruppe zu Gruppe, kontrolliert und hilft. — Plenum, EA/PA

S. 98 **6**

Lernziel Selektives und detailliertes Hörverstehen; Wortschatz: Wegbeschreibungen

Ablauf

a) KL führt kurz in die Situation ein; gemeinsam wird das Verständnis der sechs gesuchten Orte geklärt. Dann hören KT einmal alle Dialoge. Anschließend spielt KL die Dialoge noch einmal vor und KL schreiben die Nummern zu den passenden Orten. Die Überprüfung der Lösungen erfolgt entweder durch Vergleich im Plenum oder bei einem weiteren Hördurchgang. — Plenum, EA, Plenum, EA/PA

b) KT hören die Dialoge noch einmal ganz. Mit Hilfe der Stadtplanskizze wird der unbekannte Wortschatz (*geradeaus, die Ampel, die Kreuzung, die Ecke*) geklärt. KL kann die Stadtplanskizze auch auf OHP-Folie kopieren und dort die neuen Wörter eintragen. Im nächsten Durchgang hören die KT die Dialoge (mit Pausen) und verbinden in EA/PA die passenden Satzteile. Der letzte Durchgang dient der Überprüfung der Lösungen und gegebenenfalls dem Abgleich im Plenum.
Abschließend können KT noch einmal die Wegbeschreibungen aus Aufgabenteil b) lesen und in EA/PA die markierten Orte auf dem — Plenum, EA/PA, Plenum, EA/PA

Stadtplan beschriften. Der Vergleich im Plenum kann mit Hilfe des Stadtplans auf dem OHP besonders leicht durchgeführt werden. — Plenum

S. 99 7

Lernziel Mündliche Interaktion: Wegbeschreibungen

Ablauf Mit Hilfe der Redemittel aus Aufgabe 6b) üben KT in PA ähnliche Dialoge zur Wegbeschreibung. KL geht herum, hilft und korrigiert. — PA

Tipp **Alternative:** Bei schwächeren Gruppen gibt KL für Aufgabe 7 Wege mit Hilfe von Rollenkarten vor, z. B. *Fragen Sie nach dem Weg von der Kaiserstraße zum Hauptmarkt.* — PA

Transfer: KT befragen sich in PA oder im Plenum gegenseitig nach Gebäuden am Kursort, z. B. *Wo ist die Post? Wo ist ein Supermarkt? Wo kann man hier gut essen? Wo gibt es ein Kino?* Als Hilfestellung kann KL eine Reihe von Orten an der Tafel vorschlagen. — PA/ Plenum

Erweiterung: KL bereitet ein *Wechselspiel* vor, indem er den Stadtplan von Nürnberg zweimal kopiert. Dann streicht bzw. ergänzt er auf den beiden Kopien jeweils unterschiedliche Gebäudesymbole und -beschriftungen (z. B. A: *Touristen-Information*, *Bratwurststand*, *Schwimmbad* und B: z. B. *Arbeitsamt*, *Kindergarten*, *Friseur*), sodass zwei verschiedene Arbeitsblätter entstehen; Arbeitsblatt A und B erhalten entsprechend unterschiedliche Arbeitsanweisungen: A soll nach *Arbeitsamt*, *Kindergarten* und *Friseur* fragen; B soll nach *Touristen-Information*, *Bratwurststand*, *Schwimmbad* fragen. Für alle KT wird ein Ausgangspunkt, z. B. *der Hauptmarkt* festgelegt. Dann werden beide Stadtplankopien noch einmal für je die Hälfte aller KT kopiert. Je zwei KT mit den Arbeitsblättern A und B arbeiten zusammen und befragen sich in PA, z. B.: *Wo ist die Touristen-Information?* — PA

Wechselspiel: Siehe unter **Alles drin** Spiele.

S. 99 8

Lernziel Aussprache: Unterschied zwischen *m* und *n* (bei Kontraktionen)

Ablauf KT hören die Kurzdialoge zunächst ganz. Beim zweiten Durchgang versuchen sie in PA die richtige Lösung anzukreuzen. Vor allem bei den Dialogen 3–6, bei denen die Sprecher stark kontrahieren (*auf'm, auf'n, in'n*), ist wiederholtes Abspielen sinnvoll. KL macht darauf aufmerksam, dass Muttersprachler normalerweise stark kontrahieren, der Unterschied zwischen *m* und *n* für sie aber immer hörbar und wichtig bleibt. — EA/PA

Tipp KL schreibt zwei Spalten mit den Überschriften *Wo?* und *Wohin?* an die Tafel oder auf OHP-Folie und befragt KT, in welche Rubrik die gehörten Satzteile einzuordnen sind. — Plenum

Übungsbuch: S. 118–120, Übung 1–6

9

Lernziel Selektives Hörverstehen; Grammatik: Unterscheidung *Wo?* und *Wohin?* bei den Präpositionen *in, an, auf*; mündliche Interaktion

Ablauf

a) KL führt kurz in die Situation ein, z. B. indem er ein kurzes Telefongespräch simuliert, das mit der Frage beginnt: *Wo bist du gerade?* Dann hören KT die vier Handygespräche einmal ganz. KL zeichnet wieder zwei Spalten an die Tafel oder auf OHP-Folie und schreibt die beiden Fragen: *Wo sind die Leute?* und *Wohin gehen die Leute?* über die beiden Spalten. Dann hören KT die Dialoge noch einmal mit Pausen und notieren in EA/PA, wo sich die Personen am Handy jeweils befinden und wohin sie noch gehen. Bei der Besprechung im Plenum schreibt KL oder ein KT die Lösungen untereinander in die beiden Spalten. KL markiert die Fragewörter und Präpositionen + Akkusativ und erinnert an die bekannte Regel: *Wohin? in, auf* + Akkusativ. Dann werden die Präpositionen + Dativ markiert und die bekannte Regel folgendermaßen erweitert: — Plenum / EA/PA / Plenum

- Frage: *Wo?* ➔ Etwas ist oder passiert an einem Ort
  = *Präposition + Dativ.*
  Z. B. *Wo ist/arbeitet Sandra? – Im Büro.*
- Frage: *Wohin?* ➔ Bewegung von A nach B
  = *Präposition + Akkusativ.*
  Z. B. *Wohin geht Sandra? – Ins Restaurant.*

Siehe unter Grammatik, S. 151/152.

b) KT lesen die Beispiele in den Sprechblasen und erarbeiten dann in EA/PA weitere Aussagen. KL geht von Gruppe zu Gruppe und gibt Hilfestellungen. Anschließend werden einige Sätze im Plenum vorgestellt. — EA/PA / Plenum

c) Im Plenum werden zunächst an der Tafel Verben gesammelt (*schwimmen, lernen, essen* usw.). Dann beginnt ein KT die Kettenübung und nennt eine Aktivität: *Ich lerne gerade Deutsch.* Sein Nachbar sagt: *Du bist im Deutschkurs. Ich esse gerade.* Der Nächste sagt: *Du bist im Restaurant. Ich ...* usw. — Plenum

Tipp

Erweiterung: KL bereitet ein *Domino* vor und beschriftet Dominokarten links mit *Orts- bzw. Richtungsangaben* (im Dativ und im Akkusativ) und rechts mit *Wo-* bzw. *Wohin*-Fragen. KT arbeiten in Gruppen zusammen und legen jeweils eine passende Angabe an die letzte Frage an, bis ein KT alle Karten abgelegt und gewonnen hat. — GA

Domino: Siehe unter **Alles drin** Spiele.

Transfer: In lernstarken Gruppen kann man ein kleines Ratespiel machen. Arbeitsanweisung an die KT: *Was sehen Sie? Beschreiben Sie, Ihre Kurskollegen müssen herausfinden, wo Sie sind.* Ein KT beginnt und sagt z. B.: *Es ist warm, ich sehe Wasser, Leute schwimmen und Kinder spielen im Wasser.* Die anderen KT fragen: *Bist du im Schwimmbad?* usw.

Übungsbuch: S. 120–123, Übung 1–8

Im Atelier für Mode und Design

S. 100 1

Lernziel Detailliertes Leseverstehen, Wortschatz: Kleidung

Ablauf

a) Vorentlastung: KT betrachten das Foto. KL lenkt das Verständnis mit Fragen wie: *Wo ist das? Was wird hier produziert? Was ist Frau Sommer von Beruf?* — Plenum
Dann lesen KT in EA den Interviewtext. — EA

b) KT lesen zuerst in EA/PA die Fragen und dann noch einmal den Text. Dann suchen sie in EA/PA im Text Antworten auf die Fragen und unterstreichen die entsprechenden Textstellen. Sie kreuzen alle Fragen an, auf die sie im Text eine Antwort finden. Bei der Besprechung im Plenum nennen KT auch die unterstrichenen Textstellen. — EA/PA, Plenum

c) KT betrachten die Skizzen und gemeinsam wird im Plenum die jeweils richtige Bezeichnung gesucht. KL schreibt alle genannten Kleidungsstücke mit Artikel und Pluralform an die Tafel oder auf OHP-Folie. Dann suchen KT in a) nach weiteren Bezeichnungen für Kleidungsstücke, die KL ebenfalls an der Tafel notiert. — Plenum

Tipp

Zum Üben der Bezeichnungen von Kleidungsstücken kann KL Fotos aus Modezeitschriften mitbringen. KT sollen dann in PA oder im Plenum die Kleidungsstücke benennen. KL fragt z. B. *Was trägt der Mann/die Frau hier?* (Achtung: Akkusativ!). KL sollte einen Mustersatz für Frage und Antwort an der Tafel vorgeben und darauf achten, dass die KT in ihren Antworten keine flektierten Adjektive verwenden. — PA/ Plenum

Erweiterung: Zum Einüben der Kleidungsstücke bieten sich die Spiele *Memory* und *Domino* an: KL erstellt (Memory- bzw. Domino-)Karten mit Bildern von Kleidungsstücken und dazu passende Karten mit den Bezeichnungen der einzelnen Kleidungsstücke. — PA/GA

Siehe unter **Alles drin** Spiele *Memory, Domino.*

Erweiterung: KL erstellt zunächst Preiszettel für die einzelnen Kleidungsstücke der Modeskizzen in 1c). KL kopiert diese Preiszettel dann mehrmals. KT arbeiten in PA und jede Gruppe erhält ein Set von Preiszetteln, die sie den Kleidungsstücken zuordnen. KT befragen sich dann in PA gegenseitig mit Fragen wie: *Was kostet die Hose? – Die Hose kostet 49 Euro.* — PA

S. 101 2

Lernziel Detailliertes Hörverstehen; Wortschatz: Farben, Kleidergrößen

Ablauf

KL führt kurz in die Situation ein. Dann hören KT den Dialog einmal ganz. Anschließend lesen sie die Sätze und hören den Dialog noch einbis zweimal. KT nummerieren die Sätze in EA/PA. Anschließend spielt KL den Dialog noch einmal vor, damit KT ihre Lösungen überprüfen können. Bei der Besprechung im Plenum klärt KL mit Hilfe der Farbtabelle und der Größentabelle unbekannten Wortschatz. Zum Schluss lesen einige KT den Dialog paarweise noch einmal laut vor. KL korrigiert dabei Aussprache und Intonation. — EA, EA/PA, Plenum

Tipp

Erweiterung: Zum Üben von Farben und Kleidungsstücken eignet sich das Spiel *Ich sehe was, was du nicht siehst*. Ein KT beginnt mit dem Satz: *Ich sehe was, was du nicht siehst, und das ist rot.* Die übrigen KT müssen nun raten, was er/sie im Auge hat, z. B. *Ist es der Pullover von Mary?* — Plenum

KL sollte dabei vorher festlegen, dass nur Kleidungsstücke genannt werden dürfen.
Ich sehe was, was du nicht siehst: Siehe unter **Alles drin** Spiele.
In PA können KT die Farben mit Hilfe von Farbwürfeln üben. Ein KT würfelt und muss anschließend einen Gegenstand nennen, der die gewürfelte Farbe hat. Z. B. KT 1 würfelt *blau*. Er sagt dann: *Mein Auto ist blau.* — PA

Landeskunde: Trotz der Verwendung derselben Größentabellen verbergen sich dahinter in verschiedenen Ländern unterschiedliche Kleidergrößen.

Übungsbuch: S. 124–126, Übung 1–6

S. 101 3

Lernziel Grammatik: Fragewort *welch-*

Ablauf KL schreibt die Frage: *Welche Größe hast du?* aus dem Dialog in Aufgabe 2 an die Tafel oder auf OHP-Folie und unterstreicht das Fragewort *welche*. Gemeinsam mit KL erarbeiten KT die Bedeutung von *welch-*. Dann lesen KT die Tabelle und ergänzen die leeren Felder. KL formuliert gemeinsam mit KT die folgende Regel: Das Fragewort *welch-* hat die gleichen Endungen wie der bestimmte Artikel. — Plenum / EA / Plenum
Siehe unter Grammatik, S. 149.

Tipp **Transfer:** KT interviewen sich in PA zu ihrer Kleidung mit Fragen wie: *Welche Kleidergröße hast du? Welche Schuhgröße hast du? Welche Farben trägst du gern/nicht gern? In welchen Geschäften kaufst du ein?* — PA

S. 101 4

Lernziel Mündliche Interaktion: Kleidungskauf

Ablauf
a) KT lesen die Sätze im Schüttelkasten. Dann ordnen sie die Sätze in EA/PA *Verkäufer/Verkäuferin* bzw. *Kunde/Kundin* zu. Bei der Besprechung im Plenum wird das Verständnis gesichert und KL oder ein KT schreibt die Redemittel in 2 Spalten an die Tafel oder auf OHP-Folie. — EA/PA / Plenum
b) Mit Hilfe der erarbeiteten Redemittel und dem Wortschatz Farben/Größen bereiten KT in PA Einkaufsdialoge vor und üben diese zunächst in PA. KL geht von Gruppe zu Gruppe und gibt Hilfestellungen. Zum Schluss spielen einige KT ihre Dialoge im Plenum vor. — PA / Plenum

Tipp Bei Bedarf verteilt KL Rollenkarten an die einzelnen Gruppen mit Vorgaben wie: *Kaufen Sie eine Jacke, schwarz, in Größe 42.*
Landeskunde: Zum Thema Kleiderkauf kann KL die folgenden Fragen ansprechen:
- *Wo kann man in Deutschland Kleider kaufen? Z. B. in Boutiquen, in Kaufhäusern, in Einkaufszentren, per Katalog.*
- *Wo hilft einem ein Verkäufer/eine Verkäuferin, wo sucht man die Ware meist selbst?*
- *Kann man Kleider umtauschen? Was muss man beachten?*
- *Wann gibt es Sonderverkäufe in Deutschland (Winterschluss- bzw. Sommerschlussverkauf)? Kann man sonst auch nach einem Preisnachlass fragen?*
- *Wann sind die Geschäfte geöffnet? Kann man auch am Sonntag einkaufen?*

Übungsbuch: S. 126/127, Übung 1–4

Im Lebkuchenhaus

S. 102 **1**

Lernziel Mündlicher Ausdruck: geplante Aktivitäten beschreiben

Ablauf Vorentlastung: KT betrachten das Foto. KL lenkt das Verständnis durch Fragen wie: *Was sehen Sie? Schmecken Lebkuchen süß oder sauer? Was ist in Lebkuchen wohl drin?* — Plenum
Dann lesen KT in EA den Notizzettel und beschreiben in PA das Projekt von Gruppe 3 in ganzen Sätzen. — EA, PA
Einzelne KT tragen ihre Formulierungen danach im Plenum vor. — Plenum

S. 102 **2**

Lernziel Selektives Hörverstehen; Grammatik: die Modalverben *dürfen* und *wollen*

Ablauf
a) KL führt kurz in die Situation ein. Dann hören KT das Interview einmal ganz. — Plenum
Anschließend lesen KT in EA die Sätze und hören das Interview noch ein bis zwei Mal. KT markieren, welche Lösung sie für richtig halten. Beim letzten Hören überprüfen KT ihre Lösungen. — EA
Nach der Besprechung im Plenum fassen einige KT noch einmal die wichtigsten Informationen zu Lebkuchen zusammen. — Plenum
b) KT lesen die Sätze 1–6. Dann hören KT das Interview noch einmal und markieren in EA/PA, welche Aussagen richtig und welche falsch sind. Beim dritten Hören überprüfen sie ihre Lösungen. — EA/PA
Nach der Besprechung im Plenum schreibt KL zwei Sätze an die Tafel oder auf OHP-Folie und markiert jeweils das Modalverb: — Plenum
Tamaki will *Fotos machen*. – *Tamaki* darf *fotografieren*.
KL fragt KT nach dem Unterschied zwischen den beiden Sätzen und erarbeitet mit ihnen so die Bedeutung von *wollen* und *dürfen* bzw. *nicht dürfen*:
wollen = man möchte etwas
dürfen = etwas ist erlaubt, man kann es machen
nicht dürfen = etwas ist verboten, man kann es nicht machen

Tipp Für KT, die Englisch als Muttersprache oder als erste Fremdsprache sprechen, ist der Hinweis nützlich, dass „ich will" nicht dem Englischen „I will" entspricht, sondern „I want". Ebenso entspricht die Verneinung von *dürfen* (*darf nicht*) nicht dem Englischen *may not* (= *nicht müssen*), sondern *must not*. — Plenum
Landeskunde: Im Übungsbuch ist ein Lebkuchenrezept abgedruckt (S. 131/1).

Übungsbuch: S. 128, Übung 1

S. 102 **3**

Lernziel Mündlicher Ausdruck; Grammatik: *dürfen, nicht dürfen*

Ablauf KT schauen sich die Wörter im Schüttelkasten und die Beispielsätze an und bilden in EA/PA weitere Sätze mit *Man darf/darf nicht ...* — EA/PA
Anschließend tragen sie ihre Sätze im Plenum vor. KL schreibt alle Sätze an die Tafel und achtet auf die Einhaltung der Satzklammer. — Plenum

Tipp **Erweiterung:** KL malt ein Verbotsschild an die Tafel oder auf OHP-Folie, z. B. *Rauchen verboten.* KT versprachlichen mit Hilfestellung durch KL das Verbotszeichen: *Hier darf man nicht rauchen.* — Plenum
Dann bittet KL die KT in PA weitere Verbotsschilder groß auf Papiere oder auf OHP-Folien — PA

zu malen. Anschließend werden die Verbotsschilder im Plenum gezeigt und KT formulieren die entsprechenden Verbote dazu. KL gibt die notwendigen Hilfestellungen beim Vokabular. — Plenum

S. 103 4

Lernziel Mündlicher Ausdruck; Grammatik: *wollen*

Ablauf KL liest die Frage in der Überschrift vor und ein KT liest die Antwort *Olaf will in Nürnberg arbeiten.* Ein anderer KT liest den Beispielsatz für Tamaki und Sanjita. Dann formulieren KT in PA weitere Sätze wie im Beispiel und tragen diese anschließend im Plenum vor. — Plenum / PA / Plenum

Tipp **Transfer:** KT befragen sich in PA nach ihren Zielen und Wünschen in Bezug auf Deutsch und Deutschland mit Fragen wie: *Was willst du in Deutschland machen? Warum lernst du Deutsch?* — PA

S. 103 5

Lernziel Grammatik: Konjugation von *wollen, dürfen*

Ablauf KT lesen noch einmal die Sätze aus Aufgabe 3 und 4 und ergänzen in EA die fehlenden Verbformen in der Tabelle. Bei der Besprechung im Plenum weist KL auf die Besonderheiten bei der Konjugation hin: — EA / Plenum

- Vokaländerung zwischen Singular und Plural (*will – wollen*),
- keine Endung in der *ich-Form* und in der *er-/sie-/es-Form*.

KL verdeutlicht an Beispielsätzen aus den Aufgaben 3 und 4, dass *dürfen* und *wollen* eine Satzklammer bilden (genau wie *können* und *müssen*). Siehe unter Grammatik, S. 143.

Tipp An dieser Stelle kann KL auch noch einmal die Konjugation und Bedeutung von *können* und *müssen* wiederholen und den KT die Gemeinsamkeiten bei der Konjugation der Modalverben *müssen, können, wollen, dürfen* verdeutlichen.

S. 103 6

Lernziel Mündliche Interaktion; Grammatik: *wollen, dürfen*

Ablauf
a) KT bilden mit Hilfe der Schüttelkästen in EA/PA Sätze nach dem Muster in den Sprechblasen. Dann werden die Sätze im Plenum vorgetragen. — EA/PA / Plenum
b) KT erzählen sich gegenseitig, was sie (nicht) wollen bzw. (nicht) dürfen. — Plenum

Tipp **Erweiterung:** KL interviewen sich in PA gegenseitig mit den folgenden Fragen: — PA

- *Was willst du dieses Jahr noch machen?*
- *Was darfst du zu Hause nicht machen?*
- *Was willst du nie mehr machen?*

Abschließend stellen einige KT im Plenum ihre Interviewergebnisse vor. — Plenum
Die Modalverben können auch mit dem Spiel *Ariadnes Faden* geübt werden. KL beginnt mit drei Sätzen: *Ich will..., ich darf nicht..., ich will nicht ....* Dann gibt er den Faden zum Abwickeln an einen KT weiter und dieser sagt drei neue Sätze mit dem gleichen Satzanfang. Beim Aufwickeln des Fadens muss jeder KT wiederholen, was sein Vorgänger *will, nicht darf* und *nicht will*. — Plenum
Ariadnes Faden: Siehe unter **Alles drin** Spiele.

Übungsbuch: S. 128–130, Übung 1–6

Projekte präsentieren

S. 104 **1**

Lernziel Detailliertes Leseverstehen; Schreiben: ein Gedicht verfassen

Ablauf

a) KL führt kurz in die Situation ein und KT lesen den Text leise in EA. EA
KL lenkt das Verständnis, indem er die drei Projektgruppen an die Tafel oder auf OHP-Folie schreibt und KT bittet, die Informationen zu ergänzen. Z. B.: Plenum

Gruppe 1:
Wer? – Tamaki, Olaf, Sanjita
Projekt? – Besuch im historischen Lebkuchenhaus
Ergebnis? – Lebkuchen, Lebkuchenrezept

b) KT lesen die Gedichte von Projektgruppe 3. EA
KL klärt unbekannten Wortschatz. Dann erklärt KL mit Hilfe der Instruktionen in Aufgabe 1 b), wie man ein Elfchen schreibt, Plenum
und bittet KT in PA Wörter zum Thema „Straßen und Plätze“ zu sammeln. PA
KT schreiben dann in EA/PA ein Elfchen auf Zettel oder OHP-Folie. EA/PA
Zum Schluss werden alle Gedichte dem Plenum vorgestellt. Plenum

S. 104 **2**

Lernziel Mündliche Interaktion: ein Unterrichtsprojekt vorbereiten

Ablauf Diese Aufgabe zum Abschluss der Lektion zu besprechen ist natürlich nur dann sinnvoll, wenn tatsächlich ein Unterrichtsprojekt durchgeführt werden soll. Dann sollten die KT zunächst im Plenum Ideen für die Projektthemen sammeln (an der Tafel oder am OHP). Plenum
Danach entscheiden sie, welche Aktivität bzw. welches Thema sie interessiert. Interessenten mit einem gemeinsamen Thema schließen sich zu einer Projektgruppe zusammen.

Tipp **Alternative:** KT schreiben ihre Ideen für eigene Projekte auf große Zettel oder Karten. Die Papiere werden im Kursraum aufgehängt. So bleiben die Projektideen präsent und können auch zu einem späteren Zeitpunkt umgesetzt werden.

Projekte eignen sich natürlich auch für Kurse, die nicht in Deutschland stattfinden. KT können beispielsweise Informationen im Internet suchen, Broschüren und Infomaterialien per Post oder per E-Mail bestellen oder deutsche Firmen, Institutionen oder Personen vor Ort ansprechen.

Literaturhinweise:

- Rainer E. Wicke: Kontakte knüpfen. Fernstudieneinheit 9, © Goethe-Institut München 1995
- Rainer E. Wicke: Aktive Schüler lernen besser. Ein Handbuch aus der Praxis für die Praxis. Klett Schulbuch, Stuttgart 1993
- Fremdsprache Deutsch, Heft 4, Unterrichtsprojekte. Goethe-Institut/Klett Edition Deutsch, München 1991

Erweiterung: Ideen für Projektarbeit mit dem Internet finden Sie unter www.passwort-deutsch.de (klicken Sie auf „Deutsch lehren“, dort finden Sie den Menüpunkt „Internetrecherchen“).

Übungsbuch: S. 131, Übung 1

Eine Stadt im Dreiländereck: Basel

S. 106 **1**

Lernziel Selektives Leseverstehen: Karten lesen; Wortschatz: Landschaftsbezeichnungen, geografische Namen

Ablauf Vorentlastung: Zur Erklärung des Begriffes *Dreiländereck* malt KL zunächst ein Dreieck an die Tafel und schreibt an die drei Seiten des Dreiecks die Ländernamen Deutschland, Frankreich, die Schweiz. KT betrachten die Bilder und Landkarten. KL hilft bei der Orientierung – wenn möglich mit Hilfe einer Europakarte – mit Fragen wie: *Wo ist das Dreiländereck? Welche drei Länder sind gemeint? Kennen Sie andere Orte, wo drei oder mehr Länder aufeinander treffen?* — Plenum

Dann lesen KT still die Satzanfänge und ergänzen in EA/PA die Sätze mit Hilfe der Landkarte. Bei der Besprechung im Plenum weist KL auf die Sonderform *in der Schweiz* hin: Ländernamen mit Artikel S. 151. — EA/PA, Plenum

Tipp **Erweiterung:** KT bringt Bilder oder Dias von weiteren Städten und Landschaften mit (z. B. auch Orte aus dem Heimatland der KT). KT beschreiben die Bilder oder Dias im Plenum mit Sätzen wie in Aufgabe 1, z. B. *Miami ist eine Stadt in Florida.* — Plenum

Alternative: Als weitere Übung kann KL auch ein *Memory* erstellen. KL beschriftet hierzu Memorykarten mit Städten, Regionen, Bundesländern, Flüssen, Gebirgen und Ländern. Beim Aufdecken von zwei passenden Karten formulieren KT dann Sätze wie z. B.: *Basel ist eine Stadt in der Schweiz.* — PA/GA

Memory: Siehe unter **Alles drin** Spiele.

S. 106 **2**

Lernziel Globales Hörverstehen

Ablauf KT hören zunächst alle Dialoge einmal. Anschließend hören sie die Dialoge noch einmal mit Pausen und nummerieren, welche Sprache sie in Dialog 1, 2 und 3 hören. Beim dritten Hören überprüfen KT ihre Lösungen. — EA

Tipp **Landeskunde:** KL weist auf die besondere sprachliche Situation im Dreiländereck hin: Man spricht dort zwei Sprachen: Deutsch und Französisch, wobei – wie die Hörproben verdeutlichen – das Schweizerdeutsche wie eine ganz eigene Sprache klingt und für die meisten Deutschen und Österreicher sehr schwer verständlich ist. Z. B. werden im Deutschen Fernsehen bei Übertragungen aus der Schweiz oft Untertitel eingeblendet. Die in der Schweiz gesprochene Variante der deutschen Hochsprache unterscheidet sich vom Hochdeutschen, wie es in Deutschland gesprochen wird, hauptsächlich durch die Aussprache, zum Teil aber auch im Wortschatz, der Schreibung (z. B. gibt es in der Schweiz kein „ß“) und einigen grammatischen Besonderheiten.

S. 107 **3**

Lernziel	Detailliertes Leseverstehen; Wortschatz: über einen Ort sprechen	
Ablauf	**a)** KT betrachten noch einmal das Bild von Basel und lesen dann in EA die Ausdrücke im Schüttelkasten und die Sätze 1–5. In PA ergänzen KT nun die Sätze. Bei der Besprechung im Plenum klärt KL unbekannten Wortschatz. Anschließend fassen KT im Plenum mit Hilfe von KL die wichtigsten Informationen zu Basel stichwortartig zusammen. Dazu kann KL die folgende Fragenliste verwenden: *Wo liegt Basel? Woher kommen die Leute? Welche Industrie ist wichtig? Welche Probleme gibt es? Wie ist das Kulturangebot?*	EA PA Plenum
	b) KT betrachten noch einmal die beiden Fotos und entscheiden in EA/PA, zu welchem Textabschnitt die Fotos passen.	EA/PA
Tipp	**Landeskunde:** KT betrachten die Landkarte vom Dreiländereck und die Schweizkarte mit den Sprachgebieten. KL erläutert den Begriff Kanton (vgl. dazu die Bundesländer in Deutschland und Österreich) und weist auf die Sprachgrenzen zwischen italienischer, deutscher und französischer Schweiz hin. KL erklärt auch, dass heute nur noch sehr wenig Rätoromanisch gesprochen wird. Der Begriff „Rheinknie" lässt sich durch Betrachten des Flussverlaufs bei Basel klären: Während der Rhein zunächst von Ost nach West fließt, biegt er bei Basel in Nordrichtung ab und formt so ein Knie.	

Übungsbuch: S. 132/133, Übung 1–5

Stadt und Land

S. 108 **1**

Lernziel	Detailliertes Leseverstehen; mündliche Interaktion: Eigenschaften vergleichen; Wortschatz: Stadt- und Landleben	
Ablauf	Vorentlastung: Gemeinsam werden die Kurzporträts gelesen und das Verständnis gesichert. KL fragt die KT nach ihren Hobbys. Landeskunde: Die Vor- und Familiennamen der vier porträtierten Personen sind sehr typisch für die deutschsprachige Schweiz.	Plenum
	a) KT lesen zunächst in EA die Einführung. KL klärt gemeinsam mit KT unbekannten Wortschatz. Anschließend lesen KT die Argumente und ordnen sie in EA/PA danach, ob sie für oder gegen ein Leben in der Stadt sind. Bei der Besprechung im Plenum schreibt KL oder ein KT die Argumente in zwei Spalten an die Tafel: *für die Stadt bzw. gegen die Stadt.* Gute Lernergruppen suchen im Plenum/in PA noch weitere Argumente.	EA EA/PA Plenum Plenum/ PA
	b) KT betrachten das Beispiel und lesen nochmals die Argumente aus Aufgabe 1a). Dann verbinden sie in EA/PA die übrigen Satzteile miteinander. Kontrolle im Plenum.	EA/PA Plenum
Tipp	KL bringt 2 Bilder (Dorfidylle, Großstadt), z. B. Werbung aus Zeitschriften, mit und hängt sie an die Tafel. KL oder ein KT schreibt die Argumente dann passend zu den Bildern auf. **Landeskunde:** Der Stammtisch ist eine populäre Einrichtung in allen deutschsprachigen Ländern. Viele Freundeskreise oder Vereine (z. B. Kartenspieler) treffen sich regelmäßig in einer Bierkneipe, einem Wein-	Plenum

lokal o. Ä. Ein meist runder Tisch ist für sie an diesem Abend reserviert. **Wortschatz:** „Velo" ist der schweizerdeutsche Ausdruck für Fahrrad. „Chauffeur" nennt man in der Schweiz einen Fahrer.

Übungsbuch: S. 134, Übung 1–2

S. 109

2

Lernziel Grammatik: Komparativ

Ablauf KT betrachten noch einmal die Sätze 1–9 aus Aufgabe 1 und KL bittet KT, alle Adjektive zu unterstreichen. Anschließend betrachten KT die Tabelle und ergänzen die fehlenden Formen. Bei der Besprechung im Plenum formulieren KT gemeinsam mit KL die folgende Regel: *Komparativ = Adjektiv + (Umlaut) +* -er, z. B. *sauber – sauberer, groß – größer.* Ausnahmen: *gut, gern, viel.* — EA/PA, Plenum

Siehe unter Grammatik, S. 155/156.

Tipp Die Komparativformen lassen sich zunächst einfach durch eine Kettenübung einüben: Ein KT beginnt und nennt ein Adjektiv in der Grundform, z. B. *gesund.* Der nächste KT nennt die Komparativform *(gesünder)* und dann ein neues Adjektiv usw. Dann beginnt ein KT mit einem einfachen Satz, z. B. *Mein Deutsch ist gut.* Der oder die Nächste überbietet KT 1 und sagt: *Mein Deutsch ist besser!* usw. — Plenum

S. 109

3

Lernziel Mündlicher Ausdruck: vergleichen

Ablauf KT betrachten noch einmal die Argumente in Aufgabe 1a). In EA/PA ordnen sie dann einzelne Argumente den Personen Beat, Urs, Reto und Emil zu und tragen ihre Ergebnisse im Plenum vor. In einigen Fällen ist eine eindeutige Zuordnung möglich (z. B. Satz 9: Reto), bei anderen Äußerungen besteht Interpretationsspielraum. — EA/PA, Plenum

S. 109

4

Lernziel Mündliche Interaktion: Vor- und Nachteile nennen, argumentieren

Ablauf

a) KT betrachten zunächst die Wortkarten und lesen anschließend das Beispiel. In EA/PA ergänzen sie nun passende Adjektive zu allen Begriffen. Bei der Besprechung im Plenum weist KL auf die mögliche Bildung von Gegenteilen bei Adjektiven mit der Vorsilbe *un-* hin, z. B. *freundlich – unfreundlich, interessant – uninteressant.* — EA/PA, Plenum

b) KT betrachten noch einmal die Adjektivlisten in Aufgabe 4a) und bereiten in PA/GA Argumente für bzw. gegen die verschiedenen Wohnformen vor. Die einzelnen Gruppen tragen ihre Ergebnisse im Plenum vor. — PA/GA, Plenum

Tipp Zum Einüben der Adjektive und ihrer Gegenteile eignen sich z. B. die Spiele *Memory* und *Domino.*

Siehe unter **Alles drin** Spiele.

Transfer: Mit den gesammelten Argumenten für und gegen bestimmte Wohnformen lässt sich abschließend gut eine Rollenspiel-Diskussion führen. KT spielen in GA bzw. im Plenum mit zwei Gruppen. KT ent- — GA/Plenum scheiden sich zunächst, ob sie für oder gegen ein Leben in der Stadt argumentieren wollen. Ein KT oder KL beginnt mit dem ersten Argument, z. B.: *In der Stadt sind die Einkaufsmöglichkeiten besser als auf dem Land.* Anschließend nennt ein KT aus der anderen Gruppe ein Gegenargument, z. B.: *Aber auf dem Land sind die Mieten billiger.*

Alternative: Man kann das Rollenspiel auch in PA spielen, z. B. mit der folgenden Vorgabe: *Ein Ehepaar muss sich für eine Wohnung in der Stadt bzw. auf dem Land entscheiden. Sie diskutieren.* Ziel ist, solange zu diskutieren, bis einer nachgibt. PA

Übungsbuch: S. 134–137, Übung 1–9

Pendeln – aber wie?

S. 110 **1**

Lernziel Selektives Leseverstehen; Wortschatz: Verkehrsmittel; Grammatik: Superlativ

Ablauf

a) KL führt kurz in die Situation ein, indem er fragt: *Wie fahren Sie zur Arbeit/zum Deutschunterricht? Mit dem Auto? Mit der Bahn? Mit dem Bus? Mit dem Fahrrad? Oder zu Fuß?*, und die verschiedenen Verkehrsmittel an der Tafel notiert. (Plenum) Dann lesen KT die Texte in EA. (EA) KL klärt gemeinsam mit KT unbekannten Wortschatz und prüft das Verständnis mit Fragen wie: *Wie kommt Urs jeden Tag nach Basel? Was macht er auf dem Weg zur Arbeit? Und Reto? Warum fährt er mit dem Auto?* usw. (Plenum)

b) KT lesen noch einmal Text a) und unterstreichen alle Ausdrücke mit *am* im Text. Dann ergänzen sie in EA/PA die Sätze. (EA/PA) Abschließend fassen KT die Texte zusammen; KL gibt die Impulse dafür mit Fragen wie: *Warum fährt Emil am liebsten mit dem Zug nach Basel? – Der Zug ist am schnellsten. Es gibt keinen Stau.* usw. (Plenum)
Siehe unter Grammatik, S. 155/156.

Tipp Zur Vorentlastung des Textes kann KL auch mit einer kleinen Klassenumfrage beginnen. (Plenum) Jeder KT erhält den folgenden kleinen Fragebogen:
Mit welchem Verkehrsmittel fahren die Kurskolleginnen und -kollegen zur Arbeit? Gehen Sie herum, fragen Sie und notieren Sie: Wie viele Personen kommen

... mit dem Auto? ____________
... mit der Bahn? ____________
... mit dem Bus? ____________
... mit dem Fahrrad? ____________
... zu Fuß? ____________

Anschließend werden die Antworten an der Tafel festgehalten und verglichen.

Wortschatz: Die Bezeichnung „die Tram“ für Straßenbahn wird in Deutschland und Österreich nur noch selten gebraucht; in der Schweiz ist „das Tram“ die übliche Bezeichnung.

S. 110 **2**

Lernziel Grammatik: Superlativ

Ablauf KT betrachten die Beispiele und ergänzen die Tabelle in EA/PA mit Hilfe der Texte aus Aufgabe 1. Bei der Besprechung im Plenum formulieren KT und KL gemeinsam die Regel für die Superlativbildung: *am* + Adjektiv + (Umlaut) + *-sten*, z. B. *am billigsten, am schnellsten*. KL weist auf die Ausnahmen hin. — EA/PA, Plenum

Tipp KT üben die Komparativ- und Superlativformen zunächst mit einer Kettenübung: Ein KT nennt ein Adjektiv, der nächste nennt den Komparativ und Superlativ und dann ein weiteres Adjektiv usw. — Plenum

Erweiterung: KL malt vier verschiedene Tiere (z. B. Maus, Elefant, Schlange, Schildkröte) an die Tafel oder auf OHP-Folie und schreibt den jeweiligen Tiernamen darunter. KT bilden nun in PA oder im Plenum möglichst viele Vergleichssätze, z. B.: *Der Elefant ist am größten. Die Schildkröte ist am langsamsten. Die Maus ist am kleinsten.* — PA/ Plenum

S. 111 **3**

Lernziel Mündlicher Ausdruck: Verkehrsmittel vergleichen

Ablauf KT betrachten die Sprechblasen und den Schüttelkasten. Dann bilden sie in PA Vergleichssätze wie im Beispiel. KL geht herum, hilft und korrigiert die Superlativformen. — PA

Tipp **Erweiterung:** KL können auf die gleiche Weise auch verschiedene Städte (z. B. *London, Mexiko City, Hongkong, Tokio, Paris, Kairo usw.*) oder berühmte Persönlichkeiten vergleichen. — PA

S. 111 **4**

Lernziel Grammatik: Vergleichssätze mit *so ... wie ...*

Ablauf KT betrachten die beiden Beispielsätze. KL macht mit einem Tafelbild oder anhand einer OHP-Folie die Bedeutung und Bildung von Vergleichssätzen mit *so ... wie ...* transparent: — EA, Plenum

Auto > Bahn: *Das Auto ist schneller als die Bahn.*
Auto = Bahn: *Das Auto ist so schnell wie die Bahn.*
Auto < Bahn: *Das Auto ist nicht so schnell wie die Bahn.*
Das Auto ist langsamer als die Bahn.

Anschließend ergänzen KT die Sätze 3–8 in EA/PA. — EA/PA
Siehe unter Grammatik, S. 156.

Tipp Zum Einüben der *Vergleichs*sätze bereitet KL Kärtchen mit den oben verwendeten Elementen vor, z. B. *Elefant > Maus, Stadt < Land, Bus = Bahn.* In Gruppen erhalten die KT je einen Stapel Kärtchen. Die KT ziehen nun nacheinander ein Kärtchen und bilden einen passenden Vergleichssatz, z. B.: *Ein Elefant ist größer als eine Maus. Das Leben in der Stadt ist nicht so gesund wie das Leben auf dem Land. Der Bus ist so schnell wie die Bahn.* — GA

S. 111 **5**

Lernziel Mündliche Interaktion: Vor- und Nachteile von Verkehrsmitteln diskutieren

Ablauf

a) KT lesen die Wortkarten und die Beispielsätze. KL visualisiert an der Tafel oder am OHP die verschiedenen Strukturen für Vergleiche: — EA / Plenum
A ist größer als B
A ist am größten
A ist (nicht) so groß wie B
KT sammeln dann mit Hilfe der Wortkarten in PA Argumente für und gegen die einzelnen Verkehrsmittel. — PA

b) KT diskutieren nun mit Hilfe ihrer erarbeiteten Argumente im Plenum über die Vor- und Nachteile der verschiedenen Verkehrsmittel. — Plenum

Tipp

Alternative: KL erstellt Wort- bzw. Bildkarten mit den verschiedenen Verkehrsmitteln. KT arbeiten in GA und jede Gruppe erhält eine Karte mit einem anderen Fahrzeug. Nun sammeln KT in ca. 10 Minuten Argumente für „ihr" Verkehrsmittel. Anschließend diskutieren KT im Plenum über Vor- und Nachteile ihrer Fortbewegungsmittel. — GA / Plenum

Erweiterung: KL könnte als weitere Diskussionsthemen auch das Leben in den Bergen, in der Stadt und am Wasser vergleichen lassen.

Übungsbuch: S. 138–140, Übung 1–9

Arbeiten in Basel

S. 112 **1**

Lernziel Globales und detailliertes Hörverstehen

Ablauf

a) KT betrachten kurz das Foto und KL führt in die Situation ein. Dann hören KT den Dialog und markieren, wo das Gespräch stattfindet. Achtung: Frau Bürgi spricht mit Schweizer Akzent. — EA

b) KT lesen die Sätze und hören den Dialog noch einmal in Abschnitten. Dann markieren sie, welche Sätze richtig und welche falsch sind. Beim nächsten Hören überprüfen KT ihre Lösungen. — EA

Tipp

Landeskunde: Basel ist Sitz großer multinationaler Unternehmen und ein wichtiger Standort der chemischen und pharmazeutischen Industrie.

Wortschatz: In der Schweiz wird die Kantine auch „Personalrestaurant" genannt. Der Familienname Bürgi klingt – wegen der Endung auf -i – sehr schweizerisch. „Grüezi": Die von Frau Bürgi benutze Grußformel wird in der Schweiz anstelle von „Guten Tag" gebraucht.

S. 112 **2**

Lernziel Selektives Leseverstehen

Ablauf

a) KT lesen in EA still den Text. KL klärt gemeinsam mit KT unbekannten Wortschatz und das Verständnis durch Fragen wie: *Wo wohnen die Leute, die in Basel arbeiten? Wo gibt es viele Arbeitsplätze in Basel?* — EA / Plenum

b) KT lesen noch einmal den Text und ergänzen in EA/PA die Zahlen. — EA/PA

Tipp

Alternative: Als Wiederholung in der folgenden Stunde kopiert KL den Text und zerschneidet ihn in fünf Abschnitte. KT lesen in EA/PA die — EA/PA

Textabschnitte und sortieren sie in der richtigen Reihenfolge. Bei der Besprechung im Plenum weist KL auf den Textaufbau hin und sensibilisiert so KT für Merkmale von Textkohärenz: — Plenum

1. Erste Aussage: Viele Leute pendeln nach Basel.
2. Details zur ersten Aussage: Woher kommen die Pendler?
3. Beispiel dafür: Herr Eberle.
4. Zweite Aussage: Arbeitsplätze in Basel.
5. Beispiel dafür: Herr Eberle.

Wortschatz: *Pendler*: eine Person, die in Ort A arbeitet und Ort B wohnt; *Grenzgänger*: ein Pendler zwischen zwei Ländern.

S. 112 3

Lernziel Wortschatz: Verbergänzungen mit den Präpositionen *aus, bei, von, zu*

Ablauf KT betrachten noch einmal den Text in 2a) und das Beispiel und markieren in EA/PA die richtigen Verben in den Sätzen 2–6. Anhand der Beispiele weist KL bei der Besprechung im Plenum auf die Verwendung der Präpositionen hin: — EA/PA, Plenum

von/aus + kommen, z. B. *aus Frankreich kommen*
bei + arbeiten, wohnen, sein, z. B. *bei einer Firma arbeiten*
zu + fahren, pendeln, gehen, z. B. *zur Arbeit pendeln*

S. 113 4

Lernziel Grammatik: Präpositionen *aus, bei, von, zu* + Dativ

Ablauf KT betrachten die Beispiele und ergänzen in EA/PA die Tabelle mit Hilfe des Textes aus Aufgabe 2a). Anhand der Tabelle formulieren KT gemeinsam mit KL folgende Regel: — EA/PA, Plenum

Woher? ➔ *von + Dativ/aus + Dativ,* z. B.: *Woher kommen die Pendler? – von der Arbeit/aus dem Umland*
Wo? ➔ *bei + Dativ,* z. B.: *Wo arbeiten sie? – bei einer Firma*
Wohin? ➔ *zu + Dativ,* z. B.: *Wohin fahren sie? – zur Arbeit*
Achtung: KL macht KT auf die besondere Form *von zu Hause* aufmerksam.
Siehe unter Grammatik, S. 151/152.

Tipp KL kann an dieser Stelle verdeutlichen, dass auf die Fragen *woher, wo, wohin* verschiedene Präpositionen mit verschiedenen Kasus stehen können. Ausschlaggebend für die Wahl der Präposition ist, ob in der Antwort eine Stadt, ein Land mit oder ohne Artikel, ein Gebäude, eine Institution oder eine Person genannt werden. Zur Verdeutlichung eignet sich die Übung 4, S. 142 im Übungsbuch. — Plenum
Siehe unter Grammatik, S. 151/152.

S. 113 5

Lernziel Grammatik: Präpositionen *aus, bei, von, zu*

Ablauf KT betrachten noch einmal die Tabelle und ergänzen den Text in EA/PA mit den passenden Präpositionen und Endungen wie im Beispiel. Vergleich der Ergebnisse im Plenum. — EA/PA, Plenum

S. 113 **6**

Lernziel	Mündlicher Ausdruck: Orts-, Richtungs-, Herkunftsangaben machen	
Ablauf	KT betrachten den Schüttelkasten und bilden zunächst in PA Sätze wie im Beispiel. Anschließend tragen KT ihre erstellten Sätze im Plenum vor.	PA Plenum

Übungsbuch: S. 141–143, Übung 1–9

Basel international

S. 114 **1**

Lernziel	Selektives Leseverstehen; Wortschatz: Ländernamen, Nationalitäten, Sprachen	
Ablauf	**a)** KL erinnert zum Einstieg an den Hörtext mit Frau Bürgi (S. 112). KT lesen in EA still den Text. Gemeinsam mit KL klären KT unbekannten Wortschatz. **b)** KT lesen den Beispielsatz und ergänzen in EA/PA die Sätze 1–4 wie im Beispiel. Bei der Besprechung im Plenum schreibt KL oder ein KT die ergänzten Begriffe in vier Spalten an die Tafel oder auf OHP-Folie: *Land – Person (m) – Person (f) – Adjektiv*	Plenum EA Plenum EA/PA Plenum
Tipp	Das Tafelbild sollte für die spätere Aufgabe 5 an der Tafel bzw. auf OHP-Folie stehen bleiben. Lernstarke Gruppen kann KL auch schon zu diesem Zeitpunkt bitten, weitere ihnen bekannte Länder und die dazugehörigen Personenbezeichnungen und Adjektive zu nennen. **Landeskunde:** Das Tessin ist eine Landschaft und ein Kanton im Süden der Schweiz. Es grenzt an Italien und gehört zum italienischsprachigen Teil der Schweiz.	Plenum

S. 114 **2**

Lernziel	Grammatik: Pronomen (Dativ)	
Ablauf	KT betrachten noch einmal den Text in Aufgabe 1a) und KL bittet sie, alle Personalpronomen im Text in EA/PA zu suchen und herauszufinden, welche Pronomen im Dativ stehen. KT ergänzen die Tabelle entsprechend. Nach der Besprechung im Plenum kann KL die Tabelle an der Tafel oder auf OHP-Folie noch um eine Zeile ergänzen. Er bittet KT die Pronomen im Akkusativ zu nennen. KT weist auf die Gemeinsamkeiten im Dativ und Akkusativ bei *wir (uns)* und *ihr (euch)* hin.	EA/PA Plenum
Tipp	KT üben die Personalpronomen im Dativ mit einer kleinen Drillübung: KL beschriftet ca. 20 Zettel mit verschiedenen Personalpronomen (außer es) im Nominativ. KL stellt dann die Frage: *Wo findet die Party statt?* und lässt KT je einen Zettel ziehen. KT zieht z. B. die Karte *du* und antwortet: *Bei dir.* usw.	Plenum

S. 114 **3**

Lernziel	Grammatik: Pronomen im Dativ	
Ablauf	KT lesen die Wörter im Schüttelkasten und den Beispielsatz. Dann üben sie weitere Sätze nach dem gleichen Muster zunächst in PA. KL geht von Gruppe zu Gruppe und hilft KT bei den richtigen Lösungen. Anschließend befragen KT sich noch einmal im Plenum und antworten wie im Beispiel.	PA Plenum

S. 114 **4**

Lernziel Aussprache: *sch, st, sp*

Ablauf KT hören die Wörter zunächst alle und lesen im Buch mit. Bei einem zweiten Durchlauf unterbricht KL nach jedem Abschnitt die Wiedergabe und KT markieren, welches Wort nicht den *sch*-Laut aufweist. KL und KT erarbeiten danach gemeinsam die Regel: *sch* wird immer gleich ausgesprochen. *st* und *sp* werden wie *scht/schp* ausgesprochen, wenn sie am Anfang der Sprechsilbe stehen (*sprechen, bestellen, Großstadt*). Umgekehrt gilt: *st/sp* werden nicht als *sch* gesprochen, wenn sie am Ende der Silbe stehen (*erst*) oder *s* und *t* bzw. *p* zu zwei verschiedenen Sprechsilben gehören (*Dienstag*). Die Superlativendung *-sten* wird nie als *sch* gesprochen. Das *-s-* in Arbeitsplatz ist ein so genanntes Fugen-s. Bei einem dritten Durchlauf sprechen KT einzeln und evtl. im Chor die Wörter nach.

EA
Plenum
EA/Plenum

Tipp Falls KT Schwierigkeiten bei der Identifizierung der gesuchten Wörter haben, kann KL die Wortreihen selbst ein weiteres Mal mit deutlicher Betonung vorlesen.
KT können in GA die Aussprache weiter üben. KL bereitet für die Gruppen ausreichend Karten mit entsprechenden Wörtern vor. KT ziehen reihum eine Karte, sprechen das Wort aus und korrigieren sich gegenseitig.

GA

S. 115 **5**

Lernziel Wortschatz: Ländernamen, Nationalitäten, Adjektive

Ablauf KT betrachten noch einmal die Liste an der Tafel bzw. auf OHP-Folie, die sie für Aufgabe 1b) erstellt haben und ergänzen nun in EA/PA die Tabelle. Bei der Besprechung im Plenum arbeiten KL und KT die Regelmäßigkeiten und Ausnahmen bei der Wortbildung heraus:
Person (m): auf *-er* oder *-e*
Person (f): fast immer auf *-in* (Ausnahme: *Deutsche*)
Adjektiv: fast immer auf *-isch* (Ausnahme: *Deutsch*)
Hinweis: Der jeweilige Wortstamm, der zur Wortbildung von Personenbezeichnung und Adjektiv verwendet wird, kann unregelmäßig sein (*Franzose, Französin*).

EA/PA
Plenum

Tipp KT ergänzen gemeinsam mit KL die Liste noch um weitere Nationalitäten, die für sie von Bedeutung sind.
Erweiterung: KT sehen sich die Zeichnung an und versuchen zu raten, woher die jeweilige Person kommt, welche Sprache sie spricht usw. Mögliche Impulsfragen von KL: *Was denken Sie, woher kommt diese Person? Welche Nationalität hat er/sie? Welche Sprachen spricht er/sie?* KL kann ggf. Fotos oder Zeichnungen von Menschen unterschiedlicher Herkunft mitbringen; gemeinsam wird darüber spekuliert, woher die Personen kommen könnten.

Plenum
Plenum

S. 115 **6**

Lernziel Mündliche Interaktion: nach Herkunft und Sprachkenntnissen fragen

Ablauf KT betrachten die Redemittel in den Sprechblasen. Anschließend gehen KT herum und befragen sich gegenseitig nach ihrer Herkunft und ihren Sprachkenntnissen und notieren die Antworten. KL kann die Vorgabe machen, dass jeder KT mindestens fünf Personen befragen muss. Zum

Plenum

Schluss stellen KT ihre Gruppenteilnehmer dem gesamten Kurs vor, z. B.: *Das ist Luigi. Er kommt aus Rom. Er ist Italiener. Er spricht Italienisch, Spanisch und ein bisschen Deutsch.*

Tipp **Alternative:** In sprachlich und national homogenen Gruppen sollte der Fragenkatalog erweitert werden, z. B. folgendermaßen: KT befragen sich gegenseitig nach Freunden/Bekannten/Familienangehörigen anderer Nationalität: *Kennen Sie Leute anderer Nationalität? Sind das Freunde, Kollegen oder Familienmitglieder? Woher kommen sie? Welche Sprachen sprechen sie?* Anschließend berichten KT im Plenum, z. B. *Luigi hat eine Kollegin aus Amsterdam. Sie ist Niederländerin. Sie spricht Niederländisch, Englisch und Deutsch.* Plenum

Übungsbuch: S. 144–146, Übung 1–9

Aus der Basler Zeitung

S. 116 **1**

Lernziel Globales Leseverstehen, Textsorte: Zeitungstext

Ablauf Lernziel KL führt zunächst kurz in die Thematik Tageszeitung ein. KT lesen still in EA die fünf Überschriften und Zeitungstexte. In EA/PA ordnen sie den Texten die richtigen Überschriften zu. Besprechung im Plenum. Plenum / EA, EA/PA / Plenum

Tipp **Alternative:** KT arbeiten mit geschlossenen Büchern. KL kopiert die fünf Zeitungstexte auf Blätter und schreibt die Überschriften an die Tafel oder auf OHP-Folie. KT schreiben dann in EA/PA jeweils die passende Überschrift über jeden Textabschnitt. EA/PA

Lesestrategien: KL sollte KT vor der Lösung dieser Aufgabe auf wichtige Lesestrategien hinweisen: KT suchen in EA/PA in jedem Zeitungstext nur nach den Schlüsselwörtern aus den fünf Überschriften und markieren diese *(Kunst, Kinder, Laufen, Jazz, Englisch, Deutsch, Fremdsprachen, Masken, Straßen)*. KT sollen sich auf keinen Fall „festlesen" – ein Wort-für-Wort-Verständnis der Zeitungsausschnitte ist nicht beabsichtigt. EA/PA

Für sehr starke Lernergruppen: Als weitere Übung bittet KL darum, in GA aus einem Zeitungstext alle Nomen, die sie auf Anhieb verstehen, auf einen Zettel zu schreiben. Diesen Zettel reicht die Gruppe dann an die Nachbargruppe weiter. KT schreiben nun bei geschlossenen Büchern einen kleinen Text aus den vorgegebenen Schlüsselwörtern. Bei der Besprechung im Plenum und dem Vergleich mit den Originaltexten werden KT erkennen, dass sie trotz fehlender Vokabeln das Wichtigste verstanden haben. GA

Landeskunde: KL bringt Exemplare von deutschen, österreichischen und Schweizer Zeitungen mit in den Unterricht und schreibt die Titel dieser Zeitungen durcheinander an die Tafel oder auf OHP-Folie. KT sehen sich alle Zeitungen an und versuchen die Herkunftsländer herauszufinden. Im Plenum wird das Herkunftsland jeder Zeitung neben ihrem Titel an der Tafel oder auf dem OHP vermerkt. PA/GA / Plenum

Übungsbuch: S. 147, Übung 1

Glückaufstraße 14, Bochum

S. 118 **1**

Lernziel Detailliertes Leseverstehen; Wortschatz: Wohngebäude

Ablauf Vorentlastung: KT betrachten das Foto des Gebäudes und seiner Bewohner. KL macht auf die unterschiedlichen Namen der Hausbewohner aufmerksam und fragt KT, welcher Herkunft die Namen sein könnten (*Grabowski* klingt polnisch, *Alak* türkisch, *Tao Gui* kommt aus Singapur, sein Name klingt chinesisch und *Petrera* hört sich italienisch an). EA/PA Plenum

Nun betrachten KT die Zeichnung des Hauses und lesen still in EA die Beschreibung der Wohnungen. In EA/PA ordnen sie nun die Wohnungen den einzelnen Teilen des Hauses zu. EA EA/PA

Nach der Besprechung im Plenum stellen KT Vermutungen an, wer in welcher Wohnung wohnen könnte. KL gibt Hilfestellung mit Fragen wie: *Wo wohnt Familie Alak wahrscheinlich? Was für eine Wohnung haben Alaks wohl? Welche Zimmer braucht eine Familie? usw.* Plenum

---

Tipp Für schwächere Lerner: Vor dem freien Gespräch über die Verteilung der Hausbewohner in den Wohnungen kann KL die Bezeichnungen für die Räume mit Übung 2 im Übungsbuch auf S. 148 herausarbeiten. Anschließend erhalten KT Kopien mit einem Wohnungsgrundriss und tragen die Raumbezeichnungen dort ein. Oder sie werden gemeinsam im Plenum auf OHP in den Grundriss eingetragen. Plenum EA Plenum

Wortschatz: Küche, Bad und Toilette werden bei der Zahl der Zimmer einer Wohnung nicht berücksichtigt. Alle anderen Räume werden mitgezählt (Schlaf-, Wohn-, Ess-, Arbeits-, Kinderzimmer). Eine Dreizimmerwohnung kann z. B. aus Wohnzimmer, Schlafzimmer, Kinderzimmer, Küche, Bad/Toilette bestehen. In Ostdeutschland spricht man – abweichend vom Sprachgebrauch in Westdeutschland, Österreich und der Schweiz – nicht von einer Zwei-, Drei-, Vierzimmerwohnung etc., sondern von Zweiraumwohnung, Dreiraumwohnung usw.

Erweiterung: KT befragen sich gegenseitig in PA/GA und berichten anschließend im Plenum. *Wo wohnst du? In einem Haus oder in einer Wohnung? In welchem Stock wohnst du? Wer sind deine Nachbarn? Wie viele Zimmer hat dein Haus/deine Wohnung?* PA/GA Plenum

Landeskunde: Im 19. Jahrhundert entwickelte sich das Ruhrgebiet dank seiner Steinkohlevorräte zu einem industriellen Ballungsraum. Mit „Glückauf" wünscht man sich gutes Gelingen; diesen Ausdruck prägten die Bergleute. In dem Haus in der Glückaufstraße 14 wohnen Leute unterschiedlicher Herkunft. Das ist typisch für das Ruhrgebiet. Durch den Bergbau kamen schon vor dem Ersten Weltkrieg (1914–1918) viele polnische Bergarbeiter – aber auch Arbeitssuchende aus allen deutschen Ländern und Regionen – ins Ruhrgebiet. In den sechziger Jahren kamen zahlreiche damals Gastarbeiter genannte Zuwanderer aus der Türkei, dem ehemaligen Jugoslawien und vielen südeuropäischen Ländern dazu.

S. 119 **2**

Lernziel Selektives Leseverstehen

Ablauf KT lesen in EA die Sprechblasen und betrachten dann noch einmal die Bildunterschriften aus Aufgabe 1a). Anschließend ordnen sie in EA/PA die Sätze den Personen zu, wie im Beispiel vorgegeben. EA EA/PA

Übungsbuch: S. 148/149, Übung 1–6

Die Zeche Helene

S. 120 **1**

Lernziel Globales und selektives Leseverstehen

Ablauf

a) KT betrachten die beiden Bilder und lesen in EA die Bildunterschriften. Anschließend entscheiden sie in EA/PA, welcher Text zu welchem Foto passt. KL hilft bei dem unbekannten und schwierigen Wortschatz (*Zeche, Kohle, abbauen, Bergleute*). EA EA/PA Plenum

b) KT lesen still in EA die Sätze 1–6. Dann ordnen sie in EA/PA die Sätze den beiden Bildern zu. EA EA/PA

Bei der Besprechung im Plenum erstellt KL oder ein KT eine zweispaltige Tabelle an der Tafel oder auf OHP-Folie und fragt: *Was ist die Zeche Helene heute und was war sie früher? Was kann man heute dort machen und was hat man früher dort getan?* Plenum

heute	früher
ein Sport- und Freizeitzentrum	*ein Kohlebergwerk*
Sport machen	*hart arbeiten*

Tipp

Erweiterung: KT sammeln gemeinsam im Plenum Begriffe für die beiden Spalten und KL oder ein KT ergänzt das Tafel- bzw. Folienbild. Plenum

Sollte eine weitergehende Verständnissicherung des Textes nötig sein, können Übung 1 und 2 aus dem Übungsbuch S. 150 an dieser Stelle gemacht werden.

Landeskunde: Seit Ende der fünfziger Jahre hat die wirtschaftliche Bedeutung der Kohle als Energieträger immer mehr abgenommen. Hinzu kommt, dass Kohle heute in vielen Ländern weitaus billiger gefördert werden kann als in Deutschland. Daher hat sich die Industriestruktur des Ruhrgebiets in den letzten Jahrzehnten stark verändert: An die Stelle der Bergwerke und der Eisen- und Stahlerzeugung treten zunehmend Branchen wie z. B. Softwareentwicklung und sog. „High-Tech"-Produkte sowie Dienstleistungen. Viele Bergwerke, die geschlossen wurden, sind heute Bergwerksmuseen. Einige werden auch wie die Zeche Helene als Sport- und Freizeitzentren oder für Konzerte usw. genutzt.

Wortschatz: „Zeche" ist ein anderes Wort für Bergwerk.

S. 120 **2**

Lernziel Mündlicher Ausdruck

Ablauf Mit Hilfe des Tafelbildes aus Aufgabe 1 beschreiben KT die Zeche Helene früher und heute nun bei geschlossenen Büchern. KL hilft bei den Formulierungen. Plenum

Tipp Bei dieser relativ freien Sprechübung sollte KL versuchen zurückhaltend zu korrigieren, um den Redefluss nicht zu hemmen. Wichtig ist bei dieser Übung, dass KT möglichst flüssig sprechen. KL notiert sich eventuelle größere Fehler und bespricht diese nach Abschluss der Sprechübung.

Übungsbuch: S. 150/151, Übung 1–4

S. 121 **3**

Lernziel Detailliertes Hörverstehen

Ablauf Vorentlastung: KT schauen sich den Prospekt des Sport- und Gesundheitszentrums Zeche Helene an. KL fragt, was den KT auffällt (z. B. sind alle Aktivitäten auf Englisch aufgeführt) bzw. was sie von den Prospektangaben verstehen. Eventuell gibt es auch ein kurzes Gespräch darüber, ob KT selbst ins Fitness-Studio gehen und was sie dort machen. Anschließend hören KT den Dialog einmal ganz. Vor dem zweiten Hören lesen sie die Dialogsätze. KL legt beim Vorspielen Pausen ein, sodass KT ausreichend Zeit haben, die Sätze zu nummerieren. Dann hören KT den Dialog noch ein drittes Mal und überprüfen ihre Lösungen. Bei der Besprechung im Plenum sichert KL das Verständnis der acht abgedruckten Sätze. — Plenum / EA / Plenum

Erweiterung: Starke Lerner können versuchen, den gehörten Dialog nachzuspielen. Dazu schreiben sie in PA die Sätze in der richtigen Reihenfolge auf und ergänzen im Dialog in PA passende Überbrückungen zwischen den Sätzen 1–8. Wer will, spielt seine Dialogvariante im Plenum vor. KL hilft und korrigiert. — PA / Plenum

S. 121 **4**

Lernziel Mündliche Interaktion; Wortschatz: zufälliges Wiedersehen

Ablauf

a) KT lesen zunächst die drei Situationsbeschreibungen und betrachten die Redemittel in den Sprechblasen. Dann wählen sie eine Situation aus und erstellen in PA/GA schriftlich einen Dialog. KT üben ihren Dialog zunächst in PA und KL geht von Gruppe zu Gruppe, hilft und korrigiert. — PA/GA

b) Einzelne KT tragen abschließend ihre Dialoge frei im Plenum vor. KL hilft bei Aussprache und Intonation. — Plenum

Tipp Bei lernstarken Gruppen können die Dialoge im Plenum auch frei gespielt werden: Ein KT beginnt und spricht einen anderen KT mit einem Einstiegssatz an, z. B. *So ein Zufall! Was machst du denn hier?* Der Angesprochene muss darauf entsprechend reagieren usw. — Plenum

Wortschatz: Die Bezeichnung „Kneipe“ für eine Gaststätte war ursprünglich charakteristisch für das Ruhrgebiet. Heute verwendet man diesen Ausdruck – neben den regional verschiedenen Bezeichnungen – fast überall in Deutschland.

Übungsbuch: S. 151/152, Übung 1–3

Zwei Biografien

S. 122 **1**

Lernziel Selektives Hörverstehen

Ablauf Der Hörtext kann als Fortsetzung des Gesprächs zwischen Kerstin Schmittke und Otto Grabowski auf S. 121 aufgefasst werden. KT lesen zunächst still in EA die Sätze 1–6 und hören anschließend den Text einmal komplett. Beim zweiten Hören, evtl. mit Pausen, markieren KT die Sätze als *richtig* bzw. *falsch*. Dann hören KT den Text noch ein drittes Mal und überprüfen ihre Lösungen. Bei unterschiedlichen Ergebnissen kann die korrekte Lösung im Plenum erarbeitet werden, wobei ein nochmaliges Abspielen der Textpassage erfolgen sollte.

EA
Plenum

Tipp **Landeskunde:** Insbesondere die Aussprache von Herrn Grabowski weist eine für das Ruhrgebiet typische „Einfärbung“ auf. Hierzu gehört das – auch bei anderen Dialekten und regionalen Aussprachevarianten typische – Zusammenziehen von Wörtern und das „Verschlucken“ von Silben sowie vom Standard abweichende Intonationsmuster.

S. 122 **2**

Lernziel Detailliertes Leseverstehen

Ablauf
a) KT lesen still in EA den Lückentext. KL hilft bei unbekanntem Wortschatz. — EA, Plenum
b) Dann ergänzen KT in EA/PA die Textlücken wie im Beispiel. Zur Kontrolle kann der Text von zwei KT dialogisch vorgelesen werden. Gemeinsam werden Fragen zu den Lösungen besprochen und geklärt. — EA/PA, Plenum

Tipp Mit dieser neuen und komplexen Art der Aufgabenstellung – das passende Wort für eine vorgegebene Lücke finden – sollen KT sich vertraut machen mit einem Aufgabentyp, der für die Prüfung *Zertifikat Deutsch* relevant ist.

S. 123 **3**

Lernziel Grammatik: Modalverben im Präteritum

Ablauf KT betrachten noch einmal die Sätze aus Aufgabe 1 und 2 und markieren alle Modalverben. Anschließend ergänzen sie in EA/PA die Tabelle mit den passenden Verbformen. Gemeinsam mit KL formulieren KT die folgende Regel:
Präteritum von Modalverben = Verbstamm ohne Umlaut + *-t* + Verbendung Präteritum, z. B. *müssen – ich mus**ste***. KL zeigt anschließend auf, dass die Satzklammer auch für Modalverben im Präteritum gilt. *Kerstin Schmittke muss viele Überstunden machen. Otto Grabowski musste nie Nachtschicht machen.* Siehe unter Grammatik, S. 129.

EA
EA/PA
Plenum

S. 123 **4**

Lernziel Mündlicher Ausdruck

Ablauf
a) KT betrachten noch einmal die Texte aus Aufgabe 1 und 2 und sammeln in EA/PA alle Informationen zu den Biografien von Otto Grabowski bzw. Kerstin Schmittke. Bei der Besprechung im Plenum notiert KL tabellarisch Stichwörter an der Tafel bzw. auf dem OHP. — EA/PA, Plenum

	Otto Grabowski	Kerstin Schmittke
früher	*Bergmann*	*wollte Stewardess werden*
	am Samstag arbeiten	
heute	*Frührentner*	*Marketingassistentin*
		macht viele Überstunden

b) Anschließend erzählen KT mit Hilfe des Tafelbildes im Plenum bei geschlossenen Büchern die Biografien der beiden Personen in eigenen Worten nach. KL achtet darauf, dass KT Modalverben im Präteritum benutzen. — Plenum

S. 123 5

Lernziel Mündliche Interaktion; Wortschatz: aus der eigenen Kindheit erzählen

Ablauf KT lesen still in EA die Schüttelkästen. Dann erzählen sie sich gegenseitig zunächst in PA/GA mit Hilfe der Schüttelkästen von ihrer Kindheit. Einige KT tragen anschließend ihre Sätze im Plenum vor. — EA, PA/GA, Plenum

KL kann vorschlagen, dass nicht nur die Vorgaben versprachlicht werden, sondern auch eigene Erfahrungen vorgetragen werden und hilft KT dabei.

Tipp **Erweiterung:** KL bringt Fotos von Personen mit und verteilt diese an die KT. Jeder KT schreibt eine Biografie für „seine" Person und hält das Bild dabei verdeckt. Sind die Biografien geschrieben, sammelt KL die Fotos wieder ein und legt sie auf einem Tisch aus. KT versammeln sich um diesen Tisch und lesen nacheinander ihre Texte vor. Die KT, die zuhören, versuchen zu erraten, über welche der Personen auf den Fotos gesprochen wird. Als Hausaufgabe können KT eine „Autobiografie" schreiben und in fünf bis zehn Sätzen wichtige Kindheitserfahrungen notieren. — EA, Plenum

Übungsbuch: S. 153–155, Übung 1–8

Lebensmittel Alak

S. 124 1

Lernziel Selektives Leseverstehen; Wortschatz: Lebensmittelverpackungen und Maßeinheiten

Ablauf Vorentlastung: KL führt in die Situation ein. Dazu stellt KL Fragen wie: *Wo kaufen Sie Ihre Lebensmittel ein? Warum? Ist es dort billiger? Ist die Qualität besser? Ist die Auswahl größer? Wo kaufen Sie Ihr Gemüse, Fleisch, Brot? usw.* — Plenum

a) KT lesen die Anzeige von Lebensmittel Alak und betrachten dann die fünf Zeichnungen. In EA/PA ordnen sie die Bilder Wörtern zu. Bei der Besprechung im Plenum sichert KL das Verständnis des Lebensmittelvokabulars. Dann erstellt KL oder ein KT eine Liste aller genannten Verpackungsarten an der Tafel oder auf OHP-Folie: *die Packung, die Dose, die Schachtel, der Kasten, das Paket, die Tüte, das Glas, die Flasche* — EA/PA, Plenum

b) KT betrachten noch einmal die Anzeige und den Wortschatz im Schüttelkasten. Anschließend ergänzen sie in EA/PA die Lücken. Bei der Besprechung im Plenum weist KL auf die regionale Verwendung von *Dekagramm (= 10g)* in Österreich und von *Deziliter* (= 0,1l) in der Schweiz hin. — EA/PA, Plenum

---

Tipp

Erweiterung: KL bittet KT in PA/GA, zu jeder Verpackung möglichst viele passende Lebensmittel zu nennen, z. B. *Flasche: Essig, Öl, Saft, Wasser, Wein, Bier, Limonade usw.* — PA/GA

Landeskunde: Besonders türkische und griechische Einwanderer haben sich in den letzten Jahren selbstständig gemacht und betreiben Lebensmittel- und Gemüseläden, die ein größeres und frischeres Angebot an Obst und Gemüse bieten als Supermärkte. Auch asiatische Lebensmittelgeschäfte findet man immer öfter in deutschen Städten. Das international breit gefächerte Lebensmittelangebot stößt (gerade bei jüngeren Deutschen) auf großes Interesse.

S. 124 2

Lernziel Mündliche Interaktion; Wortschatz: Einkaufsgespräche

---

Ablauf

a) KT lesen noch einmal still die Anzeige von Lebensmittel Alak und die Fragen. Dann befragen sie sich gegenseitig in PA wie im Beispiel und antworten mit Hilfe der Preisangaben in der Anzeige. — EA, PA

b) KT improvisieren die Redemittel. Anschließend lesen sie im Plenum eventuell mit Hilfe der Anzeige, Dialoge im Lebensmittelladen. — Plenum

---

Tipp

Erweiterung: Zum Einüben der Frage: *Was kostet .../Was kosten ...?* eignet sich auch ein *Wechselspiel*. KL erstellt hierzu zwei unterschiedliche Kopiervorlagen aus einer Anzeige für Lebensmittelsonderangebote (auf jeder Kopiervorlage fehlen bestimmte Preisangaben). KL befragen sich dann in PA nach den fehlenden Preisen für bestimmte Lebensmittel, z. B. *Was kostet ein Kasten Bier?* und antworten mit Hilfe der Kopiervorlage. — PA

Der Wortschatz im Bereich Lebensmittel lässt sich sehr gut mit einem Memory üben: Je eine Wortkarte und eine Bildkarte gehören zusammen. *Memory*: Siehe unter **Alles drin** Spiele.

Wortschatz: Zum Einüben oder Wiederholen des Wortschatzes für Lebensmittel eignet sich auch folgendes Spiel: KL schreibt die Buchstaben des Alphabets untereinander an die Tafel. Der erste KT muss nun ein Wort mit A finden und an die Tafel schreiben, der nächste mit B usw. Wer an der Reihe ist und kein Wort weiß, scheidet aus. Bei größeren Gruppen kann KL auch jeweils ein Alphabet auf zwei Plakate schreiben. KT werden in zwei Gruppen verteilt und jede Gruppe erhält ein Exemplar des Plakats. Diejenige Gruppe, die zuerst für alle Buchstaben ein Wort gefunden hat, hat gewonnen. Bei diesem Spiel sollte KL die Buchstaben X und Y weglassen. — Plenum/GA

S. 125 3

Lernziel Detailliertes Hörverstehen

Ablauf KT lesen die Redemittel im Schüttelkasten und hören anschließend den Dialog einmal ganz. Beim zweiten Hören ergänzen KT die Lücken. Dann hören sie den Dialog ein drittes Mal und überprüfen ihre Lösungen. Bei der Besprechung im Plenum klärt KL gemeinsam mit KT die Bedeutung der Redemittel. Dann lesen einzelne KT den Dialog laut mit verteilten Rollen im Plenum vor. KL korrigiert Intonation und Aussprache. EA Plenum

Tipp **Erweiterung:** KT üben im Anschluss an die Hörübung in PA Dialoge nach dem gleichen Muster, z. B. *im Obstladen, in der Bäckerei, beim Metzger* usw. und tragen sie anschließend im Plenum vor. PA Plenum

S. 125 4

Lernziel Detailliertes Hörverstehen

Ablauf KL führt kurz in die Situation ein und KT lesen still die Sätze. KL unterstützt bei Wortschatzproblemen. Dann hören KT den Dialog einmal ganz. Beim zweiten Hören korrigieren sie die unterstrichenen Ausdrücke. Anschließend hören sie den Dialog ein drittes Mal und überprüfen ihre Lösungen. EA

Tipp **Wortschatz:** „Leergut" bezeichnet leere Flaschen und andere „Mehrwegbehälter", für die beim Kauf Pfand hinterlegt wird. Das Pfand wird zurückerstattet, wenn der Behälter zurückgebracht wird. Die leeren Behälter werden gereinigt und dann erneut benutzt.

S. 125 5

Lernziel Mündliche Interaktion

Ablauf

a) KT lesen die drei Situationsbeschreibungen und die Sprechblasen. Dann wählen sie eine Situation aus und besprechen in PA/GA, was sie für jeweils eine der Situationen brauchen. Ein Blick auf die Anzeige von Lebensmittel Alak kann dabei helfen. Nach Möglichkeit sollten alle drei Situationen abgedeckt werden. KT diskutieren in jeder Gruppe eine Einkaufsliste. EA PA/GA

b) KT spielen mit Hilfe ihrer Einkaufsdialoge. Sie arbeiten zunächst in PA/GA, dann spielen einzelne KT Dialoge im Plenum vor. PA/GA Plenum

Tipp Die Dialoge im Lebensmittelladen können als Rollenspiele richtig dargestellt werden: 1–2 KT stehen hinter einem Tisch, der die Theke darstellt. Sie haben eine Kopie der Anzeige (von Lebensmittel Alak z. B.) mit den Preisen der Lebensmittel bei sich. Einzelne KT gehen dann zu den Verkäufern und kaufen mit Hilfe ihrer erarbeiteten Einkaufsliste ein. Plenum

Übungsbuch: S. 155–158, Übung 1–9

Meinungen über das Ruhrgebiet

S. 126 **1**

Lernziel	Globales und selektives Leseverstehen; Grammatik: Nebensätze mit *dass* und *weil*	
Ablauf	**a)** KL fragt, was eine *Umfrage* ist, und hilft KT bei der Formulierung der Definition. Dann lesen KT die einzelnen Texte still in EA. KL hilft das Verständnis zu klären.	Plenum EA Plenum
	b) KT lesen noch einmal die Texte und die drei Überschriften. In EA/PA wählen sie die passende Überschrift. Bei der Besprechung im Plenum hilft KL mit Fragen wie: *Ist das Ruhrgebiet international? Was sagen die Personen? Wie viele Personen sind zufrieden mit dem Leben im Ruhrgebiet? Was erfahren wir in den Texten über den Kohlebergbau? usw.*	EA/PA Plenum
	KT betrachten das Beispiel und lesen noch einmal die Zeitungstexte. Dann unterstreichen sie in allen Texten die Sätze mit *dass* und *weil*. Sie ergänzen in EA/PA die Sätze 2–5 wie im Beispiel. Vergleich im Plenum.	EA/PA Plenum
Tipp	Bei geschlossenen Büchern: KL kopiert die Texte und schneidet sie ohne Foto und Überschrift aus. Dann schreibt KL Namen, Beruf und Wohnort der Interviewten auf einzelne Zettel; evtl. klebt KL auch das Foto der jeweils interviewten Person dazu. KL kopiert mehrere Sets der Texte und Namenszettel und bittet KT in PA/GA die Texte zu lesen und sie dann den Personen zuzuordnen. Bei der Besprechung im Plenum begründen KT ihre Wahl, z. B. *Stefanie Fritsch, Auszubildende spricht über ihre Ausbildung, Jose Manuel Rodrigues – portugiesischer Name, spricht über Portugal usw.*	PA/GA Plenum

Übungsbuch: S. 158/159, Übung 1–2

S. 127 **2**

Lernziel	Grammatik: Nebensätze mit *dass* und *weil*	
Ablauf	KT füllen zunächst die erste Tabelle aus. KL hilft beim Verständnis durch Vergleich mit den Sätzen: *Stefanie denkt. – Was denkt sie? – Sie denkt: „ Die Verkehrsverbindungen im Ruhrgebiet sind sehr gut“* und verdeutlicht damit die verbindende Funktion von *dass*. Dann füllen KT die zweite Tabelle aus. Bei der Besprechung im Plenum formulieren KT gemeinsam mit KL die folgenden Regeln: Was sagt/denkt/findet jemand? = Hauptsatz + *dass* + Nebensatz , z. B.: *Renate sagt, dass man viel über die Vergangenheit lernen kann.* Warum tut/ist jemand etwas? = Hauptsatz + *weil* + Nebensatz, z. B.: *Federica sucht eine Wohnung, weil sie allein wohnen möchte.* Im Nebensatz steht das konjugierte Verb immer am Ende. Gibt es eine weitere Verbform, steht sie direkt davor, z. B. *..., weil sie allein wohnen möchte.* Siehe unter Grammatik, S. 137	EA Plenum EA Plenum
Tipp	Mit einem Wortpuzzle lässt sich die Nebensatzstruktur mit *dass* und *weil* in spielerischer Form üben. KL bereitet zu Hause mehrere Wortpuzzles vor, indem er auf einzelne Kärtchen die Wörter eines Satzes schreibt, z. B. *Federica sucht eine Wohnung, weil sie allein wohnen möchte.* KT müssen in GA die Kärtchen zu einem korrekten Satz zusammenfügen. Bei stärkeren Gruppen können KT auch Puzzles in GA selbst erstellen. Die Gruppen tauschen ihre Puzzles dann aus und versuchen so schnell wie möglich Sätze zu bilden. Die Gruppe, die zuerst mit dem Puzzle fertig ist, hat gewonnen.	GA

S. 127 **3**

Lernziel	Mündliche Interaktion; Wortschatz: bewerten und begründen; Grammatik: Nebensätze mit *dass* und *weil*	
Ablauf	**a)** KT betrachten still in EA die Redemittel und Beispielsätze. Dann bilden sie in EA/PA Sätze mit *weil* und *dass* über ihren Wohnort wie im Beispiel. Einzelne KT tragen ihre Sätze anschließend im Plenum vor. **b)** KT sprechen in EA/PA über ihre Wohnung oder ihr Haus. Einzelne KT tragen ihre Sätze anschließend im Plenum vor.	EA EA/PA Plenum EA/PA Plenum
Tipp	**Erweiterung:** KT sprechen auch über die Vorzüge und Nachteile des Kursortes (falls dieser nicht identisch ist mit dem Wohnort der KT) oder über ein beliebtes Reiseziel.	PA/GA u. Plenum

S. 127 **4**

Lernziel	Aussprache: Intonation (Satzakzent im Haupt- und Nebensatz)	
Ablauf	KT hören einmal den ersten Beispielsatz ganz und vergleichen das Gehörte mit der Markierung. Anschließend hören sie alle folgenden Sätze und zeichnen die Pfeile für den Satzakzent ein. Beim zweiten, eventuell auch dritten Hören überprüfen sie ihre Lösungen. Anschließend lesen einzelne KT die Sätze im Plenum vor. Zu Übungszwecken ist eine leichte Übertreibung der Intonationskurven sinnvoll. KL unterstützt durch betontes Vor- und Nachsprechen und entsprechende Gestik.	EA Plenum
Tipp	Im normalen Aussagesatz ist die Intonation zum Satzende hin leicht abfallend. Eine ansteigende Kurve signalisiert die besondere Wichtigkeit der Information am Satzende (... findet das gut.) oder dient dazu, zwischen Haupt- und Nebensatz eine „Brücke“ zu bauen.	

Übungsbuch: S. 159–162, Übung 1–9

Wohnungssuche im Ruhrgebiet

S. 128 **1**

Lernziel	Selektives Hörverstehen	
Ablauf	**a)** KL führt kurz in die Situation ein. Dann hören KT den Dialog einmal ganz und lesen die Sätze. Beim zweiten Hören markieren KT, was sie gehört haben. KT hören den Dialog zum dritten Mal und überprüfen ihre Lösungen. Besprechung im Plenum. **b)** KT lesen still in EA die Wohungsanzeigen. KL hilft beim Verständnis der Abkürzungen. Anschließend entscheiden KT in PA/GA, welche Wohnung am besten zu Federica passt. Bei der Besprechung im Plenum nennen KT die Gründe für ihre Wahl, z. B.: *Wohnung Nr. 1 passt nicht zu Federica, weil ...*	EA Plenum EA PA/GA Plenum
Tipp	Vorentlastung: Falls vorhanden bringt KL zur Einführung Wohnungsanzeigen aus deutschen Zeitungen mit und führt mit Hilfe der folgenden Fragen in die Situation ein: *Wie finden Sie in Ihrer Stadt Wohnungen oder Häuser? Durch Zeitungsanzeigen oder mit Maklern? Mietet oder kauft man in Ihrer Heimat Wohnungen und Häuser? Wie viele Zimmer bzw. Quadratmeter hat z. B. eine Wohnung für eine Familie mit einem Kind?*	Plenum

Erweiterung: KL befragt die KT, für welche Wohnung sie sich entscheiden würden und warum oder welche Wohnung für sie überhaupt nicht in Frage käme. — Plenum

S. 128 2

Lernziel Selektives und detailliertes Leseverstehen; mündlicher Ausdruck

Ablauf

a) KT lesen die Wörter im Schüttelkasten und das Beispiel. Dann ergänzen sie in EA/PA die Erklärungen zu den Abkürzungen. — EA/PA

b) KT lesen noch einmal die Anzeigen in Aufgabe 1. Anschließend ergänzen sie in EA/PA alle Informationen zu den Wohnungen 1–5 in der Tabelle. Bei der Besprechung im Plenum können sich stärkere Lerngruppen gegenseitig zu den Wohnungen befragen, z. B.: *Wie teuer ist Wohnung Nr. 1?* — EA/PA, Plenum

c) Mehrere KT präsentieren mit Hilfe der in Aufgabe 2b) erstellten Tabelle je eine Wohnung. — EA, Plenum

Tipp **Erweiterung:** Abschließend beschreiben KT ihre eigenen Wohnungen oder Häuser in PA. Einzelne KT stellen dann im Plenum die Wohnsituation ihres Partners vor, z. B.: *Piotr wohnt in einer Wohnung. Die Wohnung ist ... Quadratmeter groß. Sie hat ...* usw. — PA, Plenum

Übungsbuch: S. 163, Übung 1–3

Hörtexte

Im Folgenden finden Sie die Transkriptionen der Hörtexte zu den Kursbuchlektionen 1 bis 10, die dort nicht abgedruckt sind.
Die entsprechenden Höraufgaben sind so angelegt, dass die Kursteilnehmer die Texte dazu nicht benötigen. Es geht nicht darum, jedes Wort zu verstehen, sondern bestimmte Informationen herauszuhören. Sollte es doch einmal große Schwierigkeiten bei der Bewältigung einer Aufgabe geben, können die Transkriptionen natürlich weiterhelfen. Aber versuchen Sie es bitte zunächst ohne; der Lerneffekt bei den Kursteilnehmern ist so um einiges größer!

Lektion 1

S. 10/11

Guten Tag

1 a)

▶ Hallo!
◁ Hallo! Ja, was machst du denn hier? Ich habe dich ja lange nicht gesehen.
▶ Ich wohne doch jetzt in Wien. Und du?

d)

▶ Sind Sie die neue Kollegin?
◁ Ja, mein Name ist Krüger.
▶ Freut mich. Ich heiße Meier, Frank Meier.

f)

▶ ... Und dann bis morgen! Schönen Abend noch.
◁ Danke, ebenfalls. Tschüs!

3 a)

▶ Wie heißen Sie bitte?
◁ Ich heiße Christian Hansen.

▶ Sind Sie Herr Bauer?
◁ Nein, mein Name ist Hansen.

▶ Woher kommen Sie?
◁ Ich komme aus Deutschland.

▶ Wo wohnen Sie?
◁ Ich wohne in Frankfurt.

▶ Wie heißt du?
◁ Ich heiße Philipp.

▶ Bist du Maria?
◁ Nein, ich heiße Nina.

▶ Woher kommst du?
◁ Ich komme aus Russland.

▶ Wo wohnst du?
◁ In Berlin.

Lektion 2

S. 22–25

Bilder aus Deutschland

7

1. Häuser
2. Züge
3. Straße
4. Schiffe
5. Auto
6. Fabrik
7. Busse
8. Städte

S. 26/27

Eine Stadt, ein Dorf

2

Herr Matthis: Mein Gott! Jetzt warte ich schon 20 Minuten und er kommt und kommt nicht! Der Bus ist so langsam! Die Straßen hier sind immer voll. Das ist eine Katastrophe! Frankfurt ist einfach zu groß. Morgen fahre ich mit dem Auto.

3

Frau Brandner: Wie ist denn das Eis?
Frau Preisinger: Mmmh, sehr gut. Bananeneis, und so groß!
Frau Brandner: Mein Kaffee ist leider kalt.
Frau Preisinger: Ach je. Ist denn wenigstens die Schokoladentorte gut?
Frau Brandner: Ja, die Torte ist echt gut. Ich glaube, ich esse noch eine und vielleicht nehme ich auch …

S. 28/29

Die Stadt Frankfurt

2

Herr Volz: Ja, grüß Gott, Herr Matthis!
Herr Matthis: Ah, guten Abend, Herr Volz!
Herr Volz: Ja was? Gehen Sie heute zu Fuß?
Herr Matthis: Natürlich, ich gehe ins Kino. Und Sie?
Herr Volz: Ich gehe heute Abend ins Restaurant.
Herr Matthis: Na, hier in der Stadt gibt es ja genug Restaurants. Guten Appetit wünsche ich Ihnen.
Herr Volz: Recht schönen Dank. Auf Wiedersehen!

S. 30/31

In Köln

1

Herr Schneider: Ach, guten Tag, Frau Steinmann.
Frau Steinmann: Hallo, Herr Schneider.
Herr Schneider: Na, wie geht's?
Frau Steinmann: Nicht so gut. Ich bin ganz nervös.
Herr Schneider: Nervös? Warum?
Frau Steinmann: Ich warte und warte, aber das Taxi kommt nicht.
Herr Schneider: Kein Taxi? Kein Problem. Ich habe ein Auto, ich fahre Sie.
Frau Steinmann: Ach ja? Das ist sehr nett. Vielen Dank!
Herr Schneider: Also kommen Sie, mein Auto steht da.

2

Martin Miller: Und jetzt noch ein paar Zahlen. Wie alt ist die Stadt Köln eigentlich?
Touristen-Information: Also, Köln ist jetzt 2000 Jahre alt.
Martin Miller: Und wie hoch ist die Kirche?
Touristen-Information: Der Kölner Dom? Der Dom ist 160 Meter hoch.
Martin Miller: Wow. Und noch eine Frage: Wie viele Menschen wohnen denn in Köln?
Touristen-Information: Hier wohnen ungefähr eine Million Menschen.
Martin Miller: Okay. Vielen Dank für das Interview.
Touristen-Information: Bitte, gern geschehen.

Lektion 3

S. 34–37 Meine Familie und ich

1 1. 20.00 Uhr. Nachrichten. Berlin: Der französische Staatspräsident ist heute zu einem Besuch eingetroffen. Er wurde vom Bundeskanzler am Berliner Flughafen empfangen.

2. Hilfe! Hilfe!

3. Moderator: Meine Damen und Herren, und hier kommt schon unsere erste Kandidatin in der Familienshow „Meine Familie und ich". Wir begrüßen Frau Mainka. Herzlich willkommen, Frau Mainka!

Frau Mainka: Guten Tag!

Moderator: Frau Mainka, schön, dass Sie heute bei uns sind.

S. 40/41 Montag, 9 Uhr, Studio 21

4 b)

Herr Spring: Guten Tag, mein Name ist Spring, ich bin der Produzent. Sie möchten also gerne bei „Meine Familie und ich" mitmachen.

Frau Mainka: Ja, sehr gern.

Herr Spring: Dann erzählen Sie doch etwas über Ihre Familie.

Frau Mainka: Ja, also, meine Familie und ich, wir wohnen in Dortmund. Meine Familie, das sind mein Mann Siegfried, meine Tochter Beate und mein Sohn Stefan. Mein Mann ist 38, Beate ist 10 und Stefan 8 Jahre alt.

Herr Spring: Aha, und was macht Ihr Mann?

Frau Mainka: Er ist Busfahrer. Sein Beruf ist sehr interessant. Er fährt Touristen durch Europa. Unsere Kinder gehen in Dortmund in die Schule. Sie gehen gern in die Schule. Und meine Mutter wohnt übrigens auch in Dortmund. Da bin ich …

Herr Spring: Ja gut, Frau Mainka. Haben Sie vielleicht auch ein Hobby?

Frau Mainka: Mein Hobby? Also Sport mache ich nicht, aber ich gehe gern ins Kino und ich höre gern Musik.

Herr Spring: Vielen Dank, Frau Mainka. Sie hören von uns.

---

5 b)

Herr Spring: Also, du bist der Sebastian, stimmt's?

Sebastian Hahn: Ja.

Herr Spring: Du bist 11 Jahre alt, du gehst in die Schule, und Computerspiele sind dein Hobby. Stimmt's?

Sebastian Hahn: Ja.

Herr Spring: Schön. Deine Großmutter ist auch hier?

Sebastian Hahn: Ja.

Herr Spring: Und wer ist der Kandidat: du oder deine Großmutter?

Sebastian Hahn: Ich.

Herr Spring: Und wo sind deine Eltern?

Sebastian Hahn: Meine Eltern sind nicht da. Mein Vater ist in der Schweiz.

Herr Spring: Aha, in der Schweiz! Was macht er denn da?

Sebastian Hahn: Er arbeitet.

Herr Spring: Und was ist er von Beruf?

Sebastian Hahn: Weiß ich nicht.

Herr Spring: Und deine Mutter?

Sebastian Hahn: Meine Mutter arbeitet in einem Büro.

Herr Spring: Gut, Sebastian, du möchtest also bei „Meine Familie und ich" mitmachen?

Sebastian Hahn: Vielleicht. Kann ich dann ein Computerspiel haben?

Lektion 4

S. 51 Eine Freiburgerin

1 Katrin Berger: Wie lange ich schon in Freiburg bin? Ich wohne und studiere schon zwei Jahre hier. Meine Wohnung ist klein, aber ich bin zufrieden. Also, ich habe zum Beispiel eben keinen Fernseher. Aber das macht nichts. Dafür habe ich ein Telefon. Ich telefoniere doch so gern! Einen Computer habe ich auch, wie fast alle Studenten. Den Computer brauche ich unbedingt für mein Studium. Für mein Studium brauche ich auch viele Bücher. Ich lese viele Bücher, das mache ich gern. Nun gut, ein Auto habe ich nicht, aber in Freiburg brauche ich auch kein Auto. Ich fahre Fahrrad.

Lektion 5

S. 58/59 Leute in Hamburg

2

1\. Fahrgast: Guten Abend!
Taxifahrer: Guten Abend! Bitte schön?
Fahrgast: In die Goethestraße, bitte.
Taxifahrer: So, hier ist es. Und welche Hausnummer?
Fahrgast: Gleich hier an der Ecke, Nummer 12. – Wie viel macht das?
Taxifahrer: 8 Euro 20, bitte.
Fahrgast: Bitte. Stimmt so.
Taxifahrer: Danke. Auf Wiedersehen!
Fahrgast: Auf Wiedersehen!

2\. Kellner: Machst du mir noch eine Pizza, eine Tomatensuppe, ein Käse-Sandwich, Salat und Spiegeleier.
Köchin: In Ordnung. Also zuerst die Suppe. Jetzt die Eier, ah ja, hier sind sie. Und nun die Pizza in den Ofen.

3\. Arzt: Tut es hier weh?
Patient: Au, ja.
Arzt: Und hier auch?
Patient: Ooh, ja.
Arzt: Und wann sind die Schmerzen besonders stark?
Patient: Vor allem nach dem Essen.
Arzt: Tja, Herr Knolle, da hilft auch kein Medikament. Sie müssen einfach mehr auf Ihre Gesundheit achten und aufhören zu rauchen.

4\. Kunde: Ich möchte gern ein Kilo Tomaten.
Verkäuferin: Bitte schön.
Kunde: Und von den Äpfeln hier.
Verkäuferin: Auch ein Kilo?
Kunde: Ja bitte.
Verkäuferin: Sonst noch etwas?
Kunde: Nein, danke. Das ist alles.
Verkäuferin: Das macht dann 3 Euro 70.
Kunde: Bitte.
Verkäuferin: Und 30 zurück. Danke. Auf Wiedersehen!
Kunde: Auf Wiedersehen!

S. 62/63 Der Tag von Familie Raptis

6

Kostas Raptis: Ich heiße Kostas Raptis und komme aus Griechenland, aber ich lebe schon viele Jahre in Deutschland. Von Beruf bin ich Arzt. Von Montag bis Freitag fahre ich morgens ins Krankenhaus. Ich bin den ganzen Tag dort und esse auch dort zu Mittag.

Unsere Kinder sind noch klein, deshalb arbeitet meine Frau Andrea nur abends. Dann komme ich nach Hause und meine Frau fährt in die Volkshochschule. Die Kinder und ich spielen noch ein bisschen. Dann bringe ich Lena und Jakob ins Bett.

Meine Arbeit ist anstrengend, aber interessant. Manchmal muss ich auch am Wochenende arbeiten, aber oft habe ich am Samstag und Sonntag Zeit für meine Familie. Ich spiele mit Lena und Jakob und gehe mit ihnen spazieren. Abends gehen Andrea und ich oft in ein Restaurant oder ins Kino.

Lektion 6

S. 70/71 Ortstermin Leipzig

3

Jens: Jens Marek.
Steffi: Hallo, Jens. Hier ist Steffi. Wie geht's?
Jens: Danke, gut. Dir auch?
Steffi: Ja, alles in Ordnung. Jens, du weißt schon: Wir müssen das Klassentreffen vorbereiten. Hast du am Freitag Zeit, so um 19.30 Uhr?
Jens: Moment, ich schaue schnell in meinen Terminkalender. Freitagabend … Ja, ich habe Zeit.
Steffi: Wunderbar. Kevin hat auch Zeit. Er bringt die Adressen mit.
Jens: Okay. Dann bis Freitag. Tschüs!
Steffi: Tschüs!

S. 74–76 Treffpunkt Augustusplatz

1 b)

Klassenkamerad: Da fehlen doch ein paar aus unserer Klasse. Wo ist denn Sascha?
Steffi: Sascha kann leider nicht kommen. Er ist gestern krank geworden.
Klassenkamerad: Und Elisabeth? Die ist auch nicht da.
Steffi: Ja, richtig. Elisabeth ist nach Erfurt gefahren. Ihre Großmutter hatte Geburtstag.
Klassenkameradin: Ist Tanja da? Ich habe sie noch nicht gesehen.
Steffi: Nein, Tanja ist nicht gekommen. Sie macht Urlaub. Sie ist nach Spanien geflogen.
Klassenkameradin: Und wo ist eigentlich Kevin, unser Organisator?
Steffi: Er ist schon ins Café gegangen. Er wartet dort.

---

9 b)

Fliegen? Fahren?
Planen, planen, planen – die Reise geplant.
Fahren! – Zug gefahren.
Gehen, zu Fuß gehen, spazieren gehen, gehen und sehen, sehen und gehen – gegangen und gesehen, gesehen und gegangen.
Sitzen! Endlich sitzen! Im Restaurant sitzen.
Und essen und trinken und lachen! Viel lachen! Viel gelacht, getrunken, gut gegessen, gesessen.
Zahlen bitte! Gezahlt, gegangen, gefahren – zu Hause! Schön!

S. 78/79 Jahrgang „19 hundert 72“

2 a) Kevin Wagner

Ich bin 1972 in Leipzig geboren. Dort bin ich auch von 1978 bis 1990 in die Schule gegangen. Das Jahr 1989 war interessant. Da gab es die Montagsdemonstrationen in Leipzig. Ich habe auch demonstriert! 1990 habe ich Abitur gemacht und dann bis 1994 an der Musikhochschule Gitarre und Klavier studiert. Danach habe ich bis 1995 keine Arbeit gehabt. Seit 1995 arbeite ich als Gitarrist und Texter für die Band „Niemand ist perfekt“. Und 1998 habe ich meine Claudia geheiratet. Jetzt ist mein Leben wirklich perfekt!

S. 80 Kommen und gehen

1

1. Alex — Hallo Steffi! Hier spricht Alex. Ich komme vormittags so gegen halb elf. Also, bis Sonnabend!

2. Jutta — Hallo Steffi! Hier ist Jutta. Ich kann erst um Viertel nach drei am Treffpunkt sein. Wartet ihr bitte? Danke, tschüs!

3. Lutz — Hallo Steffi! Hier spricht Lutz. Ich komme erst heute Abend, so um Viertel vor acht. Ich treffe euch dann in der Gosenschenke. Bis heute Abend!

4. Mandy — Hallo Steffi! Hier ist Mandy. Der Zug hat Verspätung. Ich bin um zehn nach fünf im Café. Hoffentlich seid ihr dann noch da. Bis später, tschüs!

4

1. Peggy fährt abends um zwanzig nach elf.
2. Horst fliegt am Sonntag um halb eins.
3. Kirsten nimmt den Bus nach Dresden mittags um eins.
4. Dennis nimmt um zwölf Uhr nachts den Zug nach Hamburg.

Lektion 7

S. 82/83 Ein Hotel in Salzburg

3

Grüß Gott im Hotel Amadeus, liebe Gäste.
Unser Traditionshotel in ruhiger und zentraler Lage bietet Ihnen komfortable Einzel-, Doppel- und Familienzimmer, natürlich mit Telefon und Fernseher. Von hier können Sie fast alles zu Fuß erreichen. Die typischen Salzburger Restaurants und gemütlichen Biergärten zum Beispiel sind ganz nah.
Sie brauchen eine Stadtführung durch Salzburg? Unsere Rezeption organisiert die richtige Tour für Sie.
Sie möchten ins Theater oder ins Konzert gehen? Wir bestellen die Karten für Sie.
Haben Sie noch andere Fragen und Wünsche? Meine Mitarbeiter und ich sind immer für Sie da.
Herzlich willkommen im Hotel Amadeus!

S. 86/87 Unterwegs nach Salzburg

1 b)

Und nun das Wetter für Salzburg und das Salzburger Land. Heute regnet es den ganzen Tag, dazu bleibt es weiterhin stark windig. Die Temperaturen liegen bei 18 Grad. Morgen ist es am Vormittag noch bewölkt, am Nachmittag scheint die Sonne, der Wind weht leicht aus Südost. Es wird bis 25 Grad warm. Die weiteren Aussichten: Zunehmende Wetterbesserung, viel Sonne, Erwärmung bis 30 Grad.

S. 88/89 An der Rezeption

4

Empfangschefin: Bitte sehr, gnädige Frau?
Marlene: Guten Tag. Mein Name ist Steinmann. Haben Sie noch ein Zimmer für zwei Nächte frei?
Empfangschefin: Haben Sie reserviert?
Marlene: Nein.
Empfangschefin: Moment, bitte. Brauchen Sie ein Doppelzimmer?
Marlene: Nein, ein Einzelzimmer.
Empfangschefin: Sie haben Glück. Einzelzimmer sind noch frei. Möchten Sie ein Zimmer mit oder ohne Bad und WC?
Marlene: Mit Bad und WC, bitte. Ist das Zimmer mit Blick auf den Hof?
Empfangschefin: Nein, mit Blick auf die Straße. Aber es ist sehr ruhig, gnädige Frau. Wir haben übrigens Übernachtung mit Frühstück oder mit Halbpension. Was möchten Sie?
Marlene: Ich nehme Halbpension.
Empfangschefin: Gut, Frau Steinmann. Frühstück und Abendessen gibt es im Restaurant. Hier ist Ihr Schlüssel, Zimmer 23. Haben Sie viel Gepäck? Brauchen Sie Hilfe?
Marlene: Nein, danke. Ich habe nur den Koffer und die Tasche.
Empfangschefin: Viel Spaß in Salzburg!

S. 90/91 Im Speisesaal

1

1\. Ober: So, meine Damen, Ihre Salzburger Nockerln, unsere Spezialität mit viel Eiern und Zucker. Guten Appetit.

2\. Sie: Schrecklich, die Leute hier im Speisesaal. Sie sind so laut!
Er: Mhm, besonders die Leute mit den Kindern da.
Sie: Ja, das Kind spielt mit Messer und Gabel, wie unmanierlich.
Er: Und was machen die Eltern? Sie müssen doch etwas dagegen tun!
Sie: Ach Gott, schau dir die Frau mit dem Telefon an, sie telefoniert im Speisesaal!
Er: Unmöglich!

3\. Marlene: Steinmann.
Michael: Hallo, hier ist Michael. Ich bin jetzt in Berlin im Hotel. Schreibst du meine Telefonnummer auf?
Marlene: Ja, ich höre.
Michael: Die Vorwahl für Berlin und dann 78 15 90 22.
Marlene: Alles klar, danke. Tschüs, Michael.
Michael: Tschüs.

4\. (Zithermusik)

Lektion 8

S. 94/95 Projekt: Nürnberg – unsere Stadt

2 b)

1. Reporter: Entschuldigung, was denken Sie: Wofür ist Nürnberg bekannt?
   Passantin 1: Für den Christkindlesmarkt natürlich. Er fängt 4 Wochen vor Weihnachten an. Dann kommen Touristen aus der ganzen Welt.

2. Reporter: Wofür ist Nürnberg bekannt?
   Passantin 2: Hm, vielleicht für die Burg? Ich glaube, die Burg ist sehr alt und berühmt.

3. Reporter: Was ist typisch für Nürnberg?
   Passantin 3: Die Bratwürste natürlich. Die muss man doch kennen. Die schmecken gut.

4. Reporter: Und Sie? Was denken Sie? Warum ist Nürnberg bekannt?
   Passantin 4: Ja, hier in Nürnberg hat ja Albrecht Dürer gelebt. Sein Haus kann man heute noch besichtigen. Leider sind seine Bilder nicht da. Die sind in München, Wien, Paris und London.

S. 96–99 Straßen und Plätze in Nürnberg

5

1. Marktbesucher: Guck mal: Erdbeeren, Äpfel, Salat und Karotten. Und alles ganz frisch! Hier kaufen wir ein!

2. Kind: Dauert es noch lange, bis wir zu Hause sind?
   Mutter: Noch zwei Haltestellen, dann sind wir da!

3. Touristin: Haben Sie einen Stadtplan?
   Touristen-Imformation: Hier bitte!
   Touristin: Und äh, ich suche ein Hotel im Zentrum. Aber nicht teuer!

4. Mann: Vielen Dank! Es war wunderbar! Ich liebe italienisches Essen.
   Frau: Möchtest du vielleicht noch ein Dessert?

5. Passant 1: Warum kommt denn der Bus nicht?
   Passant 2: Keine Ahnung. Ich warte auch schon 20 Minuten hier.

6. Verkäuferin: Wer ist dran?
   Kundin: Ich. Ein Weißbrot bitte.
   Verkäuferin: Noch etwas?
   Kundin: Nein, danke.
   Verkäuferin: Das macht 1 Euro 50.

6

1. Sprecher 1: Grüß Gott, ich suche den Friseur Faller.
   Sprecherin 2: Da gehen Sie zuerst hier rechts, dann an der zweiten Kreuzung wieder rechts, dann links, und dort sehen Sie auf der rechten Seite den Friseur Faller.
2. Sprecherin 1: Entschuldigung, wo ist denn der St.-Anna-Kindergarten?
   Sprecherin 2: Der Kindergarten? Der ist ganz nah. Hier rechts, dann an der ersten Kreuzung links.

3. Sprecher 1: Kennen Sie das Nürnberger Behindertenzentrum?
   Sprecherin 2: Ja natürlich, Sie müssen dreimal rechts gehen: hier rechts, an der zweiten Kreuzung rechts, dann an der Ampel rechts.

	4.	Sprecher 1	Entschuldigung, die Fahrschule Müller suche ich.
		Sprecher 2	Die Fahrschule Müller? Moment mal, die ist hier links, dann geradeaus und an der nächsten Ecke rechts.
	5.	Sprecherin 1	Entschuldigung, wo ist denn das Fitness-Studio „Fun & Sun"?
		Sprecherin 2	Ich glaube, da gehen Sie erst nach rechts, an der zweiten Kreuzung dann nach links und dann die dritte Straße nach rechts. Da kommt dann das Fitness-Studio.
	6.	Sprecher 1	Entschuldigung, gibt es hier einen Flohmarkt?
		Sprecherin 2	Ja, aber bloß am Samstag. Da müssen Sie so gehen: Geradeaus, an der zweiten Kreuzung links, und auf der rechten Seite liegt dann der Flohmarkt.

8	1.	Sprecher 1	Habt ihr jetzt schon einen Treffpunkt für heute Nachmittag?
		Sprecherin 2	Na klar, um vier Uhr am Bratwurststand an der Ecke, wie immer.
	2.	Sprecher	Heute ist es so schön und warm. Komm, wir essen im Garten.
	3.	Sprecher 1	Entschuldigung, wo kann ich Obst und Gemüse kaufen?
		Sprecherin 2	Gehen Sie hier gleich links. Auf'm Marktplatz gibt es viele Stände für Obst und Gemüse.
	4.	Sprecher 1	Wartest du hier? Ich muss noch schnell in'n Schreibwarenladen.
		Sprecherin 2	Kein Problem. Was brauchst du denn?
	5.	Sprecher 1	Morgen ist Flohmarkt am Bahnhof. Kommst du mit?
		Sprecherin 2	Das ist eine gute Idee. Auf'n Flohmarkt geh ich immer gern.
		Sprecher	Hey! Morgen hab' ich Urlaub! Da muss ich nicht in'n Supermarkt!

9 a)	1.	Sandra	Sandra Meier.
		Mona	Hallo, Sandra! Ich bin's, Mona.
		Sandra	Oh, hallo Mona!
		Mona	Kommst du mit ins Kino?
		Sandra	Ins Kino? Nein, du, ich bin noch im Büro, ich arbeite noch bis acht.
		Mona	Ach, so lange? Und was machst du dann?
		Sandra	Dann gehe ich mit meiner Kollegin ins Restaurant. Ich muss etwas essen. Möchtest du mitkommen?
	2.	Egon	Hallo?
		Seine Frau	Egon, wo bist du denn? Ich warte schon eine halbe Stunde.
		Egon	Ich bin gerade im Supermarkt und kaufe den Wein. Dann geh ich noch schnell ins Kaufhaus.
		Seine Frau	Ins Kaufhaus? Warst du noch nicht dort?
		Egon	Nein, aber das geht schnell. Tschüs, Schatz, bis gleich!
	3.	Anruf-beantworter	Hier ist der Anschluss von Familie Scholz. Bitte sprechen Sie nach dem Signalton.
		Tochter	Hallo Mama! Weißt du, wo ich gerade bin? In der Fahrschule und ich habe gerade meine erste Fahrstunde gehabt. Autofahren ist super! Jetzt gehe ich noch auf den Sportplatz. Ich bin erst zum Abendessen wieder zu Hause. Tschüs!

4. Jens: Ja, hallo!
Sein Freund: Hallo Jens! Wann kommst du?
Jens: In 5 Minuten bin ich bei dir. Ich bin gerade im Bus. Wartest du auf mich? Dann können wir zusammen auf den Flohmarkt gehen.
Sein Freund: In Ordnung. Bis gleich. Ich warte an der Haltestelle.

S. 102/103 Im Lebkuchenhaus

2

Olaf: Dürfen wir Ihnen ein paar Fragen stellen?
Bäcker: Ja, gern.
Olaf: Gibt es immer, also das ganze Jahr, Lebkuchen?
Bäcker: Ja. Typisch sind Lebkuchen an Weihnachten, im Winter. Aber wir produzieren und verkaufen das ganze Jahr, im Sommer und im Winter.
Tamaki: Warum ist Ihr Lebkuchen so bekannt?
Bäcker: Wir nehmen nur sehr gute Zutaten, unsere Produkte sind bekannt, weil die Qualität so gut ist. Hier: Sie dürfen alles probieren.
Tamaki: Mmm! Danke! Welche Zutaten nehmen Sie denn?
Bäcker: Zum Beispiel Honig, Butter, Gewürze ...
Olaf: Können wir das Rezept aufschreiben?
Bäcker: Nein, das geht nicht. Das darf ich nicht sagen.
Tamaki: Schade!
Sanjita: Ich möchte gern ein paar Fotos machen. Darf man hier fotografieren?
Bäcker: Ja, das dürfen Sie. Aber hier in dem Prospekt – da steht alles Wichtige. Da gibt es auch Fotos. Und vielleicht wollen Sie unsere Internet-Adresse notieren. Dort können Sie alles zum Thema Lebkuchen lesen: www.lebkuchen-schmidt.de.
Olaf, Tamaki, Sanjita: Vielen Dank!

Lektion 9

S. 106/107 Eine Stadt im Dreiländereck: Basel

2

1. Sprecherin: Hallo!
Sprecher: Hallo! Ja, was machst du denn hier? Ich habe dich ja lange nicht mehr gesehen!
Sprecherin: Ich wohne doch jetzt in Basel. Und du? Wie geht's dir denn?
Sprecher: Ach, danke, mir geht's eigentlich ganz gut ...

2. Sprecherin: Salut!
Sprecher: Salut, et bien, qu'est-ce que tu fais ici? Ça fait longtemps que je ne t'ai pas vue.
Sprecherin: J'habite à Bâle, maintenant. Et toi? Comment vas-tu?
Sprecher: Ah, merci, je vais plutôt bien ...

3. Sprecher: He ciao!
Sprecherin: Ciao! Was machst denn du da? Dich hab ich auch schon lang nicht mehr gesehen!
Sprecher: Ich wohn' doch jetzt z' Basel. Und du? Wie geht's denn dir?
Sprecherin: Danke, eigentlich geht's mir ganz gut ...

S. 112/113 Arbeiten in Basel

1

Frau Bürgi: Grüezi, Herr Eberle. Ist der Platz noch frei?

Herr Eberle: Klar. Setzen Sie sich doch, Frau Bürgi. Wie gefällt es Ihnen denn in unserer Firma?

Frau Bürgi: Danke, gut. Aber ich bin ja erst 3 Monate hier. Wie lange arbeiten Sie denn schon in der Firma?

Herr Eberle: Schon seit 9 Jahren. Und vorher habe ich auch in der Pharma-Industrie in Basel gearbeitet. Ich bin schon seit 17 Jahren Grenzgänger.

Frau Bürgi: Ja, wirklich? Warum arbeiten Sie denn lieber in der Schweiz?

Herr Eberle: Hier verdient man einfach mehr Geld. Und in Basel gibt es mehr Arbeitsplätze als bei uns in Weil am Rhein.

Frau Bürgi: Aber dafür ist das Leben in Deutschland nicht so teuer wie in der Schweiz.

Herr Eberle: Das stimmt. Schön finde ich auch, dass man in den Firmen in Basel Kollegen aus der ganzen Welt hat.

Frau Bürgi: Das Internationale, das gefällt mir auch im Dreiländereck. Meine Wochenenden z. B. verbringe ich sehr gerne in Frankreich, da gehe ich mit meinen Freunden Velo fahren.

Herr Eberle: Das ist aber ein sehr gesundes Hobby, was Sie da haben ...

Lektion 10

S. 120/121 Die Zeche Helene

3

Kerstin Schmittke: Tag, Herr Grabowski! Sie hab ich ja noch nie hier gesehen!

Otto Grabowski: Oh, ja so was, Frau Schmittke! Was für eine Überraschung! Was machen Sie denn hier?!

Kerstin Schmittke: Tja, ich bin oft hier. Ich arbeite in Essen und da komme ich zwei- bis dreimal pro Woche hierher ins Fitness-Studio. Sind Sie auch Mitglied im „Fit-Club"?

Otto Grabowski: Was, ich und Fitness?! Nee, nee, Sie ... Ich treffe heute meine Kollegen von früher. Möchten Sie denn etwas trinken, Frau Schmittke?

Kerstin Schmittke: Ach ja, gern. Einen Orangensaft, bitte.

Otto Grabowski: Einen Orangensaft und ein Pils, bitte! Ja, ja, Fitness-Studio ... Also zum Wohl, Frau Schmittke!

Kerstin Schmittke: Prost, Herr Grabowski.

S. 122/123 Zwei Biografien

1

Otto Grabowski: Wir haben früher in der Zeche sehr hart gearbeitet. Heute kennt das fast keiner mehr!

Kerstin Schmittke: Wann haben Sie denn angefangen zu arbeiten?

Otto Grabowski: 1959, im Alter von 17 Jahren. Damals mussten wir jeden Samstag arbeiten, nur sonntags hatten wir frei. Wir waren oft 12 Stunden täglich unter Tage. Ich musste oft Nachtschicht machen, dann konnte ich mit meiner Familie nur am Wochenende zusammen sein.

Kerstin Schmittke: Ach! Das war sicher hart für Ihre Familie.

Otto Grabowski: Ja, natürlich. Und unser Chef in der Zeche war sehr streng. Wir durften nie zu spät kommen.

Kerstin Schmittke: Und wie waren Ihre Kollegen?

Otto Grabowski: Die waren super! Ich hatte Kollegen aus Polen, aus der Türkei, aus Italien. Deshalb konnte ich früher ein bisschen Türkisch sprechen. Heute kann ich leider nur noch „Merhaba!" sagen ...

S. 124/125 Lebensmittel Alak

4

Kundin	Guten Tag. Kann man bei Ihnen Leergut abgeben?
Frau Alak	Ja, was haben Sie denn?
Kundin	Einen Kasten Mineralwasser und 5 Milchflaschen.
Frau Alak	Gut. 3, 4, 5 Flaschen, in Ordnung.
Kundin	Haben Sie beim Gemüse etwas im Sonderangebot?
Frau Alak	Der Spinat ist gerade besonders günstig.
Kundin	Ach nein, Spinat mag ich nicht. Zwiebeln brauche ich noch, 1 Kilo bitte.
Frau Alak	1 Kilo Zwiebeln. Noch etwas?
Kundin	Gibt es denn heute frischen Fisch?
Frau Alak	Leider nein, Fisch bekommen wir immer nur dienstags.
Kundin	Dann nehme ich zwei Putenschnitzel, mager bitte!
Frau Alak	Bitte sehr, zwei Schnitzel für Sie.
Kundin	Ich suche noch etwas zum Nachtisch.
Frau Alak	Nehmen Sie doch türkisches Helva. Kennen Sie das? Hier, probieren Sie mal. Lecker, nicht?

S. 128 Wohnungssuche im Ruhrgebiet

1

Federica Petrera	Jetzt suche ich schon 3 Wochen und ich habe immer noch keine Wohnung gefunden!
Kerstin Schmittke	Ach, du findest sicher bald was. Möchtest du eigentlich 1½ oder 2 Zimmer?
Federica Petrera	Ich brauche eine 2-Zimmer-Wohnung, eine 1½-Zimmer-Wohnung ist zu klein für mich.
Kerstin Schmittke	Und wie viel kannst du bezahlen? Hier in unserer Wohngemeinschaft war die Miete ja nicht sehr hoch.
Federica Petrera	Maximal 350 Euro, aber warm.
Kerstin Schmittke	Für dieses Geld findest du aber bestimmt keine Wohnung mit Garten.
Federica Petrera	Ich will doch gar keinen Garten, aber die Wohnung muss unbedingt einen Balkon oder eine Terrasse haben.
Kerstin Schmittke	Morgen sind ja wieder Wohnungsanzeigen in der Zeitung. Vielleicht findest du dann etwas.

Lösungen

Im Folgenden finden Sie die Lösungen zu den Aufgaben der Kursbuchlektionen 1 bis 10. Wo möglich und sinnvoll, ist eine eindeutige Lösung angegeben. Bei freieren Aufgaben sind für Sie einige Lösungsvorschläge *(Mögliche Lösungen)* zusammengestellt; oft gibt es natürlich noch mehr bzw. auch andere Möglichkeiten, die Sie mit den Kursteilnehmern sicher entdecken. Die Lösungsvorschläge können Ihnen außerdem eine Hilfestellung dahin gehend bieten, wie die Aufgaben zu verstehen und zu bearbeiten sind und was Sie auf dem jeweiligen Kenntnisstand von den Kursteilnehmern erwarten können.

Lektion 1

S. 10/11 Guten Tag

1 a • d • f
4 a) 1 • 4 • 2 • 3
b) 3 • 1 • 2
c) 4 • 3 • 1 • 2
d) 1 • 3 • 2

S. 12/13 Die Welt

2 Asien • Afrika • Amerika • Australien
5 China – Asien • Dänemark – Europa • Ecuador – Amerika • Frankreich – Europa • Großbritannien – Europa • Honduras – Amerika • Indien – Asien • Japan – Asien • Kenia – Afrika • Luxemburg – Europa • Marokko – Afrika • Norwegen – Europa • Oman – Asien • Polen – Europa • Russland – Europa/Asien • Spanien – Europa • Tunesien – Afrika • Ungarn – Europa • Vietnam – Asien • Zypern – Europa/Asien
6 *Mögliche Lösungen:* Tee aus Japan • Kaffee aus Ecuador, aus Honduras • Autos aus Japan, aus Frankreich • Fotoapparate aus Deutschland, aus Japan • Wein aus Ungarn, aus Spanien • Tomaten aus Frankreich, aus Italien • Computer aus Amerika, aus Japan • Schokolade aus Belgien • Bier aus Deutschland, aus Österreich • Bananen aus Ecuador, aus Honduras • Zucker aus Indien, aus Argentinien • Zitronen aus Portugal, aus Spanien
7 **b)** *Mögliche Lösungen:* 4. Kaffee aus Honduras 5. Wein aus Ungarn 6. Zitronen aus Portugal

S. 14 Mitten in Europa

2 **a)** Aus Kopenhagen. • In Deutschland. • Nach Wien.
b) *Mögliche Lösungen:* Der Zug kommt aus Frankfurt und fährt nach Berlin. • Der Zug kommt aus Paris und fährt nach Wien. • Der Zug kommt aus Prag und fährt nach Brüssel.
3 **b)** 2. Ich komme aus Luxemburg. 3. Ich wohne in Berlin. 4. Der EC fährt nach Kopenhagen. 5. Sind Sie Herr Hansen? 6. Woher kommst du?

S. 15–17 Ein Zug in Deutschland

1 **a)** 2. f
b) 1. r 2. f
c) 1. r 2. f
2 Er arbeitet in Deutschland. • Sie reist sehr viel. • Sie fahren nach Süddeutschland.
3 Wer reist viel? – Martin Miller und Frau Mohr reisen viel. • Wer arbeitet in Deutschland? – Martin Miller arbeitet in Deutschland. • Wer kommt aus Australien? – Martin Miller kommt aus Australien. • Wer schläft? – Frau Schmidt schläft. • Wer schläft nicht? – Lisa und Tobias schlafen nicht. • Wer fährt nach Köln? – Marlene Steinmann fährt nach Köln. • Wer macht Urlaub? – Frau Schmidt, Lisa und Tobias machen Urlaub. • Wer kommt aus Dortmund? – Frau Schmidt kommt aus Dortmund.
4 Lisa und Tobias wohnen in Dortmund. • Herr Miller fährt nach Leipzig. • Frau Schmidt schläft. • Anna und Thomas fahren nach Süddeutschland. • Lisa und Tobias schlafen nicht.

5 2. spielt, schläft 3. spielen, schlafen 4. reist, fährt 5. lernt, versteht 6. fahren, machen.

6 **b)** 1. lernen – lesen – hier – mitten – Marokko – Polen – du – Zucker 2. liegen – und – hallo – Tee – wo

7 München • Bremen • Polen • München • Wien

8 **kommen:** ich komme, wir kommen, du kommst, ihr kommt • **fahren:** wir fahren, ihr fahrt

9 *Mögliche Lösungen:* Ich heiße Marlene. • Arbeitest du in Österreich? • Er macht Urlaub. • Kommt ihr aus Genf? • Sie lernt Deutsch. • Wir wohnen in Leipzig. • Kommen Sie aus Deutschland? • Fahrt ihr nach Japan?

S. 18/19 Auf Wiedersehen

B 1. 14 2. 56 3. 67 4. 90

1 (Sandhofstraße) 12 • 28309 (Bremen) • 28309 (Bremen) • 04 21/41 94 88 • 41 94 88

2 **a)** Wie ist deine Adresse? • Wie ist deine Telefonnummer?

b) 1. Wie heißt du? – Ich heiße … 2. Wie ist Ihre Adresse? / Wie ist deine Adresse? – Meine Adresse ist … 3. Wo wohnen Sie? / Wo wohnst du? – Ich wohne in … 4. Wie ist Ihre Telefonnummer? / Wie ist deine Telefonnummer? – Meine Telefonnummer ist …

S. 20 Im Deutschkurs

1 reisen • fahren • schlafen • wohnen

2 Ich spreche. • Ich lese. • Ich schreibe.

3 Schreiben Sie. • Fragen Sie.

4 Ordnen Sie bitte. • Bitte kombinieren Sie. • Sprechen Sie. • Hören Sie bitte. • Lernen Sie. • Bitte schreiben Sie. • Buchstabieren Sie. • Bitte lesen Sie. • Antworten Sie bitte. • Fragen Sie.

Lektion 2

S. 22–25 Bilder aus Deutschland

1 **b)** 1. Rostock 2. Ruhrgebiet 4. Frankfurt 5. Oberstdorf

2 ein Bahnhof, der Bahnhof • eine Kirche • eine Autobahn, die Autobahn • ein Schiff, das Schiff • ein Dorf, das Dorf

3 2. Das ist ein Auto. Das Auto fährt nach Berlin. 3. Das ist ein Berg. Der Berg liegt in Süddeutschland. 4. Das ist ein Hafen. Der Hafen ist in Norddeutschland. 5. Das ist eine Fabrik. Die Fabrik liegt im Ruhrgebiet. 6. Das ist eine Kirche. Die Kirche ist schon alt. 7. Das ist ein Lastwagen. Der Lastwagen fährt nach Italien.

4 2D • 3C • 4F • 5A • 6E

5 **unbestimmter Artikel:** eine Straße – Straßen, ein Dorf – Dörfer • **bestimmter Artikel:** der Platz – die Plätze, die Straße – die Straßen, das Dorf – die Dörfer

6 **unbestimmt:** eine Kirche, ein Haus, – Plätze • **bestimmt:** der Berg, das Haus, die Plätze

7 1. • 2. • 4. • 7. • 8.

8 1. K[i]rche – B[e]rge – B[a]hnhof – L[a]stwagen – S[ü]ddeutschland 2. Restaur[a]nt – Alphab[e]t – Fabr[i]k – Situati[o]n

S. 26/27 Eine Stadt, ein Dorf

1 *Mögliche Lösungen:* **Andreas Matthis in Frankfurt:** Der Bus kommt nicht. Er wartet schon 20 Minuten. Warum? Die Straßen hier sind sehr voll. In Frankfurt fahren viele Autos. • **Moritz, Jan und Florian, Anna Brandner und Sandra Preisinger im Café:** Sie trinken Kaffee. Sie essen Eis und Schokoladentorte. Die Kinder spielen Fußball. Die Straße ist der Fußballplatz.

2 1. langsam 2. voll 3. groß

3 1. groß 2. kalt 3. gut

4 **a)** *Mögliche Lösungen:* **der Tee:** schlecht, gut • **das Eis:** schlecht, gut, klein, groß • **der Zug:** groß, klein, leer, voll, schnell, langsam • **die Stadt:** klein, groß • **die Straßen:** klein, groß, leer, voll

b) *Mögliche Lösungen:* Ist das Eis groß? – Nein, das Eis ist nicht groß. Es ist klein. • Ist der Tee heiß? – Nein, der Tee ist nicht heiß. Er ist kalt. • Sind die Straßen voll? – Nein, die Straßen sind nicht voll. Sie sind leer. • Ist die Stadt groß? – Nein, die Stadt ist nicht groß. Sie ist klein.

5 2. der Z[u]g – der Schn[e]llzug 3. ein K[a]ffee – ein [Ei]skaffee 4. eine T[o]rte – eine Schokol[a]dentorte 5. die St[a]dt – die Gr[o]ßstadt – die Kl[ei]nstadt – die [A]ltstadt 6. ein [Ei]s – ein Ban[a]neneis – ein Zitr[o]neneis – ein Schokol[a]deneis

S. 28/29 Die Stadt Frankfurt

2 im Zentrum

3 **Nomen:** kein Bus, kein Kino • **Verben:** Die Menschen arbeiten nicht hier.

5 *Mögliche Lösungen:* Ich glaube, da sind viele Banken. – Da sind keine Banken. • Ich glaube, da ist eine Universität. – Da ist keine Universität. • Ich glaube, da ist ein Museum. – Da ist kein Museum.

S. 30/31 In Köln

1 1. Nicht so gut. 2. Das Taxi kommt nicht. 3. Das ist sehr nett. Vielen Dank!

B a) 2111 b) 54000 c) 313 d) 101000

C b) 599 c) 347 d) 3798 e) 87916 f) 2323

2 2000 • 160 • 1 Million

3 **a)** 2. Touristen-Information (D) 3. Frankenplatz (C) 4. Museen (E) 5. Hauptbahnhof (B), Rhein (F)

4 2. Wie hoch ist der Messeturm in Frankfurt? – Der Messeturm ist 256 Meter hoch. 3. Wie alt ist das Rathaus in Köln? – Das Rathaus ist 670 Jahre alt. 4. Wie alt ist die Stadt Rostock? – Die Stadt Rostock ist 780 Jahre alt. 5. Wie viele Menschen wohnen in Frankfurt? – In Frankfurt wohnen 650000 Menschen. 6. Wie viele Menschen wohnen in Oberstdorf? – In Oberstdorf wohnen 10500 Menschen.

S. 32 Im Deutschkurs

1 der Radiergummi • der Bleistift • das Buch • das Blatt Papier • das Heft

3 1. Bitte wiederholen Sie. Ich verstehe nicht, bitte langsam. 2. Entschuldigung, ich habe eine Frage. Bitte noch einmal. Ich weiß nicht.

Lektion 3

S. 34–37 Meine Familie und ich

1 Krimi: 2. Nachrichten: 1. Meine Familie und ich: 3.

3 Wie ist Ihr Name bitte? – Ich heiße Mainka. • Und (wie ist) Ihr Vorname? – Irene. • Wie alt sind Sie? – Ich bin 34 Jahre alt. • Was sind Sie von Beruf? – Ich bin Krankenschwester.

4 **b)** 2. f 3. f 4. f 5. r 6. f

5 2D • 3B • 4A

6 1. Länder – (sie) schläft – (du) fährst 2. hören – (ich) möchte – Söhne – nervös 3. Züge – Brüssel – Bücher – Süddeutschland

7 Wie alt sind Sie? • Was sind Sie von Beruf? • Sind Sie verheiratet? • Haben Sie Kinder? • Wie alt sind Ihre Kinder?

8 **ich:** mein Name, meine Familie, meine Kinder • **du:** deine Kinder • **Sie:** Ihr Name, Ihre Kinder

S. 38 Die Hobbys von Frau Mainka

2 *Mögliche Lösungen:* Ich reise gern. • Ich spiele gern Gitarre. • Ich lerne gern Deutsch. • Ich mache gern Sport. • Ich singe gern.

3 Ich spiele gern Tennis.

4 *Mögliche Lösungen:* Ich spiele nie Tennis. • Ich spiele selten Gitarre. • Ich reise manchmal. • Ich esse oft Eis. • Ich höre immer Musik.

S. 40/41 Montag, 9 Uhr, Studio 21

1 **b)** Um 10 Uhr 30 ist Herr Wunderlich dran. • Um 11 Uhr ist Frau Braun dran. • Um 11 Uhr 30 ist Herr Kowalski dran. • Um 12 Uhr ist Pause. • Um 12 Uhr 45 ist Sebastian Hahn dran. • Um 13 Uhr 15 ist Familie Troll dran. • Um 13 Uhr 55 sind Herr und Frau Franke dran.

2 findet statt • ist da • möchte wissen

3 3. fängt an 4. sind dran 5. bin da

4 **b)** 2. 38 3. Busfahrer 4. gern 5. auch 6. Musik

5 **b)** 2. r 3. f 4. r 5. f 6. r

7 Ihre Mutter • Sein Vater • Seine Großmutter

8 *Mögliche Lösungen:* 1. Ihr Mann heißt Siegfried und ist 38 Jahre alt. Er ist Busfahrer von Beruf. Sein Beruf ist sehr interessant. Ihre Tochter Beate ist 10 Jahre alt und ihr Sohn Stefan ist 8 Jahre alt. Ihre Kinder gehen gern in die Schule. Ihre Mutter wohnt auch in Dortmund. Ihr Hobby ist Musik hören.
2. Sebastian ist elf Jahre alt und geht in die Schule. Sein Hobby sind Computerspiele. Seine Eltern sind nicht da, aber seine Großmutter ist hier. Sebastian möchte ein Computerspiel haben.

S. 42/43 Ein Brief aus Tübingen

2 **a)** Therese • Theodor • Thomas • Tanja • Torsten • Tina • Toni
b) *Mögliche Lösungen:* Tina ist die Tante von Thomas, Tanja und Torsten und die Frau von Toni. • Therese ist die Mutter von Tanja, Torsten und Thomas und die Frau von Theodor. • Toni ist der Onkel von Thomas, Tanja und Torsten und der Mann von Tina. • Theodor ist der Mann von Therese und der Vater von Thomas, Tanja und Torsten. • Tanja ist die Tochter von Therese und Theodor und die Schwester von Thomas und Torsten. • Tristan ist der Hund und Tiramisu ist die Katze von Familie Troll.

3 der Bruder und die Schwester • die Tante und der Onkel • der Mann und die Frau • die Tochter und der Sohn • der Vater und die Mutter • die Eltern: Vater und Mutter • die Geschwister: Bruder und Schwester • die Kinder: Tochter und Sohn

4 2. sein, ihr, sein

5 **wir:** unser Hund, unser Lied, unsere Eltern • **ihr:** euer Lied • **sie:** ihre Melodie

6 **a)** Torsten • Tanja • Thomas • Ihr • ihre • ihr • ihr • ihre • Tiramisu • ihr • Tristan
b) Unsere Kinder heißen Torsten, Tanja und Thomas. Unser Sohn Torsten spielt Klavier, unsere Tochter spielt Flöte und unser Sohn Thomas singt. Die Musik ist ihr Hobby. Wir haben auch zwei Haustiere: Unsere Katze heißt Tiramisu und unser Hund heißt Tristan.

S. 44 Im Deutschkurs

1 2. s[i]ngen – m[i]tsingen 3. sp[ie]len – m[i]tspielen 4. spr[e]chen – n[a]chsprechen 5. l[e]sen – v[o]rlesen 6. br[i]ngen – m[i]tbringen

2 1. Fangen Sie an? – Ja, ich fange an. / Machen Sie mit? – Ja, ich mache mit. / Singen Sie mit? – Ja, ich singe mit. 2. Möchten Sie anfangen? – Ja, ich möchte anfangen. / Möchten Sie mitmachen? – Ja, ich möchte mitmachen. / Möchten Sie mitsingen? – Ja, ich möchte mitsingen.

3 **a)** Am Mittwoch ist Deutschkurs. • Am Donnerstag spielt er Fußball. • Am Samstag geht er ins Kino.
b) Um 9 Uhr ist Deutschkurs. • Um 17 Uhr spielt er Fußball. • Um 19 Uhr geht er ins Kino.

Lektion 4

S. 46/47 Der Münsterplatz in Freiburg

1 **Wer:** die Marktfrau, das Kind, der Mann, die Frau • **Was:** das Obst, das Café, das Gemüse, der Marktstand, das Münster

2 2. Die Kellnerin bringt einen Kaffee. 3. Ein Mann liest ein Buch. 4. Die Marktfrau verkauft Obst und Gemüse 5. Das Kind isst ein Eis. 6. Marlene Steinmann fotografiert den Münsterplatz.

S. 48–50 Foto-Objekte

1 **b)** Familie Daume macht in Freiburg Urlaub.

2 *Mögliche Lösungen:* ein Souvenir kaufen • ein Sandwich essen, kaufen • einen Stadtplan kaufen • einen Kaffee trinken, kaufen • den Münsterturm fotografieren • ein Eis essen, kaufen • die Menschen beobachten, fotografieren

3 2. Die Marktfrau 3. fotografiert 4. Timo / Er 5. einen Kaffee 6. Eine Frau 7. Ein Mann 8. einen Mann

4 eine Frau • ein Eis • – Restaurants • die Zeitung • das Münster-Café • die Menschen in Freiburg

5 **a)** Es gibt eine Universität, einen Fußballplatz, Kaufhäuser, Cafés, einen Souvenirladen, einen Bahnhof, das Münster.
b) *Mögliche Lösungen:* Ich kaufe eine Zeitung. • Ich esse ein Eis. • Ich fotografiere das Münster. • Ich trinke einen Kaffee.

7 3. was? 4. was? 5. was? 6. wen? 7. was? 8. was?

8 Was fotografiert Timo?

9 2. Wen 3. Was 4. Was 5. Was 6. Wen

S. 51 Eine Freiburgerin

1 2. r 3. r 4. r 5. f 6. r

2 keine • kein • keine

3 *Mögliche Lösungen:* Hast du ein Wörterbuch? – Ja, ich brauche das Wörterbuch. • Haben Sie Probleme? – Nein, ich habe keine Probleme. • Möchtest du Urlaub haben? – Ja, ich möchte Urlaub haben. • Haben Sie Zeit? – Nein, ich habe keine Zeit. • Haben Sie Kinder? – Nein, ich habe keine Kinder. • Möchten Sie Kinder haben? – Ja!

S. 52/53 Das Münster-Café

1 5 • 4 • 2 • 7 • 1 • 6 • 3

2 Peter Egli • Rita Egli • Kellnerin • Rita Egli • Peter Egli • Rita Egli • Peter Egli • Kellnerin • Rita Egli • Peter Egli • Kellnerin

3 Ich möchte … • Ich esse … • Ich nehme … • Ich hätte gern …

4 **nehmen:** ich nehme, du nimmst, wir nehmen, sie/Sie nehmen • **essen:** ich esse

5 **a)** fünfzehn Euro zwanzig
b) 4 • 2 • 6 • 5 • 1 • 3

S. 54/55 Am Samstag arbeiten?

1 2. r 3. f 4. r 5. r

2 **b) der Supermarkt:** Butter, Honig, Salat, Eier, Orangensaft, Milch • **der Schreibwarenladen:** Zeitung • **die Bäckerei:** Brot
c) der Supermarkt: Hier kann sie Butter, Honig, Salat, Eier, Oragensaft und Milch kaufen. • **der Schreibwarenladen:** Hier kann sie die / eine Zeitung kaufen. • **die Bäckerei:** Hier kann sie Brot kaufen.

3 2. kann 3. kann, kann nicht 4. können, können nicht 5. kann 6. können noch nicht

4 **müssen:** er/sie/es muss, sie/Sie müssen • **können:** er/sie/es kann, sie/Sie können

5 **a)** *Mögliche Lösungen:* Die Fotografin muss viel reisen. • Der Journalist muss viel schreiben. • Kinder können gut Fahrrad fahren. • Kinder können nicht Auto fahren. • Die Studentin muss nicht in die Schule gehen.
b) *Mögliche Lösungen:* Ich kann Fahrrad fahren. • Ich muss viel schreiben. • Ich kann nicht Auto fahren.

S. 56 Im Deutschkurs

2 er/sie/es/man buchstabiert • er/sie/es/man sagt
3 2. man 3. Er 4. Es 5. man 6. sie

Lektion 5

S. 58/59 Leute in Hamburg

1 2. Deutschlehrerin 3. Arzt 4. Verkäuferin, Rentnerin 5. Koch
2 1. Taxifahrer 2. Köchin 3. Arzt 4. Verkäuferin
3 **ein Mann:** der Verkäufer, der Journalist • **eine Frau:** die Lehrerin, die Fotografin, die Köchin
4 2. Rentnerin 3. Fotografin 4. Busfahrer 5. Hausfrau 6. Kellnerin

S. 60/61 Ein Stadtspaziergang

2 eine Kirche • den Hafen
3 2. r 3. r 4. r 5. f 6. f
4 2E • 3A • 4F • 5B • 6D
5 in ein Café gehen • in die Touristen-Information gehen • auf den Stadtplan schauen • ins Zentrum fahren • auf Häuser schauen
6 in die Fußgängerzone • in das Hotel • in ein Hotel • auf Straßen
7 2. Ich gehe in die Touristen-Information. 3. Ich steige auf den Kirchturm. 4. Ich gehe in den Deutschkurs. 5. Ich gehe in ein Kaufhaus. 6. Ich gehe auf den Markt.

S. 62/63 Der Tag von Familie Raptis

1 **b) Tageszeit:** mittags, nachmittags, abends • **Mahlzeit:** frühstücken, zu Abend essen
2 **Andrea:** den Haushalt machen, meinen Unterricht planen • **Lena und Jakob:** ihre Freunde treffen, in den Kindergarten gehen • **Kostas:** ins Krankenhaus fahren, die Kinder ins Bett bringen
3 meinen Mann
4 2. ihren, ihre 3. seine 4. ihren 5. ihre 6. seine
5 **a)** *Mögliche Lösungen:* 1. **Lena und Jakob:** Wir frühstücken. Dann gehen wir in den Kindergarten. Dort treffen wir unsere Freunde. Mittags essen wir zu Mittag. Nachmittags hat unsere Mutter Zeit. Wir spielen, wir gehen spazieren oder besuchen unsere Nachbarn. Abends ist unser Vater zu Hause. Wir essen zusammen zu Abend und dann bringt unser Vater uns ins Bett. 2. **Kostas:** Dann fahre ich ins Krankenhaus. Ich bin Arzt und mein Beruf ist sehr anstrengend. Abends essen meine Kinder und ich zusammen zu Abend, dann bringe ich die Kinder ins Bett.
6 1. Griechenland 2. von Montag bis Freitag und manchmal auch am Wochenende 3. anstrengend 4. oft

S. 64/65 **Früher und heute**

1 **b)** heute • heute • früher • früher • heute

2 **sein:** ich war, er/sie/es war, sie/Sie waren • **haben:** ich hatte, er/sie/es hatte, sie/Sie hatten • **es gibt:** es gab

3 hatten • gab • hatte • gab • bin • habe • bin • waren • sind • hatte • hat

4 *Mögliche Lösungen:* Früher hatte ich ein Haustier. • Früher hatte ich keinen Computer. • Früher hatte ich Zeit. • Früher hatte ich kein Deutschbuch.

5 Nein, natürlich nicht. • Nein, ich komme aus Australien. • Doch, aber früher gab es dort immer Zeit für Gespräche.

S. 66/67 **Eine Spezialität aus Hamburg**

1 **a)** der Löffel
b) Lebensmittel: der Essig, das Öl, das Salz, der Pfeffer, der Aal, die Karotte, der Lauch, das Trockenobst, die Kräuter • **keine Lebensmittel:** das Messer, die Gabel, der Teller

2 **b)** Aalsuppe

3 *Mögliche Lösungen:* **den Fisch:** klein schneiden, pfeffern, kochen, braten • **die Kartoffeln:** waschen, klein schneiden, schälen, salzen, pfeffern, kochen, braten • **das Gemüse:** waschen, klein schneiden, schälen, salzen, pfeffern, kochen, braten • **das Fleisch:** waschen, klein schneiden, salzen, pfeffern, kochen, braten • **das Obst:** waschen, klein schneiden, schälen, kochen, braten

4 sie • es • sie

S. 68 **Jetzt kennen Sie Leute in Hamburg!**

1 2B • 3A • 4C

2 **Person:** wen • **keine Person:** wofür, was

4 dich • uns • euch

Lektion 6

S. 70/71 **Ortstermin Leipzig**

1 1. Das Abitur liegt 10 Jahre zurück. 2. Das Klassentreffen findet in Leipzig statt. 3. Die Klasse macht einen Stadtspaziergang. 4. Der Treffpunkt heißt Augustusplatz. 5. Es gibt um 16 Uhr eine Kaffeepause. 6. Sie gehen in die Gosenschenke und feiern mit Essen, Trinken und Musik.

2 1D • 2B • 3C

3 1. Jens und Steffi telefonieren. 2. Sie müssen das Klassentreffen vorbereiten. 3. Am Freitag um 19.30 Uhr haben alle Zeit.

S. 72/73 **Das Klassentreffen**

1 **b)** 2. r 3. f 4. r 5. f 6. f

2 sagen • planen • haben • lachen • geben • finden • trinken • essen • sitzen

3 haben geplant • hat getrunken • hat gegessen • haben gelacht

4 *Mögliche Lösungen:* Ich habe gestern viel Kaffee getrunken. • Ich habe gestern viel gelacht. • Ich habe gestern meinen Urlaub geplant. • Ich habe gestern im Restaurant gesessen und gut gegessen.

S. 74–76 **Treffpunkt Augustusplatz**

1 **a)** A: krank werden • B: nach Erfurt fahren • C: fliegen • D: gehen
b) 1. Sascha 2. Elisabeth 3. Tanja 4. Kevin

2 **b)** ist • hat • ist • ist • hat

3 **Verben mit *haben*:** gefeiert – feiern, getroffen – treffen, gesehen – sehen • **Verben mit *sein*:** geblieben – bleiben, gefahren – fahren, gewesen – sein

4 **Perfekt mit *haben:*** habe, hat, habt • **Perfekt mit *sein:*** sind, bist, ist

5 **a)** *Mögliche Lösungen:* Elisabeth ist in Erfurt geblieben. • Sascha und Elisabeth sind nicht nach Leipzig gekommen. • Elisabeth hat Freunde getroffen.

b) *Mögliche Lösungen:* Letzte Woche habe ich Freunde getroffen. – Ich habe letzte Woche keine Freunde getroffen. Ich habe viel gearbeitet. • Im Jahr 2000 habe ich keinen Urlaub gemacht. – Ich habe (schon) Urlaub gemacht, ich bin nach Italien gefahren. • Letzte Woche habe ich viel gearbeitet. – Ich auch.

6 **gesagt:** gelacht, gefeiert, geplant, gemacht • **getrunken:** gefunden, gesehen, gegessen, gegangen, gewesen, gegeben, getroffen, gesessen, geblieben, geworden, gefahren

7 **regelmäßig:** gehabt, geplant, gearbeitet • **unregelmäßig:** gefahren, geworden, gewesen

8 Heute trinke ich nicht. – Gestern hast du auch nicht getrunken. • Heute feiere ich nicht. – Gestern hast du auch nicht gefeiert. • Heute fahre ich nicht Fahrrad. – Gestern bist du auch nicht Fahrrad gefahren. • Heute bleibe ich nicht zu Hause. – Gestern bist du auch nicht zu Hause geblieben.

S. 77 Stadtspaziergang durch Leipzig

1 2A • 3C • 4B

2 **a)** *Mögliche Lösungen:* Cafés, Restaurants, Menschen • teuer, schön • einkaufen, Kaffee trinken, essen

b) *Mögliche Lösung:* Das ist eine Einkaufs-Passage in Leipzig. Hier gibt es viele Geschäfte, Cafés und Restaurants. Viele Menschen kaufen dort ein und gehen spazieren. Die Geschäfte sind sehr elegant und teuer. Man kann dort auch Kaffee trinken oder etwas essen.

S. 78/79 Jahrgang „19 hundert 72“

1 2. neunzehnhundertneunundachtzig 3. fünfzehnhundertacht 4. zweitausendzehn 5. zweitausendfünfunddreißig

2 **a)** von 1978 bis 1990 in die Schule gegangen • 1989 demonstriert • 1990 Abitur gemacht • bis 1994 Gitarre und Klavier studiert • bis 1995 keine Arbeit gehabt • 1998 Claudia geheiratet

b) Schule • von 1982 bis 1990 • Abitur • Studium • arbeitslos • Heirat

3 ist gegangen • hat gemacht • hat gehabt • gefunden • ist • hat getroffen • haben geheiratet • haben • ist • bleibt • arbeitet

4 **a)** *Mögliche Lösungen:* 2. Wann und wo sind Sie in die Schule gegangen? 3. Von wann bis wann haben Sie studiert? Was haben Sie studiert? Wo haben Sie studiert? 4. Sind Sie arbeitslos gewesen? Von wann bis wann sind Sie arbeitslos gewesen? 5. Wann haben Sie gearbeitet? Was haben Sie gearbeitet? 6. Wann sind Sie nach Deutschland gekommen? / Wann sind Sie in Deutschland gewesen? 7. Wann haben Sie geheiratet?

S. 80 Kommen und gehen

1 1. halb elf 2. Viertel nach drei 3. Viertel vor acht 4. zehn nach fünf

2 Viertel nach • zwanzig nach • zehn nach halb • Viertel vor • zehn vor

3 Es ist fünf vor vier. • Es ist halb zwei. • Es ist zwanzig vor zehn. / Es ist zehn nach halb zehn. • Es ist fünf nach halb sechs. • Es ist kurz vor elf.

4 1B • 2C • 3A• 4D

Lektion 7

S. 82/83 Ein Hotel in Salzburg

1 *Mögliche Lösungen:* Ein Doppelzimmer kostet 87 €. • Die Zimmer haben eine Dusche. • Es gibt eine Garage. • Die Zimmer haben einen Fernseher und ein Telefon. • Es gibt keinen Biergarten. • Ein Einzelzimmer mit Bad kostet 53 €. • Es gibt kein Schwimmbad. • Es gibt vielleicht eine Bar. • Es gibt einen Frühstücksraum. • Die Zimmer haben Dusche oder Bad/WC. • Es gibt auch Dreibettzimmer und Appartements.

2 2. Zimmermädchen 3. Koch 4. Musiker 5. Hotelier 6. Ober

3 1. r 2. r 3. f 4. r 5. f 6. f

S. 84/85 Arbeit und Freizeit

1 **b)** Sie machen Pause.
c) 3 • 6 • 4 • 5 • 1 • 2

2 2. machen, aufmachen 3. kommen, ankommen 4. fahren, abfahren

3 aufgeräumt • ausgewechselt • angekommen • aufgestanden • angefangen

4 2. gemacht 3. aufgeräumt 4. mitgebracht 5. ausgewechselt 6. begrüßt

5 *Mögliche Lösungen:* Dort hat sie Fotos gemacht. • Dann hat sie Kaffee getrunken. • Später ist sie in ein Museum gegangen. • Dort hat sie Souvenirs eingekauft. • Um 22 Uhr ist sie ins Hotel zurückgekommen. • Dort hat sie den Film ausgewechselt. • Sie ist erst um 23 Uhr ins Bett gegangen.

6 *Mögliche Lösungen:* Was haben Sie gestern gemacht? – Gestern habe ich ferngesehen. • Was haben Sie letzte Woche gemacht? – Letzte Woche habe ich gefeiert. • Was haben Sie letztes Jahr gemacht? – Letztes Jahr habe ich Urlaub gemacht. • Was haben Sie im Jahr 2000 gemacht? – Im Jahr 2000 habe ich geheiratet. • Was haben Sie früher gemacht? – Früher habe ich gearbeitet.

S. 86/87 Unterwegs nach Salzburg

1 **b)** 1. heute 2. morgen 3. heute 4. heute 5. morgen 6. morgen

2 2. windig 3. sonnig 4. wolkig

3 *Mögliche Lösungen:* ... scheint. • ... regnen. • Heute ist es sonnig. • Es ist regnerisch und windig. • Morgen wird es warm. • Die Temperatur beträgt heute 23°C.

5 *Mögliche Lösungen:* Die Autofahrt hat 10 Stunden gedauert. Bei Leipzig und Nürnberg haben sie Pause gemacht. Die Eltern haben viel Kaffee bestellt. Bei München haben sie den Wetterbericht für Salzburg gehört. Frau Kajewski hat ihren Regenschirm zu Hause vergessen. Endlich sind sie in Salzburg angekommen. Aber da haben sie das Hotel Amadeus nicht gefunden. Herr Kajewski hat den Stadtplan verloren. Sie haben einen Salzburger gefragt. Er hat den Weg ins Hotel erklärt, aber sie haben ihn schlecht verstanden: Die Österreicher sprechen nicht wie die Deutschen! Endlich hat Jonas, der Sohn von Kajewskis, das Hotel entdeckt.

6 bestellt • vergessen • erklärt • verstanden • entdeckt

7 3. [an]-komm-en (trennbar) 4. ent-[deck]-en (untrennbar) 5. [auf]-räum-en (trennbar) 6. er-[klär]-en (untrennbar) 7. ver-[steh]-en (untrennbar) 8. [ab]-fahr-en (trennbar)

S. 88/89 An der Rezeption

1 **b)** 5 • 3 • 1 • 4 • 2

2 telefoniert • informiert

3 1. gestiegen 2. telefoniert 3. abgefahren 4. geschlafen, gespielt 5. gegangen, gewartet 6. gefunden 7. verloren 8. geregnet, vergessen 9. entdeckt

4 2a • 3b • 4a • 5a • 6b

5 **a)** **Tourist:** Guten Tag, haben Sie noch ein Zimmer für eine Nacht frei? **Empfangschef:** Ja, brauchen Sie ein Einzelzimmer? **Tourist:** Nein, ein Doppelzimmer, bitte. **Empfangschef:** Mit oder ohne Bad und WC? **Tourist:** Mit Bad und WC. Ist das Zimmer mit Blick auf den Garten? **Empfangschef:** Nein, leider mit Blick auf die Straße. Aber es ist ruhig. **Tourist:** Gut, das nehme ich. **Empfangschef:** Möchten Sie die Übernachtung mit Halbpension? **Tourist:** Nein, nur mit Frühstück. **Empfangschef**: Bitte schön. Hier ist Ihr Schlüssel, Zimmer 5. **Tourist:** Danke.

b) *Mögliche Lösungen:* **Empfangschef:** Grüß Gott. Möchten Sie ein Doppelzimmer oder ein Einzelzimmer? **Tourist:** Ein Einzelzimmer bitte. **Empfangschef:** Ah ja, ich habe noch ein schönes Einzelzimmer frei. **Tourist:** Ist das Zimmer mit Blick auf die Berge? **Empfangschef:** Nein, leider mit Blick auf die Straße, aber es ist sehr ruhig. **Tourist:** Gut, das nehme ich. **Empfangschef:** Bitte schön. Hier ist Ihr Schlüssel. Sie haben Zimmer 12.

S. 90/91 Im Speisesaal

1 1. 1 2. 4 3. 5 4. 2

2 1. 2 2. 1 3. 4 4. 5 5. 4 6. 3

3 der, einer • dem, einem • den, - Kindern

4 2. einem Hund 3. Kindern 4. einem Handy, einer Sonnenbrille 5. Fotoapparaten

5 **a)** *Mögliche Lösungen:* Womit fahren Sie nach Australien? – Ich fahre mit dem Schiff. • Womit fahren Sie in die Sprachschule? – Ich fahre mit dem Bus. • Womit fahren Sie ins Büro? – Ich fahre mit dem Fahrrad. • Womit fahren Sie in die Schweiz? – Ich fahre mit dem Zug. • Womit fahren Sie nach Deutschland? – Ich fahre mit dem Auto.

b) *Mögliche Lösungen*: Ich fahre mit meiner Schwester in die Schweiz. • Wir fahren mit unserem Freund in die Sprachschule. • Wir sind mit unseren Eltern nach Österreich gefahren.

S. 92 Wolfgang Amadeus Mozart

1 **b)** 1. 1756, Salzburg 2. sein Vater Leopold Mozart 3. 1762 4. 1782, Constanze Weber 5. Wien 6. Opern (z. B. „Don Giovanni"), Sinfonien, Konzerte und noch viel mehr.

Lektion 8

S. 94/95 Projekt: Nürnberg – unsere Stadt

Die Kursteilnehmer sammeln Informationen über Nürnberg.

2 **a)** A5 • B3 • C4 • D1 • E6 • F2

b) 1. 4 2. 3 4. 2 6. 1

S. 96–99 Straßen und Plätze in Nürnberg

1 *Mögliche Lösungen:* Es gibt einen Brunnen, eine Bushaltestelle und Marktstände mit Blumen. • Die Leute hier gehen spazieren oder fahren mit dem Fahrrad. • Man kann Blumen kaufen. • Die Leute kaufen ein, andere warten. • Man kann etwas essen.

2 1C • 2E • 3D • 4A • 5F • 6B

3 am, an einem • auf der, auf einer • im • an den

4 1. **essen:** am Bratwurststand 2. **warten:** an der Haltestelle, am Bahnhof, am Brunnen 3. **einkaufen:** auf dem Markt, im Geschäft, im Laden 4. **arbeiten:** in der Fabrik, im Büro 5. **wohnen:** in der Großstadt, auf dem/im Dorf, in der Wohnung

5 **a)** 2. in einem Bus 3. in der Touristen-Information 4. im Restaurant 5. an einer Haltestelle 6. in einem Geschäft

b) *Mögliche Lösungen:* Auf dem Markt sieht man viele Menschen. • Am Brunnen sitzen zwei Frauen. • Die Leute kaufen im Geschäft ein. • Zwei Frauen warten an der Haltestelle. • Es ist warm. Die Sonne scheint.

6 **a)** 4 • 1 • 6 • 2 • 3 • 5

b) 1C • 2D • 3E • 4F • 5B • 6A

7 *Mögliche Lösungen:* Entschuldigung, wo ist der Flohmarkt? – Gehen Sie geradeaus und an der zweiten Kreuzung nach links. Auf der rechten Seite liegt dann der Flohmarkt. • Guten Tag, wo liegt das Nürnberger Behindertenzentrum? – Ja, gerne. Da gehen Sie bitte dreimal nach rechts: hier rechts, an der zweiten Kreuzung rechts und an der Ampel rechts.

8 1. am Bratwurststand 2. im Garten 3. auf dem Marktplatz 4. in den Schreibwarenladen 5. auf den Flohmarkt 6. in den Supermarkt

9 **a)** 1. im Büro, ins Restaurant 2. im Supermarkt, ins Kaufhaus 3. in der Fahrschule, auf den Sportplatz 4. im Bus, auf den Flohmarkt
b) *Mögliche Lösungen:* ... auf den Markt. • Ich möchte etwas essen. – Ich gehe ins Restaurant. • Ich möchte einen Film sehen. – Ich gehe ins Kino. • Ich möchte Tennis spielen. – Ich gehe auf den Sportplatz.
c) *Mögliche Lösungen:* ... bist im Deutschkurs. Ich mache gerade Sport. – Du bist auf dem Sportplatz. Ich bin im Supermarkt. – Du kaufst gerade ein. Ich bin im Restaurant. – Du isst gerade. Ich bin im Büro. – Du arbeitest gerade.

S. 100/101 Im Atelier für Mode und Design

1 **b)** 4 • 5 • 6
c) die Hose • der Mantel • die Jacke • die Schuhe • der Rock
2 5 • 1 • 8 • 6 • 9 • 7 • 4 • 2 • 3
3 **Akkusativ:** Welchen, Welche, Welches, Welche
4 **a)** **Verkäufer/Verkäuferin:** Kann ich helfen? • Welche Größe haben Sie? • Welche Farbe? • Möchten Sie den Pullover anprobieren? • Umtauschen geht nur mit Kassenbon. • Bitte bezahlen Sie an der Kasse. • **Kunde/Kundin:** Ich suche einen Pullover. • Ich hätte gern einen Pullover. • Was kostet der Pullover? • Wo kann ich den Pullover anprobieren? • Kann ich den Pullover auch umtauschen?
b) *Mögliche Lösungen:* Kann ich helfen? – Ich suche eine Hose. • Welche Größe haben Sie? – Ich habe Größe 36. • Möchten Sie die Hose anprobieren? – Ja, gern. Wo sind die Umkleidekabinen? • Was kostet die Hose? – Die Hose kostet 80 Euro.

S. 102/103 Im Lebkuchenhaus

1 *Mögliche Lösungen:* Tamaki, Olaf und Sanjita möchten am Dienstag um 15 Uhr ins historische Lebkuchenhaus am Hauptmarkt gehen. Dort wollen sie ein Interview mit dem Bäcker machen. Sie möchten auch das Rezept bekommen und Fotos machen.
2 **a)** 1. für den Winter 2. besonders gut 3. Honig, Butter, Gewürze 4. nicht aufschreiben 5. Informationen über Lebkuchen 6. eine Internet-Adresse
b) 1. r 2. r 3. r 4. f 5. r 6. f
3 **Man darf nicht:** Man darf nicht telefonieren. • Man darf kein Eis essen. • Man darf nicht Gitarre spielen. • Man darf kein Rezept notieren. • **Man darf:** Man darf mit Kunden sprechen. • Man darf fotografieren. • Man darf ein Interview machen.
4 **Olaf:** Olaf will in Nürnberg Leute kennen lernen. • Er will mit Freunden ausgehen. • Olaf will eine Wohnung suchen. • **Tamaki und Sanjita:** Tamaki und Sanjita wollen Fotos machen. • Sie wollen Nürnberger Würste essen. • Tamaki und Sanjita wollen auch im Zentrum spazieren gehen.
5 **wollen:** er/sie/es will, sie/Sie wollen • **dürfen:** er/sie/es darf, sie/Sie dürfen
6 **a)** *Mögliche Lösungen:* **wollen:** Er/sie/es will schnell Auto fahren. • Wir wollen Städte besichtigen. • Die Kursteilnehmer wollen ein Projekt im Kurs machen. • Er will im Haushalt arbeiten. • **dürfen:** Du darfst nicht zu spät zur Arbeit kommen. • Man darf nicht mit dem Handy telefonieren. • Ihr dürft nicht alles essen und trinken.
b) *Mögliche Lösungen:* **(nicht) wollen:** Ich darf leider nicht alles essen und trinken. • Mein Bruder will immer schnell Auto fahren. • **(nicht) dürfen:** Meine Lehrerin darf nicht zu spät zur Arbeit kommen. • Wir wollen keinen Sport machen.

Lektion 9

S. 106/107 Eine Stadt im Dreiländereck: Basel

1 1. Frankreich 2. Deutschland 3. der Schweiz 4. Frankreich 5. der Schweiz 6. Deutschland
2 3. Schweizerdeutsch 1. Deutsch 2. Französisch
3 **a)** 2. liegt am, Dreiländereck, Euro 3. nach, Chemie-Industrie, produzieren 4. Stadt, Grenzgänger 5. Kultur und Geschichte
b) Textabschnitt – Bild: 1. 3 2. 1 3. – 4. 5

S. 108/109 Stadt und Land

1 **a) für die Stadt:** 3, 5, 8 • **gegen die Stadt:** 2, 4, 6, 7, 9
b) 2E • 3A • 4B • 5D • 6F

2 interessanter, billiger, teurer, sauberer, länger, größer, gesünder, besser

3 *Mögliche Lösungen:* Reto: Das Landleben ist besser für die Kinder. • Urs: Das Landleben ist billiger als das Stadtleben. Die Luft auf dem Land ist sauberer als in der Stadt. • Beat: Die Mieten in Basel sind zu hoch. Das Leben auf dem Land ist gesünder als das Stadtleben. • Emil: In der Stadt kann man morgens länger schlafen.

4 **a)** *Mögliche Lösungen:* 1. Leute: unfreundlich, laut, interessant, uninteressant, zufrieden, unzufrieden • 2. Luft: gut, schlecht, sauber, schmutzig • 3. Straßen: groß, klein, gut, schlecht, ruhig, laut, sauber, schmutzig • 4. Einkaufsmöglichkeiten: interessant, billig, gut, schlecht • 5. Mieten: hoch, niedrig, teuer, billig • 6. Kulturangebot: groß, klein, interessant, uninteressant, gut, schlecht

S. 110/111 Pendeln – aber wie?

1 **b)** Urs: Der Bus ist am bequemsten. • Reto: Das Auto ist am besten. • Emil: Der Zug und das Tram sind am schnellsten. • Beat: Das Velo ist am billigsten und am sportlichsten.

2 am schnellsten, am sportlichsten, am besten, am liebsten

3 *Mögliche Lösungen:* Ich fahre mit dem Bus. Das ist am bequemsten. • Ich nehme nicht das Tram. Das ist am langsamsten. • Ich fahre mit dem Motorrad. Das ist am schnellsten. • Ich nehme das Velo. Das ist am billigsten. • Ich fahre mit dem Zug. Das ist am schnellsten. • Ich fahre mit dem Auto. Das ist am besten.

4 3. so, wie 4. nicht so 5. so schnell wie 6. nicht so, wie 7. nicht so, wie 8. nicht so, wie

5 **a)** *Mögliche Lösungen:* Der Zug ist teurer als das Fahrrad. • Das Motorrad ist schneller als das Fahrrad. • Das Auto ist am praktischsten. • Der Bus ist nicht so sportlich wie das Fahrrad. • Das Flugzeug ist am teuersten. • Das Auto ist langsamer als das Flugzeug. • Die Straßenbahn ist nicht so gefährlich wie das Motorrad. • Das Fahrrad ist am gesündesten.

S. 112/113 Arbeiten in Basel

1 **a)** in der Kantine
b) 1. r 2. r 3. f 4. f 5. r 6. r

2 **b)** 1. 160 000 • 2. 50 000 • 3. 28 000 • 4. 78 000

3 2. kommen 3. kommen 4. pendeln 5. arbeiten 6. gehen

4 **Woher?** aus dem Umland, von dem Zoll, von der Arbeit, vom Land, von den Pharmakonzernen **Wo?** bei den Pharmakonzernen **Wohin?** zu den Pharmakonzernen

5 zur • bei einem • aus • aus dem • von seiner • zu seiner

6 *Mögliche Lösungen:* Wo arbeitet er? – Er arbeitet beim Zoll. • Woher kommst du? – Ich komme aus dem Schwimmbad. • Wo wohnt sie? – Sie wohnt bei ihren Eltern. • Wo seid ihr? – Wir sind bei den Marktständen. • Wohin gehen sie? – Sie gehen zur Post.

S. 114/115 Basel international

1 **b)** 1. Indien 2. Englisch 3. Französisch, Deutsch 4. Schweizer, Italienisch

2 mir • ihm • ihr • uns • ihnen

3 *Mögliche Lösungen:* Meine Freunde? Ich spreche gern mit ihnen. • Meine Eltern? Ich spreche gern mit ihnen. • Meine Kollegen? Ich spreche oft mit ihnen. • Meine Schwester? Ich spre-

4 che nicht gern mit ihr. • Meine Kolleginnen? Ich spreche gern mit ihnen.

5 2. Arbeitsplatz 3. Dienstag 4. selbst 5. am teuersten
1. Indien 2. Italienerin, italienisch 3. Südafrikaner, südafrikanisch 4. Schweizer 5. Niederländerin, niederländisch 6. libanesisch 7. Türke, türkisch 8. Russland, Russin, russisch 9. China, Chinese, Chinesin 10. Tschechin, tschechisch 11. Frankreich, französisch 12. Deutschland, deutsch

S. 116 Aus der Basler Zeitung

1 1D • 2E • 3B • 4C • 5A

Lektion 10

S. 118/119 Glückaufstraße 14, Bochum

1 6 • 3 • 1 • 4 • 2 • 5
2 2. 5 3. 1 4. 6 5. 2 6. 4

S. 120/121 Die Zeche Helene

1 **a)** 1. 2 • 2. 1
b) 1. 1 2. 1 3. 2 4. 2 5. 1 6. 2
2 *Mögliche Lösungen:* Die Zeche Helene war früher ein Bergwerk. • Früher musste man in der Zeche Helene hart arbeiten. • Früher durften Frauen nicht in der Zeche arbeiten. • Heute kann man in der Zeche Helene Sport machen. • Heute ist die Zeche Helene ein Sport- und Freizeitzentrum. • Heute gibt es in der Zeche Helene eine Sauna und ein Solarium. • Heute gibt es im Freizeitzentrum ein Programm für Kinder.
3 6 • 8 • 4 • 2 • 5 • 1 • 3 • 7
4 **a)** *Mögliche Lösungen:*
1. **A**: So ein Zufall! Wie geht es dir? **B**: Gut. Und dir? **A**: Danke, auch gut. Was hast du denn in letzter Zeit so gemacht? **B**: Ich war im Urlaub ...
2. **A**: Was für eine Überraschung! Frau Müller, was machen Sie denn hier? **B**: Herr Kurze, so ein Zufall. Ich habe Sie ja schon ewig nicht mehr gesehen! **A**: Wohnen Sie immer noch in Dortmund? **B**: Nein, ich wohne doch jetzt in Köln. Und Sie? Erzählen Sie doch mal, wie geht es Ihrer Familie? ...
3. **A**: Hallo Ina, so ein Zufall, was machst du denn hier? **B**: Hallo, Annika, das ist ja toll. Wie geht's dir denn so? **A**: Ach gut, und dir? Arbeitest du immer noch bei der Bank? ...

S. 122/123 Zwei Biografien

1 1. f 2. r 3. f 4. f 5. r 6. r
2 **a/b)** 2. a) 3. b) 4. b) 5. a) 6. b)
3 **müssen:** er/sie/es musste, wir mussten • **können:** er/sie/es konnte • **dürfen:** er/sie/es durfte, wir durften • **wollen:** ich wollte, er/sie/es wollte, sie/Sie wollten
4 **a)** *Mögliche Lösungen:* **Otto Grabowski: früher:** musste hart arbeiten, durfte nie zu spät kommen, konnte ein bisschen Türkisch sprechen • **heute:** trifft seine Kollegen von früher • **Kerstin Schmittke: früher:** durfte nichts selbst entscheiden • **heute:** arbeitet in einer Internetfirma, muss viele Überstunden machen.
5 *Mögliche Lösungen:* Ich wollte nie die Küche aufräumen. • Als Kind konnte ich nicht gut Fußball spielen. • Ich durfte manchmal Coca-Cola trinken. • Ich wollte gern ein Instrument spielen. • Als Kind durfte ich keine Jeanshosen tragen. • Ich konnte gut Fahrrad fahren.

S. 124/125 Lebensmittel Alak

1 **a)** 4 • 1 • 5 • 2 • 3
b) 2. 1 Liter 3. 4 Kilogramm 4. 3 Pfund 5. 100 Gramm 6. 1 Deziliter
2 **a)** *Mögliche Lösungen:* Wie viel kostet ein Kilo türkische Tomaten? 1 Kilo Tomaten kostet 1,55 €. • Wie viel kosten 10 Kilo Kartoffeln? 10 Kilo Kartoffeln kosten 2,99 €. • Wie viel kosten 500 Gramm Schafskäse? 500 Gramm Schafskäse kosten 4,99 €. • Wie viel kostet eine Schachtel Merci-Pralinen? Eine Schachtel Merci-Pralinen kostet 1,49 €.
3 Geschnitten oder am Stück? • Darf es etwas mehr sein? • Haben Sie sonst noch einen Wunsch? • Kann ich bitte eine Tüte haben?
4 2. Sonderangebot 3. Zwiebeln 4. Fisch 5. Putenschnitzel 6. Nachtisch
5 **a)** *Mögliche Lösungen:*
1. Wir müssen Tomaten kaufen. • Ich brauche etwas Schafskäse. • Und ich will Trauben, wir kaufen 1 kg grüne Trauben. • Wir brauchen Salat und Getränke. • Haben wir noch Oliven zu Hause? – Nein, wir müssen welche kaufen. ...
2. Wir brauchen Brot und 10 Eier. • Wir müssen Getränke kaufen und wir brauchen noch frisches Obst und Marmelade. – Nein, Marmelade brauchen wir nicht. Ich habe noch ein Glas zu Hause. • Ich esse kein Ei, also brauchen wir nur 9 Eier. ...

3. Wir müssen Wein kaufen. • Wir brauchen Brot und Tomaten. • Ich kaufe Käse am Stück, das essen alle gern. • Und ich kaufe etwas Obst. • Wir brauchen Orangensaft und Mineralwasser. ...

S. 126/127 Meinungen über das Ruhrgebiet

1 b) Überschrift 2: Die meisten Menschen im Ruhrgebiet sind mit ihrem Wohnort zufrieden

c) 2. Renate Pokanski sagt, dass man im Ruhrgebiet sehr viel über die Vergangenheit lernen kann. 3. José Manuel Rodrigues gefällt es hier, weil im Ruhrgebiet Menschen aus vielen Ländern leben. 4. Federica Petrera findet es gut, dass es im Ruhrgebiet so viele Freizeitmöglichkeiten gibt. Sie sucht eine Wohnung, weil sie endlich allein wohnen will. 5. Friedrich Bertsch ist arbeitslos geworden, weil man die Stahlfabrik in Duisburg geschlossen hat. Er findet es nicht gut, dass Leute wie er nur noch schwer eine Arbeit finden können.

2 **dass-Sätze:** Ich denke, dass die Verkehrsverbindungen gut sind. Frau Pokanski sagt, dass man hier viel lernt. • **weil-Sätze:** Ich suche eine andere Wohnung, weil mir meine Wohnung nicht mehr gefällt. Weil ich allein wohnen möchte.

3 a) *Mögliche Lösungen:* Mein Wohnort gefällt mir, weil es hier viele Arbeitsplätze gibt. • Ich finde es gut, dass das Kulturangebot so interessant ist. • Ich finde es nicht gut, dass die Verkehrsverbindungen so schlecht sind.

b) *Mögliche Lösungen:* Ich wohne nicht gern in meiner Wohnung, weil sie so dunkel ist. • Ich finde es aber gut, dass meine Wohnung so ruhig ist. • Ich wohne auch gern in meiner Wohnung, weil die Leute im Hause sehr freundlich sind. • Ich finde es aber nicht gut, dass die Mieten so hoch sind.

4 2. (↘), (↘) • (→), (↘) 3. (↘),(↘) • (→), (↘) 4. (↘), (↘) • (→), (↘)

S. 128 Wohnungssuche im Ruhrgebiet

1 a) 1. 2-Zimmer-Wohnung 2. 350 € 3. einen Balkon oder eine Terrasse

b) Wohnung Nr. 4

2 a) 2. Obergeschoss 3. Erdgeschoss 4. Quadratmeter 5. Kaution 6. Kaltmiete 7. Nebenkosten 8. Warmmiete

b) **Wohnung Nr. 1:** KM 380,– € + NK + Kt., Südbalkon • **Wohnung Nr. 2:** 1,5 Zi, 52 m^2, KM 270,– € + NK • **Wohnung Nr. 3:** 2 Zi, 56 m^2, 4. OG • **Wohnung Nr. 4:** 2 Zi, 270,– € kalt + NK, EG, kleine Terrasse • **Wohnung Nr. 5:** 2 Zi, 45 m^2, KM 280,– € + NK 120,– €, Dachterrasse

c) *Mögliche Lösungen:* Wohnung 1 ist eine 2 ½-Zimmer-Wohnung. Sie hat einen Südbalkon, einen Keller und eine Tiefgarage. Im Monat beträgt die Kaltmiete 380,– € + Nebenkosten. Man muss eine Kaution bezahlen. Die Wohnung liegt zentrumsnah. • Wohnung 2 ist eine 1,5-Zimmer-Wohnung mit 52 m^2. Die Wohnung liegt im Umland von Bochum. Man kann sie bald mieten.

Kopiervorlagen und Tests

Im Folgenden finden Sie je eine Doppelseite Kopiervorlagen sowie Tests und Diktate als Zusatzmaterial zu den Kursbuchlektionen 1 bis 10.

Die **Kopiervorlagen** sind auf den Wortschatz und die Grammatik der einzelnen Lektionen abgestimmt und eignen sich daher gut zur Wiederholung und Vertiefung des jeweils behandelten Lernstoffs. Die Spielvorlagen sind so angelegt, dass Sie sie – von der Erstellung der benötigten Anzahl Spielsets einmal abgesehen – ohne zusätzliche Vorbereitung im Unterricht einsetzen können. Sie haben die Möglichkeit, zu den Spielen in den Kopiervorlagen ausführliche Anleitungen und weitere Vorschläge in **Alles drin** im Kapitel *Spiele* nachzulesen.

Die **Tests und Diktate** fragen den Lernstoff der jeweiligen Lektion ab. Sie dienen zur Kontrolle des Lernerfolgs am Ende einer Kursbuchlektion. Das Diktat ist den Tests vorangestellt und geht nicht in die Bewertung ein. Es ist wichtig, dass Sie beim Vorlesen der Diktate in drei Schritten vorgehen: Zunächst lesen Sie den Text einmal ganz, dann in Abschnitten (Sätzen oder Satzteilen) vor. In den Pausen schreiben die Lernenden die diktierten Abschnitte auf. Zum Schluss tragen Sie den Text zur Kontrolle noch einmal ganz vor. Das Lesetempo sollte am schwächsten Teilnehmer orientiert sein.

Die Lösung der Aufgaben in den Tests sollte ohne zeitlichen Druck geschehen. Mit Rücksicht auf das Arbeitstempo Ihres Kurses können Sie einen Zeitrahmen von 15 bis 25 Minuten einplanen. Am rechten Rand der Tests ist die Punktzahl angegeben, die pro Aufgabe zu erreichen ist. Das Punktesystem ist mit der Bewertungsskala verknüpft und ermöglicht eine schnelle und sichere Benotung. Der Lösungsschlüssel erleichtert Ihnen das Korrigieren, denn dort können Sie die korrekten Lösungen nachschlagen.

Kopiervorlagen:

Tests:

Ein Zug in Deutschland (Wechselspiel)

Lesen Sie die Beispielsätze. Fragen und antworten Sie bitte.

Partner A	**Partner B**
Woher kommt **Martin Miller**?	Er kommt aus …
Versteht **Anna Goraj** Deutsch?	Nein, …
…	…
Wie ist die Adresse von …	Die Adresse ist …
…	…
Woher kommen **Sie**/kommst **du**?	…

A	**Martin Miller** 	**Anna Goraj** 	**Ihr Partner/ Ihre Partnerin**	**Ich**
Woher? (kommen)		Polen		
Deutsch? (verstehen)	Ja, sehr gut.			
Wo? (wohnen)		Bremen		
Adresse? (sein)	Pfalzburger Straße 8			
Telefon-nummer? (sein)		0421/330175		
Wohin? (fahren)	Köln			
Was? (machen)		Deutsch lernen		

Ein Zug in Deutschland (Wechselspiel)

Lesen Sie die Beispielsätze. Fragen und antworten Sie bitte.

Partner B	**Partner A**
Woher kommt **Anna Goraj**?	Sie kommt aus …
Versteht **Martin Miller** Deutsch?	Ja, …
…	…
Wie ist die Adresse von …	Die Adresse ist …
…	…
Woher kommen **Sie**/kommst **du**?	…

B	**Martin Miller** 	**Anna Goraj** 	**Ihr Partner/ Ihre Partnerin**	**Ich**
Woher? (kommen)	Australien			
Deutsch? (verstehen)		Nein, nicht gut.		
Wo? (wohnen)	Berlin			
Adresse? (sein)		Kölner Straße 17		
Telefon-nummer? (sein)	030/88764613			
Wohin? (fahren)		München		
Was? (machen)	arbeiten			

Singular und Plural (Domino)

die Touristen	das Kind	die Kinder	der Zug
die Züge	das Haus	die Häuser	die Straße
die Straßen	die Frau	die Frauen	das Dorf
die Dörfer	der Bus	die Busse	das Hotel
die Hotels	das Auto	die Autos	das Schiff
die Schiffe	das Kino	die Kinos	der Supermarkt
die Supermärkte	das Kaufhaus	die Kaufhäuser	das Restaurant
die Restaurants	das Bild	die Bilder	der Tourist

Heiß und kalt (Tangram)

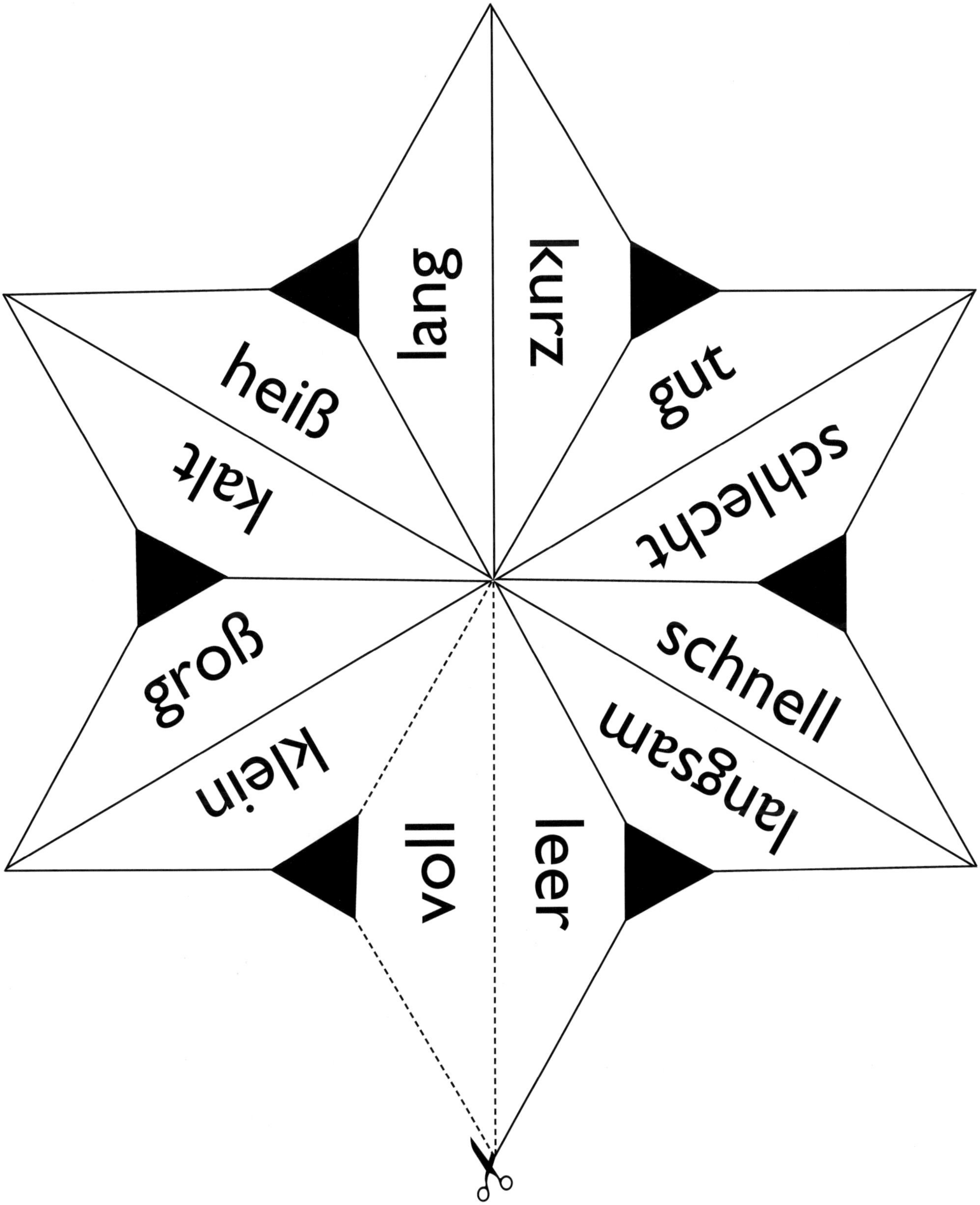

Immer, oft, manchmal, selten, nie (Wechselspiel)

Lesen Sie die Beispielsätze. Fragen und antworten Sie bitte.

Partner A	**Partner B**
Fährt **Herr Mainka** Auto?	Er fährt *immer* Auto.
Fahren **Anna und Thomas** Auto?	Sie fahren …
Trinkt **Frau Egli** Kaffee?	Sie …
…	…
Fahren **Sie**/Fährst **du** Auto?	Ich …
…	…

A	**Herr Mainka** 	**Frau Egli** 	**Anna und Thomas** 	**Ihr Partner/ Ihre Part-nerin**	**Ich**
Auto fahren		oft			
Kaffee trinken	immer		oft		
Tennis spielen		oft			
ins Kino gehen	selten		manchmal		
joggen		nie			
Karten spielen	manchmal		oft		
Urlaub machen		manchmal			

Immer, oft, manchmal, selten, nie (Wechselspiel)

Lesen Sie die Beispielsätze. Fragen und antworten Sie bitte.

Partner B	**Partner A**
Fährt **Frau Egli** Auto?	Sie fährt *oft* Auto.
Trinkt **Herr Mainka** Kaffee?	Er trinkt …
Trinken **Anna und Thomas** Kaffee?	Sie …
…	…
Fahren **Sie**/Fährst **du** Auto?	Ich …
…	…

B	**Herr Mainka** 	**Frau Egli** 	**Anna und Thomas** 	**Ihr Partner/ Ihre Partnerin**	**Ich**
Auto fahren	immer		nie		
Kaffee trinken		manchmal			
Tennis spielen	nie		manchmal		
ins Kino gehen		oft			
joggen	nie		selten		
Karten spielen		nie			
Urlaub machen	oft		oft		

Bild und Wort (Domino)

der Kaffee

das Auto

die Wurst

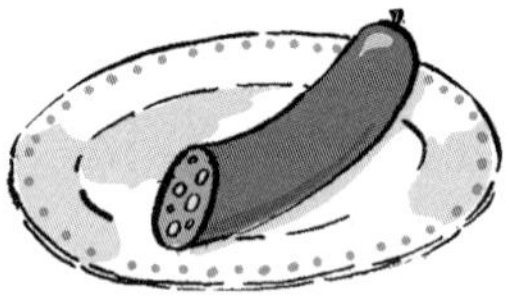

die Zitrone

das Eis

die Schokolade

die Kirche

die Banane

die Fabrik

die Butter

das **Haus**

der **Kuchen**

das **Schiff**

das **Mineral-wasser**

der **Computer**

die **Milch**

die **Tomate**

der **Fotoapparat**

der **Zucker**

der **Tee**

Der Tag von Familie Raptis (Wechselspiel)

Lesen Sie die Beispielsätze. Wer macht was? Fragen und antworten Sie bitte.

Partner A	**Partner B**
Was macht **Andrea** morgens?	Morgens plant sie den Deutschunterricht.
…	…
Was macht **Kostas** mittags?	Mittags …
…	…
Was machen **Sie**/machst **du** morgens?	Morgens frühstücke ich.
…	…

A	**morgens**	**mittags**	**nachmittags**	**abends**
Andrea		Mittagessen kochen		Deutsch unterrichten
Kostas	ins Krankenhaus fahren		Kaffee trinken	
Lena und Jakob		zu Mittag essen		Karten spielen
Die Katze von Lena und Jakob	schlafen		ein Ei essen	
Ihr Partner/ Ihre Partnerin				
Ich				

Der Tag von Familie Raptis (Wechselspiel)

Lesen Sie die Beispielsätze. Wer macht was? Fragen und antworten Sie bitte.

Partner B	**Partner A**
Was macht **Andrea** mittags?	Mittags kocht sie Mittagessen.
…	…
Was macht **Kostas** morgens?	Morgens …
…	…
Was machen **Sie**/machst **du** morgens?	Morgens frühstücke ich.
…	…

B	**morgens**	**mittags**	**nachmittags**	**abends**
Andrea	den Deutsch-unterricht planen		den Haushalt machen	
Kostas		viel arbeiten		die Kinder ins Bett bringen
Lena und Jakob	in den Kinder-garten gehen		Freunde besuchen	
Die Katze von Lena und Jakob		Milch trinken		schlafen
Ihr Partner/ Ihre Partnerin				
Ich				

Gestern und heute (Memory)

essen	gegessen	gehen	gegangen
sein	gewesen	haben	gehabt
trinken	getrunken	arbeiten	gearbeitet
fahren	gefahren	lernen	gelernt
beginnen	begonnen	kommen	gekommen

fliegen	geflogen	schlafen	geschlafen
feiern	gefeiert	lachen	gelacht
schreiben	geschrieben	machen	gemacht
werden	geworden	bleiben	geblieben
sehen	gesehen	treffen	getroffen

Pantomime

Spielverlauf siehe unter **Tipp** Seite 81/3 *Perfekt Pantomime*.

Eis essen	den Schlüssel verlieren
eine Postkarte schreiben	eine Tasse Kaffee trinken
Blumen mitbringen	am Morgen aufstehen
fernsehen	mit dem Auto abfahren
einen Film auswechseln	ein Hotel entdecken
einen Spaziergang machen	am Bahnhof warten
ein Fenster aufmachen	mit einem Freund/einer Freundin telefonieren
einen Gast empfangen	das Zimmer aufräumen
ein Lied komponieren	im Supermarkt einkaufen
schlafen	Fußball spielen

Im Hotel (Tangram)

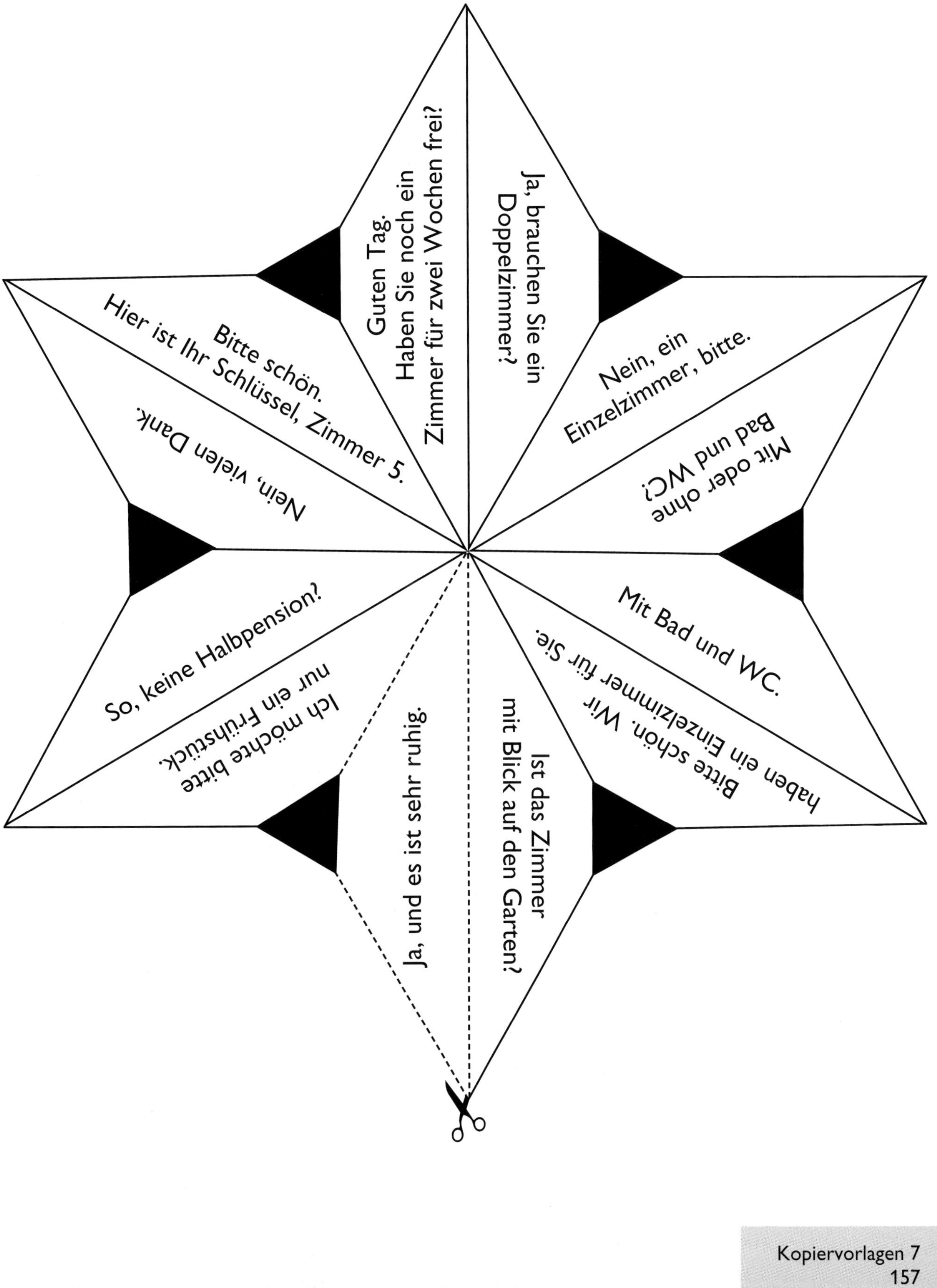

Touristen in Nürnberg (Wechselspiel)

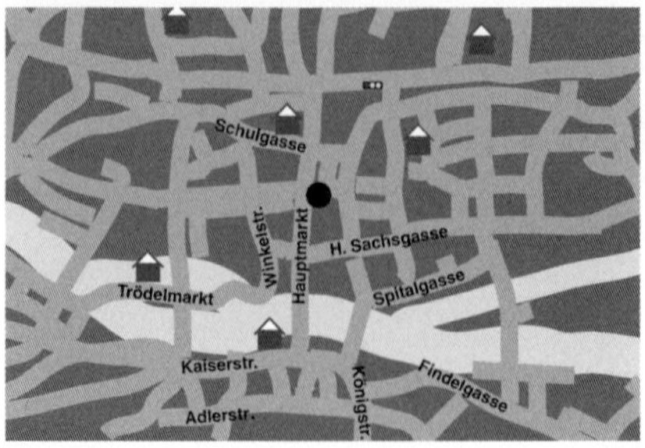

Was machen die Personen wo genau? Fragen und antworten Sie bitte.

Partner A	**Partner B**
Wo kauft **Jens** ein?	Er kauft im Schreibwarenladen ein.
Wo warten **Alik und Sonya**?	Sie warten ...
Wo kaufen **Sie** ein/kaufst **du** ein?	Ich kaufe ... ein.

A	**einkaufen**	**warten**	**telefonieren**	**zu Mittag essen**
Jens		Spielzeug-museum		Bratwurststand
Alik und Sonya	Flohmarkt		Post	
Herr und Frau Huber	Supermarkt		Hotelrezeption	
Olaf		Bushaltestelle		Biergarten
Ihr Partner/ Ihre Partnerin				
Ich				

Touristen in Nürnberg (Wechselspiel)

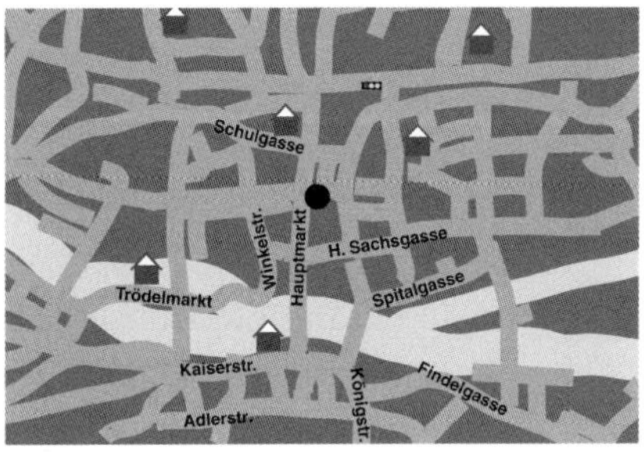

Was machen die Personen wo genau? Fragen und antworten Sie bitte.

Partner B	**Partner A**
Wo wartet **Jens**?	Er wartet im Spielzeugmuseum.
Wo kaufen **Alik und Sonya** ein?	Sie kaufen ... ein.
Wo kaufen **Sie**/kaufst **du** ein?	Ich kaufe ... ein.

B	**einkaufen**	**warten**	**telefonieren**	**zu Mittag essen**
Jens	Schreibwaren-laden		Bahnhof	
Alik und Sonya		Zentrum		Café
Herr und Frau Huber		Marktplatz		Restaurant
Olaf	Bäckerei		Telefonzelle	
Ihr Partner/ Ihre Partnerin				
Ich				

In der Schweiz, in Deutschland oder in Österreich? (Domino)

Bayern	Österreich	Salzburg	Deutschland
der Harz	die Schweiz	Kilchberg	Deutschland
Schwerin	Österreich	Wien	Deutschland
Klagenfurt	die Schweiz	Basel	Österreich
die Elbe	die Schweiz	das Berner Oberland	Deutschland

In der Schweiz, in Deutschland oder in Österreich? (Domino)

Nürnberg	Österreich	Graz	Deutschland
Rostock	die Schweiz	Zürich	Deutschland
das Ruhrgebiet	die Schweiz	Genf	Deutschland
Luzern	Österreich	Linz	die Schweiz
Innsbruck	die Schweiz	Basel	Österreich

Glückaufstraße 14, Bochum (Wechselspiel)

Lesen Sie die Beispielsätze. Fragen und antworten Sie bitte.

Partner A	**Partner B**
Was ist **Birgül Alak** von Beruf?	Sie ist Ladenbesitzerin.
Wie alt ist **Kerstin Schmittke**?	Sie ist ...
Ist **Tao Gui** verheiratet?	...
Wo wohnen **Sie**? Wo wohnst **du**?	...

A	**Beruf**	**Alter**	**Familienstand**	**Wohnung**
Otto Grabowski	Frührentner und Hausmeister			2-Zimmer-Wohnung mit Balkon
Birgül Alak		42	verheiratet, drei Kinder	
Tao Gui	Austausch-Student (Elektrotechnik)	21		
Jochen Krause			verheiratet, zwei Kinder	4-Zimmer-Wohnung mit Balkon
Kerstin Schmittke	Marketing-assistentin		ledig	
Federica Petrera		25		Wohn-gemeinschaft
Ihr Partner/ Ihre Partnerin				
Ich				

Glückaufstraße 14, Bochum (Wechselspiel)

Lesen Sie die Beispielsätze. Fragen und antworten Sie bitte.

Partner B	**Partner A**
Was ist **Otto Grabowski** von Beruf?	Er ist Frührentner und Hausmeister.
Wie alt ist **Federica Petrera**?	Sie ist ...
Ist **Jochen Krause** verheiratet?	...
Wo wohnen **Sie**/wohnst **du**?	...

B	**Beruf**	**Alter**	**Familienstand**	**Wohnung**
Otto Grabowski		62	verheiratet	
Birgül Alak	Ladenbesitzerin			4-Zimmer-Wohnung
Tao Gui			ledig	1-Zimmer-Appartement
Jochen Krause	Zahntechniker	32		
Kerstin Schmittke		27		Wohn-gemeinschaft
Federica Petrera	Telekom-Angestellte		ledig	
Ihr Partner/ Ihre Partnerin				
Ich				

Test Lektion 1

Name:

Diktat

Christian ist Journalist. Er kommt aus Hannover. Jetzt arbeitet und wohnt er in Wien. Wien liegt in Österreich. Die Menschen sprechen hier auch Deutsch.

1 Bitte kombinieren Sie.

① Woher	A	macht Martin hier?	1	*E*	
② Wohin	B	liegt Deutschland?	2		1
③ Wo	C	ist deine Faxnummer?	3		1
④ Wie	D	fahren Thomas und Maria?	4		1
⑤ Wer	E	kommen Sie?	5		1
⑥ Was	F	lernt Deutsch?	6		1
					5

2 Bitte ergänzen Sie: *aus, in* oder *nach.*

Nina arbeitet *in* ______ Köln. Sie kommt aber nicht ______ Köln, sie 0,5
kommt ______ Hamburg. Heute fährt sie ______ Süden, ______ 0,5+0,5+0,5
Rom. Sie macht ______ Italien Urlaub. 0,5

2,5

3 Bitte ergänzen Sie.

1. Herr Mohr kommt aus Köln, aber *er* ______ arbeitet in Hamburg.
2. Maria lernt Deutsch; ______ versteht schon viel. 1
3. Peter und Nina arbeiten nicht, ______ spielen Karten. 1
4. Sonja und ich wohnen in Berlin, aber heute fahren ______ nach München. 1
5. Kommen ______ auch aus Süddeutschland, Herr Schmidt? 1
6. Hallo Peter, hallo Thomas! Fahrt ______ auch nach Moskau? 1

5

4 Ein Dialog. Bitte ordnen Sie.

- ☐ So? Sie arbeiten hier? 1
- ☐ Ich arbeite hier. 1
- *1* Sind Sie aus Deutschland?
- ☐ Und was machen Sie in Deutschland? 1
- ☐ Ja, ich bin Journalistin. 1
- ☐ Nein, ich komme aus Italien. 1

5

Name:

5 Zahlen. Bitte ergänzen Sie.

1. (52) *zwei* ______ und *fünf* ______ zig
2. (97) ______ und ______ zig 0,5
3. (65) ______ und ______ zig 0,5
4. (24) ______ und ______ zig 0,5
5. (76) ______ und ______ zig 0,5
6. (41) ______ und ______ zig 0,5

2,5

6 Verben. Bitte ergänzen Sie.

1. In China … Sie Tee.
2. Wohin … Anna und Maria? 1
3. Ich … und Sie antworten. 1
4. Wir … in Frankfurt. 1
5. Nina … nett. 1
6. … du aus Japan? 1
7. Wer … Urlaub in München? 1
8. … Herr Miller Deutsch? 1
9. Polen … in Europa. 1
10. In Wien … die Menschen Deutsch. 1
11. Uli und Eva … Karten. 1

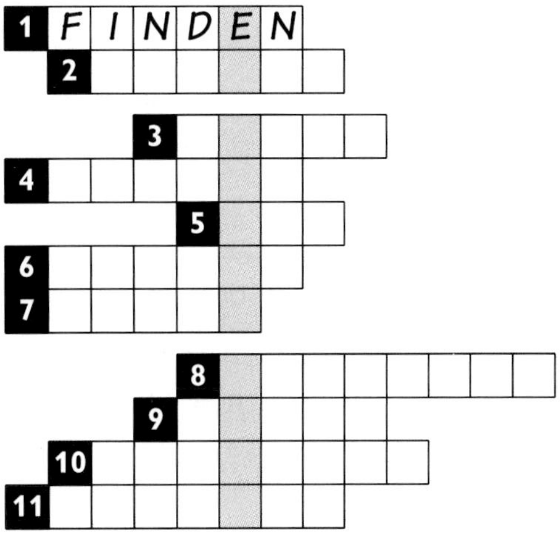

Was macht Herr Hansen? *E* _ _ _ _ _ _ _ _ _ _ _ _.

10

30

Test Lektion 2

Name:

Diktat

Die Stadt München ist fast tausend Jahre alt. Im Zentrum liegen das Rathaus und die Frauenkirche. Auch der Hauptbahnhof ist ganz nah. Von hier fahren jeden Tag viele Züge nach Berlin, Hamburg oder Köln.

1 Was passt zusammen?

①	Auto-	A	-haus	1	*F*	
②	Bahn-	B	-kaffee	2		1
③	Fußball-	C	-nummer	3		1
④	Rat-	D	-hof	4		1
⑤	Eis-	E	-platz	5		1
⑥	Telefon-	F	-bahn	6		1
						5

2 Der Plural. Bitte ergänzen Sie.

1. Ist das eine **Fabrik**? – Ja, hier im Ruhrgebiet sind viele *Fabriken*.
2. Die **Kirche** ist fast 400 Jahre alt. – Richtig, in München sind viele ____________ sehr alt. 1
3. Kommt der **Zug** aus Stuttgart? – Ich weiß nicht. Nicht alle ____________ kommen aus Stuttgart. 1
4. Ist im Zentrum auch ein **Supermarkt**? – Ich glaube nicht. Die ____________ sind am Stadtrand. 1
5. Fährt nach Hamburg ein **Bus**? – Nein, nach Hamburg fahren keine ____________. 1
6. Ist das **Restaurant** hier gut? – Nein, die ____________ hier sind leider nicht gut. 1

5

3 Bitte ergänzen Sie.

der der die die das das ein ein eine eine er sie es es

1. Hier rechts ist ________ Berg. ________ Berg ist sehr hoch. ________ heißt Nebelhorn. 0,5+0,5+0,5
2. Im Café sitzt ________ Frau. ________ Frau wartet schon zwei Stunden. 0,5+0,5
   ________ ist nervös. 0,5
3. Mitten in Oberstdorf ist ________ Hotel „Kaiser“. ________ ist sehr gut. 0,5+0,5
4. ________ Rathaus von Frankfurt liegt im Zentrum. ________ heißt „Römer“. 0,5+0,5
5. Hier links ist ________ Gebäude. Das ist ________ Hauptbahnhof. 0,5+0,5
6. ________ Städte München, Augsburg und Nürnberg liegen in Süddeutschland, 0,5
   Hamburg ist aber ________ Stadt in Norddeutschland. 0,5

7

Name:

4 Nomen und Adjektive – was fehlt?

1. Die Autos fahren nicht schnell, sie fahren *langsam* ____________.
2. Das Café ist nicht voll, es ist ____________________. 1
3. Berlin ist kein Dorf, es ist eine ____________________. 1
4. Das Ruhrgebiet ist keine Stadt, es ist eine ____________________. 1
5. Die Antworten sind nicht richtig, sie sind ____________________. 1
6. Der Kaffee ist nicht kalt, er ist ____________________. 1

5

5 *nicht* oder *kein(e)* – was passt?

1. Ist das ein Museum? – Nein, das ist __________ Museum. 0,5
2. Wohnt Peter hier? – Nein, er wohnt __________ hier. 0,5
3. Liegt Hamburg in Süddeutschland? – Nein, Hamburg liegt __________ in Süddeutschland, es liegt in Norddeutschland. 0,5
4. Sind hier Geschäfte? Nein, hier sind __________ Geschäfte. 0,5
5. Ist die Schokoladentorte gut? – Nein, ich glaube, sie ist __________ sehr gut. 0,5
6. Ist hier ein Fußballplatz? – Nein, hier ist __________ Fußballplatz. 0,5

3

6 Zahlen. Bitte ergänzen Sie.

1.	*76988*	sechsundsiebzigtausendneunhundertachtundachtzig	
2.		neunundzwanzigtausenddreihundertvier	1
3.		eintausendfünfhundertdreiundzwanzig	1
4.		zweiundneunzigtausendsechshundertfünfunddreißig	1
5.		neunhundertzwanzigtausendsiebenhundertacht	1
6.		viertausendzweihundertsiebenundsechzig	1

5

30

Test Lektion 3

Name:

Diktat

Frau Stein ist Hausfrau und ihr Mann ist Busfahrer von Beruf. Ihr Sohn heißt Thomas. Er ist zwölf Jahre alt und geht natürlich noch in die Schule. Die ganze Familie ist unsportlich, aber alle machen gern Musik.

1 Possessivartikel. Bitte ergänzen Sie.

1. Wir haben drei Kinder. *Unsere* Kinder spielen gern Klavier.
2. Nina wohnt in Hamburg. Leider kenne ich aber ________ Adresse nicht. 1
3. Das ist Herr Hübner. ________ Hobby ist joggen. 1
4. So, du arbeitest hier? Ich finde ________ Büro sehr hübsch. 1
5. Ist das ________ Kugelschreiber, Frau Lang? 1
6. Wohnt ihr hier? Ist das ________ Haus? 1

| | 5 |

2 Was passt?

an **aus** **ein** ~~**mit**~~ **statt** **vor**

1. Bitte, bringen Sie auch ein Foto *mit*.
2. Wir füllen das Formular morgen ________. 0,5
3. Laden Sie Familie Braun auch ________? 0,5
4. Der Kurs findet um 10 Uhr ________. 0,5
5. Peter liest die Aufgabe ________. 0,5
6. Der Film fängt um 20 Uhr ________. 0,5

| | 2,5 |

3 Ergänzen Sie die Verben.

ergänzen **anfangen** ~~**fernsehen**~~ **mitkommen** **wiederholen** **verstehen**

1. Möchtest du mit Thomas Fußball spielen? – Nein, heute *sehe* ich *fern*.
2. Ich höre nicht gut. Bitte ________ Sie! 1
3. Ich gehe jetzt ins Kino. – Warten Sie! Wir ________ ________. 1
4. Sprechen Sie bitte langsam! Ich ________ nicht gut. 1
5. Sie sind dran. ________ Sie bitte ________! 1
6. Was fehlt hier? Bitte ________ Sie! 1

| | 5 |

Name:

4 Wer macht wann was?

1. Am Mi*ttwoch* *mache* ich Musik.
2. Am Fr ______ ______ wir Fußball. 0,5+1
3. Am So ______ ______ Marlene und ich ins Kino. 0,5+1
4. Am Di ______ ______ Onkel Toni und Tante Tina Radio. 0,5+1
5. Am Do ______ ______ die Assistentin ein Interview. 0,5+1
6. Am Mo ______ ______ Nino Deutsch. 0,5+1

| 7,5

5 Bitte ergänzen Sie.

Dorf **aber** **~~Kennen~~** **hat** **jetzt** **ist**

Kennen Sie Maria Sutter?
Maria ______ 34 Jahre alt. Sie kommt aus Beuren. Beuren ist keine Stadt, es ist ein ______. Maria wohnt ______ in Stuttgart, ______ ihre Eltern wohnen noch in Beuren. Maria ______ auch eine Schwester.

1 / 1 / 1+1 / 1

| 5

6 W-Fragen. Bitte ergänzen Sie.

Wann **~~Warum~~** **Was** **Wer** **Wie** **Wo**

1. *Warum* wartet Hans 20 Minuten?
2. ______ fängt die Show an? 1
3. ______ passt in Aufgabe 3? 1
4. ______ hat drei Kinder? 1
5. ______ liegt Tübingen? 1
6. ______ alt sind Ihre Geschwister? 1

| 5

7 Fragen und Antworten. Bitte kombinieren Sie.

①	Ist Ihr Vater auch hier?	A	Ja, drei Töchter.	1	B	
②	Ist das Ihr Bruder?	B	Nein, er wohnt in Berlin.	2		1
③	Hat Ihr Vater eine Schwester?	C	Ja, und seine Frau ist sehr nett.	3		1
④	Hat Maria Kinder?	D	Nein, aber meine Tochter.	4		1
⑤	Ist Ihr Onkel verheiratet?	E	Ja, seine Schwester heißt Maria.	5		1
⑥	Fährt Ihr Sohn auch mit?	F	Nein, ich habe keine Geschwister.	6		1

| 5

| 35

Test Lektion 4

Name:

Diktat

Möchten Sie jetzt Obst kaufen? Kommen Sie, hier ist ein Marktstand, da gibt es auch am Samstagnachmittag Obst und Gemüse! Sie können auch ein Sandwich essen und einen Orangensaft trinken. Tja, die Marktfrau muss leider auch heute arbeiten.

1 Was passt nicht?

1. Rostock – ~~Italien~~ – Köln – Freiburg
2. Foto – Studentin – Marktfrau – Kellnerin 1
3. vier – acht – drei – alle 1
4. Kaffee – Bier – Bananen – Apfelsaft 1
5. Haus – Stadtplan – Fernsehturm – Kirche 1
6. essen – trinken – verkaufen – mitten 1

5

2 Essen und trinken. Suchen Sie noch 10 Wörter.

Ä=AE, Ü=UE

N	G	E	M	U	E	S	E	A	R	B
F	B	I	A	R	W	A	Q	H	V	I
E	I	E	R	Z	U	N	T	O	I	E
W	O	Z	M	P	R	D	O	R	A	R
A	B	T	E	I	S	W	E	I	N	E
S	S	A	L	A	T	I	E	T	E	E
S	T	B	A	K	U	C	H	E	N	P
E	H	P	D	T	C	H	O	N	I	G
R	K	A	E	S	E	U	L	V	M	L

1. Gemüse
2. ________ 7. ________ 0,5+0,5
3. ________ 8. ________ 0,5+0,5
4. ________ 9. ________ 0,5+0,5
5. ________ 10. ________ 0,5+0,5
6. ________ 11. ________ 0,5+0,5

5

3 Was passt?

den ~~die~~ einen einen eine keinen kein

1. Frau Daume fotografiert *die* ________ Marktstände, und Timo fotografiert ________ Münsterturm. 1
2. Ist das dein Stadtplan? – Nein, ich habe ________ Stadtplan. 1
3. Hier ist ein Supermarkt. Da kannst du ________ Zeitung kaufen. 1
4. Gibt es hier auch ________ Souvenirladen? 1
5. Wir essen Eis! Und du? – Ich möchte ________ Eis, ich nehme 1
   ________ Orangensaft. 1

6

Name:

4 Fragen und Antworten. Bitte kombinieren Sie.

① Wer arbeitet auch am Samstag?
②
③ Wen beobachtest du?
④ Was gibt es in der Bäckerei?
⑤ Wer braucht einen Computer?
⑥ Wen fotografiert Marlene?

A Ihre Eltern.
B Der Student.
C Das Münster.
D Die Leute im Café.
E Brot.

1	F
2	
3	
4	
5	
6	

1 1 1 1 1 — 5

5 *können* oder *müssen*?

1. Ich möchte gut Deutsch sprechen, deshalb *muss* ich viel lernen.
2. Ich brauche ein Wörterbuch. Wo __________ man Wörterbücher kaufen? 1
3. Ich bin unsportlich und __________ nicht Fahrrad fahren. Deshalb 1
   __________ ich immer zu Fuß gehen. 1
4. Wir brauchen Getränke und __________ Apfelsaft und Mineralwasser kaufen. Ihr __________ mitkommen. Wir nehmen das Auto. 1 1

5

6 Vokalwechsel oder nicht? Ergänzen Sie die Verben.

~~gehen~~ sehen nehmen leben lesen sprechen

1. Thomas ist 15 Jahre alt. Er *geht* noch in die Schule.
2. __________ du immer noch die *Süddeutsche Zeitung*? 1
3. Wo __________ Familie Braun? In Stuttgart? 1
4. Da ist ja das Münster! __________ du es auch, Papa? 1
5. Herr Miller __________ sehr gut Deutsch. 1
6. Ich bestelle ein Mineralwasser. Was __________ du, Anna? 1

5

7 Schreiben Sie Sätze.

1. den Münsterplatz / Frau Daume / beobachtet /.
   Frau Daume beobachtet den Münsterplatz.
2. kann / kaufen / Hier / eine Flöte / man /.
   __________ 1
3. ein Stück Kuchen / möchte / trinken / und / Ich / eine Tasse Kaffee / essen /.
   __________ 2
4. nach Köln / fährt / am Samstag / Marlene /.
   __________ 1

4

35

Test Lektion 5

Name:

Diktat

Waren Sie schon mal in Hamburg? Peter war auch noch nie hier, aber jetzt will er die Stadt besichtigen. Möchten Sie mitkommen? Wir können auf einen Turm steigen und auf den Hafen schauen. Vielleicht möchten Sie auch in ein Museum gehen. Zum Schluss trinken wir Kaffee und essen Kuchen.

1 Präpositionen und Artikel (bestimmt). Ergänzen Sie.

Heute fahren wir *ins* ________ Stadtzentrum. Zuerst gehen wir
________ Markt. Dann steigen wir ________ 1+1
Kirchturm und schauen ________ Marktstände. Später gehen wir 1
________ Fußgängerzone. Jetzt gehen wir 1
________ Café und essen Kuchen. 1

___ / 5

2 Was passt? Bitte markieren Sie.

1. Juan García ist 35 Jahre groß. / alt. / klein.
2. Er kommt aus Spanien und erzählt / liest / schreibt eine Reportage für eine Zeitung. 1
3. Er ist also Journalist / Tourist / Lehrer von Beruf. 1
4. Jetzt arbeitet er in Hamburg und hat hier eine Wohnhaus. / Wohnung. / Café. 1
5. Er ist verheiratet und hat zwei Kinder. Seine Eltern / Familie / Freund lebt aber in Sevilla. 1
6. Herr García macht / reist / ist immer Urlaub in Spanien. 1

___ / 5

Test Lektion 5

Name:

3 Die Possessivartikel. Bitte ergänzen Sie.

1. Hast du viele Freunde? Ich möchte gern *deine* ____ Freunde treffen.
2. Bitte wiederholen Sie __________ Telefonnummer, Herr Berg. 1
3. Peter kommt nie ohne __________ Frau. 1
4. Dieses Buch ist für euch und für __________ Sohn. 1
5. Am Wochenende bereitet Frau Klein __________ Unterricht vor. 1
6. Hier arbeite ich. Wie findest du __________ Büro? 1

5

4 Früher und heute. Ergänzen Sie *haben, sein, es gibt*.

Heute *haben* ____ nicht alle Leute Arbeit, früher __________ es Arbeit für alle. 1
Jetzt __________ viele ohne Arbeit, und natürlich __________ sie auch nicht 1+1
zufrieden. Aber auch früher __________ viele nicht zufrieden, und viele 1
__________ auch früher kein Auto und kein Haus. 1

5

5 *Ja, nein* oder *doch*? Was passt?

1. Habt Ihr keinen Hunger? – *Doch* ____, wir möchten gern ins Restaurant gehen.
2. Fährst du nach Stockholm? – __________, nach Kopenhagen. 0,5
3. Brauchst du heute das Auto? – __________, ich möchte einkaufen fahren. 0,5
4. Kennst du Frau Jung nicht? – __________, sie ist meine Nachbarin. 0,5
5. Hatten Sie in Wien kein Haus? – __________, nur eine Wohnung. 0,5
6. Möchtet ihr keinen Spaziergang machen? – __________, aber nicht jetzt. 0,5

2,5

6 Ergänzen Sie Pronomen (Akkusativ).

1. Hier ist das Gemüse. Du musst *es* ____ klein schneiden.
2. Herr und Frau Alt sind sehr nett. Wir können __________ morgen einladen. 1
3. Peter schläft noch. Kannst du __________ wecken? 1
4. Ich bin heute zu Hause. Möchtest du __________ besuchen? 1
5. Kommt ihr mit ins Theater? Allein, ohne __________, ist es nicht schön. 1
6. Wir brauchen einen Fisch. Kannst du einen Aal für __________ kaufen? 1

5

7 Ergänzen Sie und kombinieren Sie richtig.

~~Was~~ | Ohne was | Wen | Ohne wen | Wofür | Für wen

①	*Was*	brauche ich für die Aalsuppe?	A	Ohne seine Assistentin.	1 E	
②		möchtet ihr einladen?	B	Für ihren Mann.	2	1+0,5
③		brauchst du die Bananen?	C	Ohne Kräuter.	3	1+0,5
④		arbeitet der Produzent nicht?	D	Unsere Freunde.	4	1+0,5
⑤		kocht Frau Egli?	E	Essig.	5	1+0,5
⑥		schmeckt die Suppe nicht gut?	F	Für einen Obstsalat.	6	1+0,5

7,5

35

Test Lektion 6

Name:

Diktat

Liebe Stefanie,

ich glaube, ich habe dich zwei Jahre nicht mehr gesehen. Damals haben wir zusammen unseren Hochschulabschluss gemacht. Aber dann bist du nach Hamburg gegangen. Jetzt habe ich in Berlin eine Arbeit und auch eine Wohnung gefunden. Im Juli möchte ich eine Feier machen. Hoffentlich kannst du kommen!

Herzliche Grüße,
Claudia

1 Ein Dialog. Bitte ordnen Sie.

☐	Ja, ich habe hier ein Haus.	1
☐	Sind Sie dort auch in die Schule gegangen?	1
☐	Kommen Sie auch aus Berlin?	1
☐	Und warum sind Sie nicht dort geblieben?	1
1	Wohnen Sie hier in Berlin?	
☐	Nein, ich bin in Dresden geboren.	1
☐	Richtig, ich habe dort mein Abitur gemacht.	1
☐	Ich habe in Dresden keine Arbeit gefunden.	1
		7

2 *haben* oder *sein*?

1.	Heute *bin* ______ ich mit Manuela in die Stadt gefahren.	
2.	Peter __________ zu Hause geblieben.	1
3.	Im Stadtzentrum __________ wir Sascha getroffen.	1
4.	Wir __________ zusammen Kaffee getrunken.	1
5.	Dann __________ ich ein Heft und Bleistifte gekauft.	1
6.	Manuela und Sascha __________ noch ins Kino gegangen.	1
		5

3 Bitte antworten Sie im Perfekt.

1.	Arbeitet Herr Braun in Leipzig? – Nein, aber er *hat* ______ mal dort *gearbeitet* ______.	
2.	Fliegt Herr Miller morgen nach Australien? – Nein, er __________ schon gestern ____________________.	0,5+0,5
3.	Möchtest du Aalsuppe essen? – Nein, ich __________ am Sonntag Aalsuppe ____________________.	0,5+0,5
4.	Möchtest du die Fotos sehen? – Ja gern, ich __________ sie noch nicht ____________________.	0,5+0,5
5.	Haben Sie keine Arbeit? – Doch, aber ich __________ von 1998 bis 1999 arbeitslos ____________________.	0,5+0,5
6.	Wann feiert denn Max seinen Geburtstag? – Max __________ am Sonntag Geburtstag ____________________.	0,5+0,5
		5

Name:

4 Ergänzen Sie bitte die Verben im Perfekt.

bleiben lachen haben machen schreiben werden

1. Max und Ina ______________ in Wien Urlaub ______________. 0,5+0,5
2. Die Kinder ______________ leider krank ______________. 0,5+0,5
3. Opa ______________ gestern Geburtstag ______________. 0,5+0,5
4. Die Tante ______________ viel ______________. 0,5+0,5
5. Peter ______________ eine Postkarte ______________. 0,5+0,5
6. Ich ______________ fünf Wochen in Köln ______________. 0,5+0,5

6

5 Was passt? Bitte markieren Sie.

1. 1994 ist Ali nach Hamburg gewesen. / gekommen. / fliegen.
2. Dort hat er Deutsch getroffen / gearbeitet / gelernt und dann auch studiert. 1
3. 1999 hat er seinen Abitur / Studium / Hochschulabschluss gemacht. 1
4. Ali hat in Hamburg viele Freunde gefunden. / gekommen. / geworden. 1
5. Jetzt lebt er nie / nicht mehr / mal in Hamburg; er wohnt in Berlin. 1

4

6 Wie viel Uhr ist es?

1. *Viertel nach drei* — 15.15 Uhr
2. ______________ — 23.20 Uhr 1
3. zwanzig vor sieben — ______________ Uhr 1
4. halb neun — ______________ Uhr 1
5. ______________ — 19.45 Uhr 1
6. fünf nach halb sechs — ______________ Uhr 1
7. ______________ — 17.25 Uhr 1
8. ______________ — 00.05 Uhr 1
9. zehn vor zehn — ______________ Uhr 1

8

35

Test Lektion 7

Name:

Diktat

Willkommen, liebe Gäste. Unser Hotel liegt mitten in der Altstadt. Von hier zur Fußgängerzone sind es nur fünf Minuten.
Die Einzel- und Doppelzimmer sind sehr schön. Sie haben Bad und WC und natürlich auch Fernseher und Telefon. Alle Zimmer sind sehr ruhig und mit Blick auf den Garten. Unsere Gäste waren immer zufrieden. Sie sind es hoffentlich auch!

1 Was passt nicht?

1. Zimmermädchen – Empfangschef – ~~Hotelgast~~ – Koch
2. Konzertreise – Mozartkugel – Komposition – Musiklehrer 1
3. Tasche – Koffer – Gepäck – Fotoapparat 1
4. Speisesaal – Frühstücksraum – Dusche – Bar 1
5. wolkig – windig – voll – sonnig 1
6. Biergarten – Halbpension – Übernachtung – Einzelzimmer 1

5

2 Was fehlt hier?

1. Haben Sie noch nichts bestellt? – Doch, einen Kaffee. Aber der *Ober* hat ihn noch nicht gebracht.
2. Herr Fahr spielt sehr gut Klavier, er ist ____________ von Beruf. 1
3. Hast du dein Bett schon gemacht? – Nein, hier im Hotel macht doch das ____________ die Betten. 1
4. Gerade habe ich in der Zeitung den ____________ gelesen: Morgen wird es sonnig und warm. 1
5. Frau Kajewski hat ihren ____________ vergessen, hoffentlich regnet es nicht! 1
6. Ich suche ein Zimmer mit Bad und WC, möchte aber nicht mehr als 50 € für eine ____________ bezahlen. 1
7. Ich habe einen Koffer und zwei Taschen. Können Sie mein ____________ bitte auf mein Zimmer bringen? 1

6

3 Die Kajewskis sind wieder in Schwerin. Was haben sie gestern Abend gemacht?

1. (die Koffer aufmachen) Julia *hat die Koffer aufgemacht*.
2. (das Zimmer aufräumen) Jonas ______________________. 1
3. (ein Bier bestellen) Herr Kajewski ______________________. 1
4. (das Essen vorbereiten) Frau Kajewski ______________________. 1
5. (mit Onkel Hans telefonieren) Herr Kajewski ______________________. 1
6. (seinen Freund besuchen, von Salzburg erzählen) Jonas ____________ ____________ und ______________________. 1+1

6

Name:

4 Ergänzen Sie bitte die Verben im Perfekt.

abfahren · ankommen · ~~telefonieren~~ · aufstehen · besichtigen · besuchen · bleiben · finden · reservieren · regnen · sein · vorbereiten · zurückfahren

1. Schon im Mai *haben* Herr und Frau Hammer mit dem Empfangschef im Hotel Ambassador in Berlin *telefoniert.* Sie ______ ein Doppelzimmer ______. 0,5+0,5
2. Am Sonntag, 10. Juli, ______ sie sehr früh ______. 0,5+0,5
3. Dann ______ sie alles für die Reise ______. 0,5+0,5
4. Um 10 Uhr ______ sie dann von München ______. 0,5+0,5
5. Um 16 Uhr ______ sie in Berlin ______. 0,5+0,5
6. Ihr Hotel ______ sie schnell ______. 0,5+0,5
7. Sie ______ drei Tage in Berlin ______. 0,5+0,5
8. Das Wetter war fast immer schön, es ______ nur einmal ______. 0,5+0,5
9. Sie ______ viele Museen ______. 0,5+0,5
10. Einmal ______ sie auf dem Fernsehturm ______. 0,5+0,5
11. Sie ______ auch Freunde ______. 0,5+0,5
12. Am Donnerstag ______ sie wieder nach München ______. 0,5+0,5

12

5 Bestimmter oder unbestimmter Artikel? Ergänzen Sie bitte im Dativ.

1. Ich schreibe meine Briefe immer mit *dem* Computer.
2. Frau Schnell macht mit ______ Kandidatinnen für die Show ein Interview. 1
3. Ich will mit ______ Freund in die Oper gehen. 1
4. John hat Probleme mit ______ Grammatik. 1
5. Das Konzert hat mit ______ Lied von Mozart begonnen. 1
6. Ich habe noch nie mit ______ Österreicherin gesprochen. 1
7. Im Urlaub hatten wir mit ______ Wetter Glück, es war immer schön. 1

6

6 Possessivartikel. Bitte ergänzen Sie im Dativ.

1. Kommst du allein oder mit *deiner* Frau?
2. Unsere Nachbarn haben Probleme mit ______ Haustieren. 1
3. Wir fahren immer mit ______ Auto in die Stadt. 1
4. Ich gehe oft mit ______ Freundin spazieren. 1
5. Sie hatte viel Erfolg mit ______ Buch. 1
6. Ihr könnt uns ja mit ______ Kindern besuchen. 1

5

40

Test Lektion 8

Name:

Diktat

Florian Bauer wohnt in der Albrecht-Dürer-Straße in Nürnberg. Heute möchte er nach München fahren und das Deutsche Museum besuchen. Er muss also zum Hauptbahnhof gehen. An der ersten Kreuzung geht er nach rechts, dann noch ungefähr 200 Meter geradeaus bis zur Bushaltestelle. Dort steigt er in den Bus ein. Nach zehn Minuten erreicht er den Bahnhof. Dort kauft er eine Fahrkarte und wartet auf den EC nach München.

1 Was passt zusammen?

①	Peter arbeitet	A	in das Restaurant am Dom.	1	C	
②	Ich brauche Geld und muss	B	in der Touristen-Information.	2		1
③	Die Haltestelle ist	C	in einem Supermarkt.	3		1
④	Heute koche ich nicht. Wir gehen	D	im Café am Dom.	4		1
⑤	Ich komme auch mit euch	E	am Hauptbahnhof.	5		1
⑥	Stadtpläne gibt es	F	auf die Bank gehen.	6		1
⑦	Wir treffen morgen unsere Freunde	G	auf den Fernsehturm.	7		1
						6

2 Fragen: Bitte ergänzen Sie *Wo* oder *Wohin*. Antworten: Ergänzen Sie die Präpositionen *an, auf, in* + *Artikel*. Was passt zusammen?

①	Wohin	fährt der Bus?	A	_____	_____	Krankenhaus.	1	F	0,5+0,5
②	_____	willst du warten?	B	_____	_____	Markt.	2		0,5+0,5+0,5
③	_____	wohnst du?	C	_____	_____	Haltestelle.	3		0,5+0,5+0,5
④	_____	kaufst du Gemüse?	D	_____	_____	Schwimmbad.	4		0,5+0,5+0,5
⑤	_____	fährt Dr. Raptis?	E	_____	_____	Schillerstraße 3.	5		0,5+0,5+0,5
⑥	_____	kann ich etwas essen?	F	In	die	Stadt.	6		0,5
⑦	_____	gehen die Kinder?	G	_____	_____	Bratwurstständen.	7		0,5+0,5+0,5
									9

3 Ein Dialog im Schuhgeschäft. Bitte ordnen Sie.

☐	Warten Sie einen Moment! Wir haben sie auch in Größe 38. Hier bitte!	1
☐	Größe 37.	1
☐	Oh, die sind leider etwas zu klein.	1
☐	Ja, aber vielleicht tausche ich sie morgen wieder um.	1
☐	Natürlich! Welche Größe brauchen Sie denn?	1
☐	Danke! Die passen fantastisch!	1
☐	Hier! Probieren Sie mal an!	1
1	Die Schuhe da sind aber schön! Haben Sie die auch in Weiß?	
☐	Wollen Sie die nehmen?	1
		8

Test Lektion 8

Name:

4 *welcher, welchen, welche, welches.* Bitte ergänzen Sie.

1. *Welcher* Rock passt Anna?
2. Eva hat Größe 40. __________ Größe haben Sie? 1
3. Ich nehme den Mantel in Rot. __________ nimmst du? 1
4. __________ Wörterbuch suchst du? Den „Duden"? 1
5. __________ Pullover möchten Sie anprobieren? 1
6. __________ Maler hat in Nürnberg gelebt? 1

5

5 Bitte ergänzen Sie *dürfen, müssen oder wollen.*

1. Im Sommer *wollen* wir nach Schweden fahren. Hoffentlich ist das Wetter gut.
2. Ihr __________ nicht zu spät kommen. Der Bus fährt pünktlich. 1
3. Wir gehen ins Schwimmbad. __________ ihr nicht mitkommen? 1
4. Morgen ist Sonntag, aber ich __________ arbeiten. 1
5. In Deutschland __________ man rechts fahren. Man __________ nicht links fahren. 1+1
6. Jens __________ nicht lernen. Natürlich ist er schlecht in der Schule. 1

6

6 Was passt hier zusammen?

①	Kleidungsstücke	A	anprobieren	1	F	
②	eine Collage	B	backen	2		1
③	ein Bild	C	machen	3		1
④	Lebkuchen	D	sammeln	4		1
⑤	ein Projekt	E	beschreiben	5		1
⑥	Informationen	F	produzieren	6		1
⑦	eine Bluse	G	vorstellen	7		1

6

40

Test Lektion 9

Name:

Diktat

Herr Weber ist ein Grenzgänger: Er wohnt in Deutschland und arbeitet in der Schweiz. In Deutschland hat er keine Arbeit gefunden, deshalb fährt er jetzt jeden Tag von seinem Dorf über die Grenze zur Arbeit. Er möchte aber nicht in der Großstadt wohnen. Er lebt lieber auf dem Land. Auch seine Frau und die Kinder sind mit dem Landleben zufrieden. Natürlich haben sie einen Fernseher und einen Computer zu Hause. Und manchmal gehen sie auch ins Konzert oder ins Theater – in die Stadt.

1 Was fehlt hier?

1. Basel ist eine Stadt im *Dreiländereck*.
2. In der Schweiz spricht man vier ______________. 1
3. Basel-Stadt ist ein ______________ in der Schweiz. 1
4. Viele Leute ______________ vom Land in die Stadt zur Arbeit. 1
5. Pharmakonzerne produzieren ______________. 1
6. Viel Verkehr bedeutet natürlich auch oft ______________ auf den Straßen. 1
7. In Basel gibt es viele Nationalitäten. Basel ist ______________. 1
8. Wohnen in der Großstadt ist teuer. Die ______________ dort sind sehr hoch. 1
9. Das Leben auf dem Land hat zwar viele ______________, aber auch Nachteile. 1

8

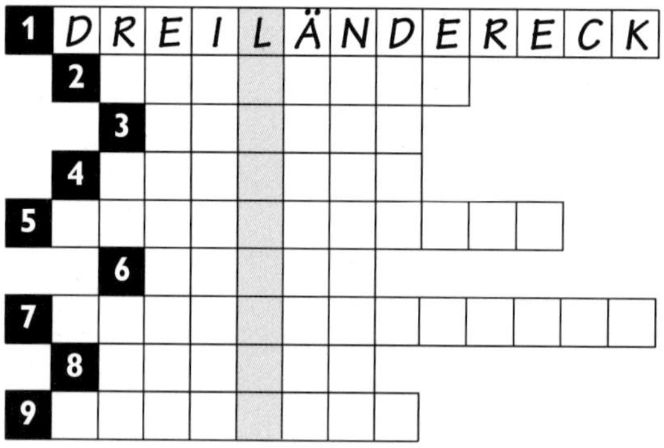

Wollen Sie wissen, wo Basel liegt? Suchen Sie die Stadt auf einer *L*______________.

2 Ergänzen Sie bitte die Adjektive im Komparativ oder Superlativ.

gern **hoch** **teuer** **~~schnell~~** **schön**

1. Natürlich ist ein EC *schneller* als ein Motorrad.
2. Seine Wohnung ist bestimmt ______________ als meine Wohnung. Trotzdem finde ich meine Wohnung ______________. 1+1
3. Der Kölner Dom (156 m) ist 40 m ______________ als das Freiburger Münster (116 m). Das Ulmer Münster ist aber ______________. Es ist 161 m ______________. 1+1+1
4. Fährst du ______________ mit dem Zug oder mit dem Auto? 1

6

Test Lektion 9

Name:

3 Lena und Inga im Bekleidungsgeschäft. Bitte ergänzen Sie.

am liebsten	billiger als
so billig wie	teurer als
~~billig~~	so teuer wie

Billig! Billig!

Bluse	29,- €	Jeans	28,- €
Hemd	32,- €	Rock	39,- €
T-Shirt	9,- €	Hose	39,- €

Lena: Schau Inga, wie *billig*! Die Jeans kosten nur 28 €. Sie sind ________ der Rock da! 1
Inga: Ja, und nicht ________ die Bluse. 1
Lena: Nimm doch das Hemd für deinen Mann. Es ist nur 3 € ________ die Bluse. 1
Inga: ________ möchte ich die Bluse, das Hemd und die Jeans kaufen. 1
Lena: Dieses Geschäft hat wirklich gute Preise, nur bei C&A sind Kleider ________ hier. 1

5

4 Bitte ergänzen Sie im Komparativ.

1. Ist dein Auto auch so klein? – Nein, viel *größer*.
2. Jetzt im Sommer sind die Tage lang. Im Herbst sind sie leider ________. 1
3. Hier in der Stadt ist es sehr laut. Bei uns auf dem Land ist es viel ________. 1
4. Heute ist das Wetter wirklich gut. Hoffentlich wird es morgen nicht ________. 1
5. Warum sind deine Schuhe so schmutzig? Meine Schuhe sind viel ________. 1
6. Die Computer sind sehr teuer. Ich hoffe, sie werden wieder ________. 1

5

5 Was passt zusammen?

①	Morgen spreche ich	A	von unseren Kollegen.	1	*D*	
②	Meine Familie besteht	B	zu seinen Verwandten.	2		1
③	Am Königsplatz steigen wir	C	für mich.	3		1
④	Das Buch ist sehr wichtig	D	mit meinem Chef.	4		1
⑤	Wir lernen viel	E	mit seinem Auto.	5		1
⑥	Er hat nicht viel Kontakt	F	in die U-Bahn um.	6		1
⑦	Hans hat oft Probleme	G	aus fünf Personen.	7		1

6

6 Ergänzen Sie bitte Präpositionen und Endungen.

1. Herr Stämpfli ist sehr nett *zu* sein*en* Kollegen.
2. Ich komme fast immer um 4 Uhr ________ d________ Arbeit zurück. 1+0,5
3. Er arbeitet jetzt ________ ein________ Bank. 1+0,5
4. Er kommt ________ d________ Kanton Basel-Land. 1+0,5
5. Morgen fahre ich nach München ________ mein________ Eltern. 1+0,5

6

7 Ergänzen Sie die Personalpronomen.

1. Wir gehen ins Kino, geh doch mit *uns*.
2. Ich muss dich mal besuchen. Ich war lange nicht mehr bei ________. 1
3. Um 9 Uhr treffe ich Sonya und Gabi und gehe mit ________ auf den Markt. 1
4. Ich bleibe heute zu Hause. Komm doch zu ________! 1
5. Warum schreibt ihr nicht? Wir haben schon einen Monat nichts von ________ gehört. 1

4

40

Test Lektion 10

Name:

Diktat

Früher war Herr Grabowski Bergmann und hat in einem Bergwerk gearbeitet. Jetzt ist er Rentner. Er wohnt mit seiner Frau immer noch im Ruhrgebiet, in Bochum. Dort haben sie eine 2-Zimmer-Wohnung. Weil Herr Grabowski nicht mehr so gut laufen kann, ist es wichtig für ihn, dass es einen Aufzug gibt. Er findet es gut, dass er nicht mehr arbeiten muss und jetzt nachmittags auf seinem Balkon sitzen kann.

1 Was passt zusammen?

①	Kohle hat man früher	A	im Umland von Bochum gefunden.	1	*C*	
②	Er hat die Prüfung	B	mit meinem Bruder besucht.	2		1
③	Als Kind habe ich Jeans	C	im Ruhrgebiet abgebaut.	3		1
④	Im Café am Dom habe ich immer	D	im Fitness-Studio verbracht.	4		1
⑤	Endlich habe ich einen Job	E	sehr gut gemacht.	5		1
⑥	Ich habe meine Freizeit oft	F	meine Freunde getroffen.	6		1
⑦	Die Kneipe hier habe ich manchmal	G	nicht gerne getragen.	7		1

6

2 Bitte kombinieren Sie.

~~eine Dose~~	Milch
ein Kasten	Zucker
eine Schachtel	Marmelade
ein Glas, ein Paket	Bier, Pralinen
eine Flasche	~~Tomaten~~

1. *eine Dose Tomaten*
2. ______________ 1
3. ______________ 1
4. ______________ 1
5. ______________ 1
6. ______________ 1

5

3 *aber, dass, weil.* Bitte ergänzen Sie.

1. Mia meint, *dass* sie lieber auf dem Land lebt als in der Stadt.
2. Ich denke nicht, ________ wir die Wohnung verkaufen, ________ dir die Türen nicht gefallen. 1+1
3. Eigentlich finde ich Tanja sehr nett, ________ leider redet sie zu viel. 1
4. Finden Sie es gut, ________ Benzin immer teurer wird? 1
5. Kerstin wollte Stewardess werden, ________ sie Fliegen einfach toll findet. 1
6. ________ es heute so heiß ist, will ich ins Schwimmbad gehen. 1
7. Ich trinke zuerst einen Kaffee, ________ danach esse ich ein Eis. 1

7

Name:

4 Was passst zusammen?

①	Silke hat erzählt,	A	weil sie zu wenig Obst isst.	1	*E*	
②	Karin muss früh ins Bett,	B	dass auch seine Frau einen Beruf hat.	2		1
③	Jochen findet es gut,	C	weil er krank war.	3		1
④	Petra ist oft krank,	D	weil sie morgen eine Prüfung hat.	4		1
⑤	Heute ist Karl zu spät gekommen,	E	dass sie jetzt auf einer Bank arbeitet.	5		1
⑥	Tao war gestern nicht auf der Party,	F	dass Kinder viel Schlaf brauchen.	6		1
⑦	Die Eltern denken,	G	weil auf der Straße viel Verkehr war.	7		1

6

5 *dürfen, können, müssen, wollen* im Präsens oder Präteritum. Bitte ergänzen Sie.

1. Eigentlich *wollte* ich schon um 8 Uhr ins Schwimmbad gehen. Dann ______ ich aber zuerst mein Zimmer aufräumen, weil ich mein Geld nicht finden ______. Erst jetzt um 10 Uhr ______ ich endlich gehen. 1+1+1
2. Heute ______ man nicht einmal im Flugzeug rauchen, früher ______ man sogar in der Straßenbahn rauchen. 1+1
3. 1990 ______ ich mit dem Zug oder mit dem Bus in die Stadt fahren. Jetzt ______ ich ein Taxi nehmen, weil der Zug und der Bus nicht mehr fahren. Deshalb ______ ich mir bald ein Auto kaufen und selbst fahren. 1+1+1

8

6 Was haben uns die Leute gesagt?

1. („Ich muss immer um 6 Uhr aufstehen.“)
   Herr Keller hat gesagt, *dass er immer um 6 Uhr aufstehen muss.*
2. („Wir dürfen abends nie ins Kino gehen.“)
   Kilian und Paul haben gesagt, ______ 1+1
3. („Ich will morgen nach Berlin fliegen.“)
   Ilona hat gesagt, ______ 1+1
4. („Ich kann nicht schwimmen.“)
   Martin hat gesagt, ______ 1+1
5. („Ihr dürft gerne mitfahren.“)
   Clara hat gesagt, ______ 1+1

8

40

Lösungsschlüssel

Test Lektion 1

1 2D • 3B • 4C • 5F • 6A
2 aus • aus • nach • nach • in
3 2. sie 3. sie 4. wir 5. Sie 6. ihr
4 5 • 4 • 1 • 3 • 6 • 2: Sind Sie aus Deutschland? – Nein, ich komme aus Italien. – Und was machen Sie in Deutschland? – Ich arbeite hier. – So? Sie arbeiten hier? – Ja, ich bin Journalistin.
5 2. siebenundneunzig 3. fünfundsechzig 4. vierundzwanzig 5. sechsundsiebzig 6. einundvierzig
6 2. fahren 3. frage 4. wohnen 5. ist 6. Kommst 7. macht 8. Versteht 9. liegt 10. sprechen 11. spielen
Was macht Herr Hansen? Er reist viel.

Bewertungsskala:

30–28	27–25	24–21	20–18	17–0
sehr gut	gut	befriedigend	ausreichend	nicht ausreichend

Test Lektion 2

1 2D • 3E • 4A • 5B • 6C
2 2. Kirchen 3. Züge 4. Supermärkte 5. Busse 6. Restaurants
3 1. ein, Der, Er 2. eine, Die, Sie 3. das, Es 4. Das, Es 5. ein, der 6. Die, eine
4 2. leer 3. Stadt 4. Region 5. falsch 6. heiß
5 1. kein 2. nicht 3. nicht 4. keine 5. nicht 6. kein
6 2. 29 304 3. 1 523 4. 92 635 5. 920 708 6. 4 267

Bewertungsskala:

30–28	27–25	24–21	20–18	17–0
sehr gut	gut	befriedigend	ausreichend	nicht ausreichend

Test Lektion 3

1 2. ihre 3. Sein 4. dein 5. Ihr 6. euer
2 2. aus 3. ein 4. statt 5. vor 6. an
3 2. wiederholen 3. kommen mit 4. verstehe 5. Fangen … an 6. ergänzen
4 2. Freitag, spielen 3. Sonntag, gehen 4. Dienstag, hören 5. Donnerstag, macht 6. Montag, lernt
5 ist • Dorf • jetzt • aber • hat
6 2. Wann 3. Was 4. Wer 5. Wo 6. Wie
7 2F • 3E • 4A • 5C • 6D

Bewertungsskala:

35–33	32–29	28–25	24–21	20–0
sehr gut	gut	befriedigend	ausreichend	nicht ausreichend

Test Lektion 4

1 2. Foto 3. alle 4. Bananen 5. Stadtplan 6. mitten
2 *Mögliche Lösungen:* Eier, Eis, Wein, Salat, Tee, Kuchen, Honig, Käse, Wasser, Obst, Marmelade, Wurst, Sandwich, Bier
3 1. den 2. keinen 3. eine 4. einen 5. kein, einen
4 2D • 3E • 4B • 5A • 6C
5 2. kann 3. kann, muss 4. müssen, könnt
6 2. Liest 3. lebt 4. Siehst 5. spricht 6. nimmst
7 2. Hier kann man eine Flöte kaufen. 3. Ich möchte ein Stück Kuchen essen und eine Tasse Kaffee trinken. / Ich möchte eine Tasse Kaffee trinken und ein Stück Kuchen essen. 4. Marlene fährt am Samstag nach Köln.

Bewertungsskala:

35–33	32–29	28–25	24–21	20–0
sehr gut	gut	befriedigend	ausreichend	nicht ausreichend

Test Lektion 5

1 auf den • auf den • auf die • in die • ins
2 2. schreibt 3. Journalist 4. Wohnung 5. Familie 6. macht
3 2. Ihre 3. seine 4. euren 5. ihren 6. mein
4 gab • sind • sind • waren • hatten
5 2. Nein 3. Ja 4. Doch 5. Nein 6. Doch
6 2. sie 3. ihn 4. mich 5. euch 6. uns
7 2. Wen 3. Wofür 4. Ohne wen 5. Für wen 6. Ohne was
2D • 3F • 4A • 5B • 6C

Bewertungsskala:

35–33	32–29	28–25	24–21	20–0
sehr gut	gut	befriedigend	ausreichend	nicht ausreichend

Test Lektion 6

1 2 • 5 • 3 • 7 • 1 • 4 • 6 • 8: Wohnen Sie hier in Berlin? – Ja, ich habe hier ein Haus. – Kommen Sie auch aus Berlin? – Nein, ich bin in Dresden geboren. – Sind Sie dort auch in die Schule gegangen? – Richtig, ich habe dort mein Abitur gemacht. – Und warum sind Sie nicht dort geblieben? – Ich habe in Dresden keine Arbeit gefunden.
2 2. ist 3. haben 4. haben 5. habe 6. sind
3 2. ist … geflogen 3. habe … gegessen 4. habe … gesehen 5. bin … gewesen 6. hat … gefeiert
4 1. haben … gemacht 2. sind … geworden 3. hat … gehabt 4. hat … gelacht 5. hat … geschrieben 6. bin … geblieben
5 2. gelernt 3. Hochschulabschluss 4. gefunden 5. nicht mehr
6 2. zwanzig nach elf 3. 6.40/18.40 4. 8.30/20.30 5. Viertel vor acht 6. 5.35/17.35 7. fünf vor halb sechs 8. fünf nach zwölf 9. 9.50/21.50

Bewertungsskala:

35–33	32–29	28–25	24–21	20–0
sehr gut	gut	befriedigend	ausreichend	nicht ausreichend

Test Lektion 7

1 2. Mozartkugel 3. Fotoapparat 4. Dusche 5. voll 6. Biergarten
2 2. Musiker 3. Zimmermädchen 4. Wetterbericht 5. Schirm 6. Übernachtung 7. Gepäck
3 2. hat den Fotoapparat aufgeräumt 3. hat Bier bestellt 4. hat das Essen vorbereitet 5. hat mit Onkel Hans telefoniert 6. hat seinen Freund besucht und (hat) von Salzburg erzählt
4 1. haben ... reserviert 2. sind ... aufgestanden 3. haben ... vorbereitet 4. sind ... abgefahren 5. sind ... angekommen 6. haben ... gefunden 7. sind ... geblieben 8. hat ... geregnet 9. haben ... besichtigt 10. sind ... gewesen 11. haben ... besucht 12. sind ... zurückgefahren
5 2. den 3. einem 4. der 5. einem 6. einer 7. dem
6 2. ihren 3. unserem 4. meiner 5. ihrem 6. euren

Bewertungsskala:

40–37	36–33	32–28	27–24	23–0
sehr gut	gut	befriedigend	ausreichend	nicht ausreichend

Test Lektion 8

1 2F • 3E • 4A • 5G • 6B • 7D
2 2. Wo 3. Wo 4. Wo 5. Wohin 6. Wo 7. Wohin
A: Ins (In das) • B: Auf dem • C: An der • D: Ins (In das) • E: In der • G: An den
2C • 3E • 4B • 5A • 6G • 7D
3 Die Schuhe da gefallen mir. Haben Sie die auch in Weiß? – Natürlich! Welche Größe brauchen Sie denn? – Größe 37. – Hier! Probieren Sie mal an! – Oh, die sind leider etwas zu klein. – Warten Sie einen Moment! Wir haben sie auch in Größe 37 1/2. Hier bitte! – Danke! Die passen fantastisch! – Wollen Sie die nehmen? – Ja, aber vielleicht tausche ich sie morgen wieder um.
4 2. Welche 3. Welchen 4. Welches 5. Welchen 6. Welcher
5 2. dürft 3. Wollt 4. muss 5. muss • darf 6. will
6 *Mögliche Lösung:* 2C • 3E • 4B • 5G • 6D • 7A

Bewertungsskala:

40–37	36–33	32–28	27–24	23–0
sehr gut	gut	befriedigend	ausreichend	nicht ausreichend

Test Lektion 9

1 2. Sprachen 3. Kanton 4. pendeln 5. Medikamente 6. Staus 7. international 8. Mieten 9. Vorteile
Wollen Sie nach Basel fahren? Kaufen Sie zuerst eine Landkarte.
2 2. teurer • schöner 3. höher • am höchsten • hoch 4. lieber
3 billiger als • so teuer wie • teurer als • Am liebsten • so billig wie
4 2. kürzer 3. ruhiger 4. schlechter 5. sauberer 6. billiger
5 2G • 3F • 4C • 5A • 6B • 7E
6 2. von der 3. bei einer 4. aus dem 5. zu meinen
7 2. dir 3. ihnen 4. mir 5. euch

Bewertungsskala:

40–37	36–33	32–28	27–24	23–0
sehr gut	gut	befriedigend	ausreichend	nicht ausreichend

Test Lektion 10

1 2E • 3G • 4F • 5A • 6D • 7B

2 ein Kasten Bier • eine Schachtel Pralinen • ein Glas Marmelade • ein Paket Zucker • eine Flasche Milch

3 2. dass • weil 3. aber 4. dass 5. weil 6. weil 7. aber

4 2D • 3B • 4A • 5G • 6C • 7F

5 1. musste • konnte • kann 2. darf • durfte 3. konnte • muss • will

6 2. dass sie abends nie ins Kino gehen dürfen. 3. dass sie morgen nach Berlin fliegen will. 4. dass er nicht schwimmen kann. 5. dass wir gerne mitfahren dürfen.

Bewertungsskala:

40–37	36–33	32–28	27–24	23–0
sehr gut	gut	befriedigend	ausreichend	nicht ausreichend

Klett Edition Deutsch

Rund um die Grundstufe

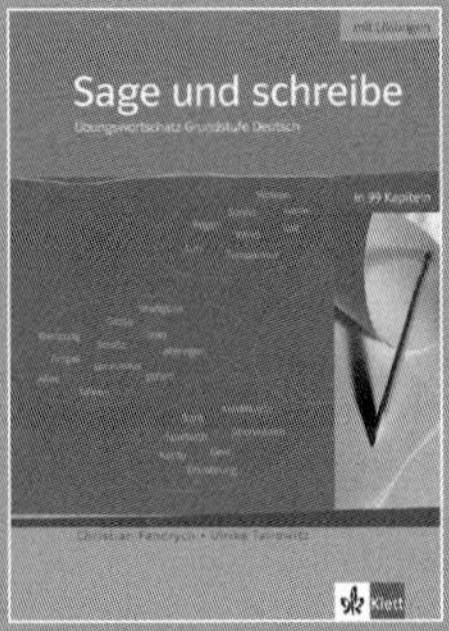

Klipp und Klar
Übungsgrammatik Grundstufe Deutsch
mit Lösungen 3-12-675326-4
ohne Lösungen 3-12-675328-0

Passwort Deutsch Lernerwörterbuch
Deutsch als Fremdsprache
Softcover 3-12-517233-0

Sage und Schreibe
Übungswortschatz Grundstufe Deutsch
mit Lösungen 3-12-675345-0

So geht's
Fertigkeitentraining Grundstufe Deutsch
Übungsbuch mit Lösungen 3-12-675575-5
Übungsbuch ohne Lösungen 3-12-675576-3
2 Kassetten (Hörtexte) 3-12-675574-7
2 CDs (Hörtexte) 3-12-675573-9

Alles drin
Praxishandbuch Grundstufe Deutsch
3-12-675890-8

Weitere Informationen finden Sie im Fachkatalog Deutsch als Fremdsprache P 060557 oder im Internet.

Bestellung und Beratung bei Klett:
Ernst Klett Sprachen, Postfach 10 26 45, 70022 Stuttgart
Telefon 07 11 · 66 72-1010, Telefax 07 11 · 66 72-2080
www.klett-edition-deutsch.de

S675922

Klett

Klett Edition Deutsch

Mit Erfolg zu Start Deutsch bereitet zielgerichtet auf die Prüfungen Start Deutsch 1 und 2 vor.
Für den Unterricht und für Selbstlerner geeignet.

Mit Erfolg zu Start Deutsch

macht fit für die neue Prüfung auf den Stufen A1 und A2 des Gemeinsamen europäischen Referenzrahmens

Das Übungsbuch enthält

- den für die Prüfung Start Deutsch1 und Start Deutsch 2 notwendigen Wortschatz in thematischen Kontexten
- die grammatischen Strukturen, die zur Ausführung sprachlicher Handlungen auf den Stufen A1 und A2 notwendig sind
- die Fertigkeiten Lesen, Hören, Schreiben und Sprechen

Das Testbuch bietet

- je einen didaktisierten Modelltest zum Training aller Prüfungsteile von Start Deutsch 1 und Start Deutsch 2
- vier komplette Prüfungen zum Üben
- alle prüfungsrelevanten Aufgabentypen

Die Kassette oder Audio-CD enthält

- alle Hörtexte zum Übungsbuch und zum Testbuch

Übungsbuch, 184 Seiten	3-12-675395-7
Testbuch, 120 Seiten	3-12-675394-9
2 CDs, ca. 90 Min.	3-12-675396-5
1 Kassette, ca. 90 Min.	3-12-675398-1

Bestellung und Beratung bei Klett:
Ernst Klett Sprachen, Postfach 10 26 45,
70022 Stuttgart, Deutschland
Telefon +49 +711 · 6672-1010, Fax +49 +711 · 6672-2080
www.klett-edition-deutsch.de

S675912

Klett

FÜR HÖCHSTE ANSPRÜCHE!

Vollständige Neuentwicklung 2004

- Mit rund 77.000 Stichwörtern, Wendungen und Konstruktionsangaben
- Berücksichtigung wichtiger Sachgebiete wie Datenverarbeitung und Internet, Sport, Medizin
- Geeignet für die Vorbereitung auf den Zugangstest der Universitäten „Test Deutsch als Fremdsprache"
- Zuverlässiges Nachschlagewerk für den Alltag, Unterricht, Studium und Beruf
- Schnelle Orientierung durch Buchstabenregister und übersichtliches Layout, leichte Differenzierung der Einträge durch farbige Stichwörter und Schriftgestaltung
- Darstellung alltäglicher Situationen in Abbildungstafeln mit Benennung verschiedener Gegenstände
- Zahlreiche Infokästen mit ausführlichen Informationen zu Landeskunde, Grammatik und Sprachgebrauch
- Ausführlicher und leicht verständlicher Regelteil zur Rechtschreibung und Zeichensetzung
- Anhänge mit nützlichen und informativen Inhalten

PONS GROSSWÖRTERBUCH DEUTSCH ALS FREMDSPRACHE

Format: 14 x 22 cm; ca. 1.700 Seiten
Hardcover: **ISBN** 3-12-517042-7
Broschur: **ISBN** 3-12-517043-5

PONS

Ernst Klett Sprachen GmbH, Postfach 10 60 16, 70049 Stuttgart, www.pons.de